本書は、これまでの成果と課題を「学生交流」と「人材育成」というキーワードでまとめたものである。プログラムの企画と運用にかかわった両国の教員と企業インターンシップの受け入れ担当者、文部科学省の関係者の論考と参加学生の報告で構成した。

学生の報告は、福岡県国際交流センターで毎年開催してきた日韓学生による報告会での内容がもととなっている。自分たちの交流体験をもとにした、学生の率直で自由な感想を寄せてくれた。海峡を越えた新しい友達との思い出を語るものだけでなく、歴史認識問題をめぐって互いが交わした議論やその対立点を取り上げた文章もある。また、両国がともに協力していかなければならない共通課題を抱えている現状を取り上げ、自分たちに何ができるかを問いかける文章もある。そんな学生の声をありのまま載せることにした。彼らが一市民として日韓交流を通して感じ取ったことは、良くも悪くも現在の日韓関係を物語っているものである。今、日韓関係の改善のためには、どんなアクションをとろうと、まずは、このような率直で自由な議論から始める必要があるであろう。互いを理解し合うために努力を重ねることこそ、未来を共有する次のステージへ進む出発点になると信じる。

毎年報告会の会場に訪れた一般市民の方々が学生の意見に耳を傾け、温かい激励の言葉をかけて頂いたことを思い出す。本書を通して、海峡を挟む日韓両地域を軸とした国際共同教育が持つ意義とその可能性を市民の方々と広く共有できることは、編者として望外の喜びである。ささやかな試みではあるが、「近くて遠い」両国が「海峡あれど、国境なし」の関係に近づく一歩となることを期待したい。

ところで、われわれのパートナーである韓国・釜山大学のご尽力とご協力に感謝を表したい。釜山大学のご理解とご協力なしには、このプログラムは実現できなかった。これまでになかった規模の学生交流を実現するだけでなく、共通カリキュラムや共通教材に基づいて単位互換まで行い、名実ともに国際共同プログラムとして育てることは決してやさしいことではなかった。そんな中でも、釜山大学対外交流本部の皆様のご尽力により、さまざまな課題を乗り越えることができた。

インターンシップの場をご提供いただいた公益財団法人福岡観光コンベンションビューローをはじめ、九州電力株式会社、株式会社七尾製菓、日本通運株式会社、西日本鉄道株式会社、NTT西日本株式会社、住友商事九州株式会社、株式会社やまやコミュニケーションズに深甚の謝意を申し上げたい。学生アンケートでは、毎年、このインターンシップが一番良かったプログラムとして特筆されるほどである。各企業から提出していただいた課題を学生たちは約二ヵ月間準備し、プレゼンテーションを行い、企業の方々からコメントを受け取る、という大変貴重な体験をさせていただいた。一、二年生向けのインターンシッププログラムは初めの試みだという企業がほとんどだったが、日韓双方の学生を受け入れてくださり、成長を支えていただいたことに改めて感謝申し上げたい。地域をあげての人材育成という取り組みが、日韓の重層的な関係づくりに寄与し、未来を切り拓く力になることを願いたい。

文部科学省のご関係者の皆様に厚く御礼を申し上げたい。グローバル人材育成を目指す本プログラムの企画意図をご理解のうえ、財政的な支援を含め、あらゆる面で支援していただいた。また、日本学生支援機構（JASSO）、日韓文化交流基金からは、学生が経済的負担感なく渡航し、交流できるように支援していただいた。この紙面を借りて、あらためて深甚の謝意を申し上げたい。

松原孝俊（九州大学アジア太平洋未来研究センター長・教授）

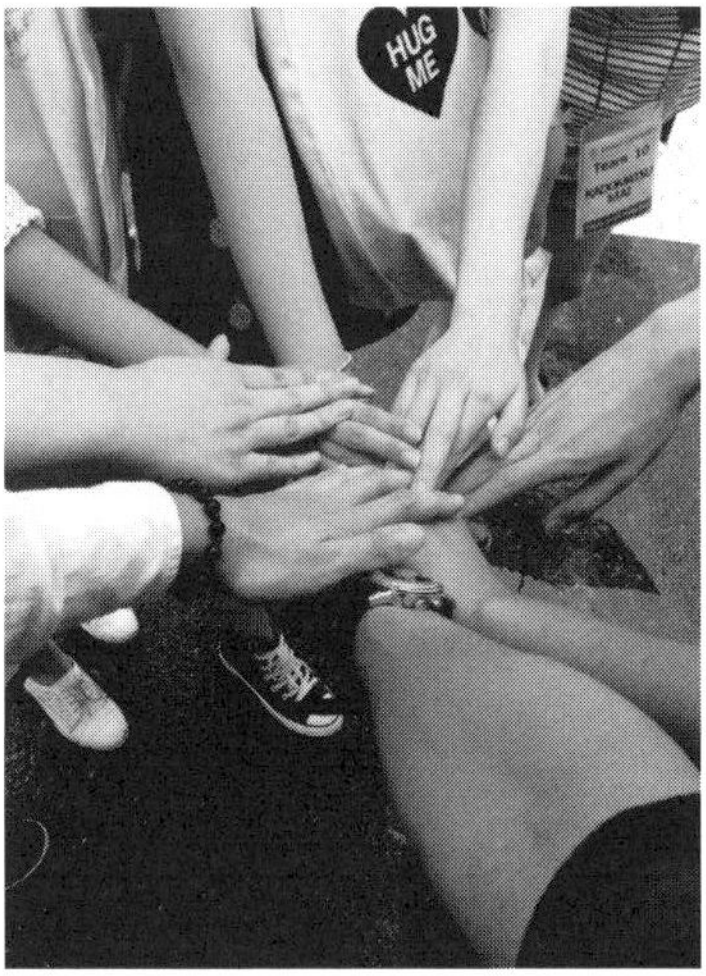


●日韓が共有する近未来へ

目次

第一部

# 海峡圏からみた日韓関係

日韓学生によるキャンパス共有（九州大学伊都キャンパス）

# 1　岐路に立つ日韓関係
## ――新しい共生戦略を考える

小此木政夫

### 1　歴史摩擦の再燃――論争の構造化と複雑化

二〇〇八年二月の韓国での政権交代、すなわち李明博《イミョンバク》政権の誕生後、その経済重視の国内政策、南北関係の不調、さらに日本で誕生した民主党政権への期待などのために、日韓関係はしばらく小康状態にあった。しかし、最近の約三年間、すなわち韓国側の李大統領の最後の一年間と朴槿恵《パククネ》大統領の二年間、日本側では野田佳彦首相と安倍晋三首相の時期に、日韓の歴史摩擦が急速に構造化し、複雑化してしまった。いまや、日韓関係は国交正常化以後最大の岐路に立たされているといっても過言ではない。いくつかの観点から分析すれば、それは以下のようになるだろう。

#### 歴史問題と領土問題の一体化

その第一の特徴は、歴史問題と領土問題の結合がさらに進展したことである。もちろん、それは一挙に進展したわけではない。韓国政府要人による竹島／独島《ドクト》訪問の実例が少しずつ蓄積され、やがて一挙に構造化したのである。たとえば、二〇〇八年七月に、韓昇洙《ハンスンス》首相が首相として初めて竹島に上陸した。これは米国政府機関の「地名委員会」（BGN）が竹島の帰属を「韓国」から「主権未指定地域」に変更したことに対する抗議であった。また、二〇一一年七月には、日本の自民党議員三人による鬱陵島《ウルルンド》訪問計画に抗議して、李在五《イジェオ》特任長官が竹島を訪れた。しかし、これらの事例はいずれも竹島領有権問題そのものと関係するものであった。

その意味では、二〇一二年八月の李明博大統領の竹島上陸は明らかに異質である。何が李大統領を竹島訪問に駆り立てたのか、その原因についてはいくつかの解釈が存在する。しかしながら、前年一二月の野田佳彦首相との首脳会談（京都）で慰安婦問題をめぐって激論が交わされ、その後の日韓協議も不調に終わったために、李大統領の忍耐力が限界点に達したというのが、非公式かつ一般的な説明である。それに天皇陛下の韓国訪問に関連する不穏当な発言が付随して、日本側の国民感情が著しく傷つけられたのである。しかし、慰安婦問題に抗議するために竹島に上陸したのであれば、それこそ韓国大統領が率先して歴史問題と領土問題を一体化させたことになる。歴史摩擦がそれだけ構造化したのである。

いずれにしろ、それが日本の世論に与えた悪影響は深刻であった。事実、その後まもなく内閣府が実施した「外交に関する世論調査」（二〇一二年一〇月実施）によれば、韓国に「親しみを感じる」（六二・二％→三九・二％）とする者の割合が大幅に低下し、「親しみを感じない」（三五・三％→五九・〇％）とする者の割合が急上昇した。プラスとマイナスの割合がほぼ逆転したのである。同じく、「現在の日本と韓国との関係」についても、「良好だと思う」（五八・五％→一八・四％）とする者の割合が低下し、「良好だと思わない」（三六・〇％➡七八・八％）とする者の割合が急上昇した。韓流のメッカである東京の新大久保から多くの常連客が姿を消し、大阪の鶴橋が韓国人や在日韓国人に対するヘイトスピーチの舞台にされたのである。

## 政治指導者間の相互不信

第二に、歴史論争が日韓双方の高いレベルで激しく戦わされたことも、最近の歴史摩擦の新しい特徴である。朴槿恵大統領の外交原則と安倍晋三首相の外交信念が、さまざまな局面で正面から衝突し、実利を度外視した名分論争が高揚している。いうまでもないことだが、政治指導者レベルで歴史論争が進展すれば、それが官僚レベルを拘束する。また、メディアがそれを熱く報道し、それが国民感情を刺激する。現状では、指導者レベルの歴史論争が上から下にピラミッド的に拡散し、その全体的な拡大を止められなくなっているのである。もちろん、日韓の間には民間レベルに活発な交流が存在するが、そのセーフティネット的な機能にも限界がある。

事実、朴槿恵大統領の二〇一三年三月一日（三・一節）の演説は相当に激しかった。就任してわずか一週間の新大統領が、「加害者と被害者という歴史的な立場は千年の歴史が流れても変わることがない」と断言し、日本政府に「積極的な変化と責任ある行動」を要求したからである。何らかの事件がなければ、このような厳しい表現はありえないだろう。いくつかの情報によれば、二月二五日の大統領就任式に参列した麻生太郎副総理との会談が最初の歴史論争の舞台になったようである。三・一節の大統領演説はその延長戦だったのである。麻生副総理は歴史に一家言を持ち、常々、「歴史は見る者の立場によって異なる」「南北戦争に対する解釈は米国人でも異なる」と語っていた。

しかし、朴大統領の警告にもかかわらず、四月二一日、麻生副総理は春季例大祭に靖国神社を参拝した。また、それに抗議して、尹炳世《ユンビョンセ》外相がすでに決定されていた最初の訪日を中止した。さらに、四月二三日には、安倍首相が国会で「侵略の定義は学界的にも国際的にも定まっていない」と答弁して、韓国側を著しく刺激した。しかし、安倍首相にとっては、二月二二日の「竹島の日」行事を政府主催にしなかったことも、自ら靖国神社を参拝しなかったことも、韓国に対する政治的な配慮の結果であった。両者の認識ギャップはそれほど大きかったのである。

他方、麻生副総理の行動や安倍首相の発言に反発した朴大統領は、二週間後にワシントンを舞台に歴史論争を継続した。五月七日のオバマ大統領との会談で「北東アジア地域の平和のためには、日本が正しい歴史認識を持たなければならない」と主張し、八日の上下両院合同会議で「歴史に目をつぶる者は未来を見ることができない」と演説したのである。安倍政権の「暴走」を止めるには、論争の舞台を拡大し、米国に「直訴」するしかないと判断したのだろう。それ以後、朴大統領は中国でもヨーロッパ各国でも、それを繰り返した。

### 韓国司法の介入

第三に、韓国人元慰安婦の個人請求権に関する二〇一一年八月の韓国憲法裁判所の判決、さらに韓国人元徴用工による損害賠償請求に関する二〇一二年五月の韓国大法院（最高裁判所）の差し戻し判決、すなわち日韓関係への韓国「司法の介入」が歴史摩擦の拡大に重大な影響を及ぼしている。

このうち、前者の「慰安婦」判決は元慰安婦らが韓国政府の「不作為」を訴えたものであり、原告らの賠償請求権が日韓請求権協定によって消滅したかどうかに関する日韓の法律解釈上の紛争をめぐって、韓国政府が紛争解決のための所定の手続きを履行しようとしないことを違憲とするものであった。これによって、韓国政府は慰安婦問題の解決のために外交的努力を尽くし、最終的には日本政府に公文による仲裁請求（請求権協定第三条）をしなければならない法律的な義務を負ったことになる。

後者の裁判は、戦争中に徴用された韓国人労働者が日本企業を相手に損害賠償などを請求した件に関するものである。周知のように、請求権協定第二条第一項は「両締約国およびその国民（企業を含む）の間の請求権に関する問題が……完全かつ最終的に解決された」と規定している。しかし、大法院判決は「日本が植民地支配の違法性を認めず、支配の性格に関する合意がなかった」のだから、「個人の請求権消滅について、日韓両国の意思が一致していたとみるだけの十分な根拠がない」と判断した。この差し戻し判決に基づいて、昨年七月一〇日、ソウル高等裁判所は徴用労働者に対する不法行為について事実認定し、日本企業に損害賠償を命じる判決を下したのである。被告が上告中であるが、大法院で原告勝訴の確定判決が下される可能性が高い。

いずれにせよ併合条約など、旧条約の「有効性」は日韓交渉当時に激しく議論された。それについて、基本関係条約は「もはや無効である」と表現したのである。しかし、そのような外交的解決が問題視されるのであれば、それは一九六五年以来の日韓条約体制そのものに法律的な疑問符が付けられたことを意味する。しかも、そのような「構造的欠陥」を抱えた日韓条約・諸協定は二〇一五年六月に締結五〇周年を迎える。もちろん、原告が請求するのは個人賠償であり、それは和解による解決を排除するものではない。しかし、それが得られなければどうなるのだろうか。条約や協定の改定要求運動が、韓国の野党勢力や民族派知識人によって展開されるかもしれない。それが「二〇一五年問題」である。

## 中国大国化による外交再編

第四に、中国の大国化に起因する国際関係の構造変化が朴槿恵政権の外交戦略に大きな影響を及ぼし、それが日韓の歴史摩擦にも投影された。事実、二〇一〇年の天安艦沈没や延坪島砲撃に代表される北朝鮮の武力挑発にもかかわらず、胡錦濤・金正日《キムジョンイル》時代の中朝関係が緊密であったために、李明博政権の中国外交は必ずしも順調ではなかった。言い換えれば、新政権の出発に際して、朴槿恵大統領は新たに習近平・朴槿恵時代の友好的な中韓関係を築こうとしたのである。しかも、それは李明博政権の中国政策との差別化を図り、それを梃子《てこ》にして、日本に対して歴史問題での譲歩を迫るものでもあった。言い換えれば、朴槿恵政権の中国重視の政策と日本軽視の政策は表裏一体の関係にあるのである。

事実、朴槿恵政権の韓国にとって、中国は米国と並ぶ第二に重要な大国である。北朝鮮の脅威を抱える以上、米国は韓国の安全保障にとって最も重要な同盟国であるが、経済的により重要なのは中国である。韓国の中国との貿易総額はもはや日米両国との貿易総額の合計よりも大きくなっている。したがって、韓国的なG2論によれば、韓国は安全保障分野では米国に、経済分野では中国に依存せざるをえない。それに比べれば、いずれの分野でも、日本の影響力は限られており、韓国外交にとっての比重低下は否めない。また、大統領就任以前から、朴槿恵は胡錦濤や習近平と会談した経験を持ち、中国語を学習する親中的政治家として知られていた。

このような観点から見れば、日韓の歴史論争は朴槿恵政権の対外政策の優先順位の再編成を反映するものであった。事実、二月二五日の就任演説において朴槿恵大統領は「今後、アジアの緊張と対立を緩和し、平和と協力がさらに拡大するように、アメリカ、中国、日本、ロシアおよびアジア、大洋州各国などの域内諸国といっそう強固な信頼を築いてまいります」と述べ、はじめて日本よりも先に中国の国名を挙げたのである。また、五月に米国を訪問した朴大統領は、六月に中国を訪問して習近平主席と会談し、中韓「未来ビジョン」共同声明を発表した。習近平は韓国の女性大統領を異例なほどに厚遇し、朴槿恵もまた晩餐会の冒頭を中国語による挨拶で飾った。さらに、共同声明で中韓両国は「最近、歴史問題でアジア域内の国家間の対立と不信が深まる不安定な状況」に憂慮を表明したことを明らかにした。習主席との昼食会で、朴大統領が伊藤博文を暗殺した安重根《アンジュングン》の記念碑をハルビン駅に設置することを要請して話題となった。

さらに、北朝鮮の核兵器やミサイル開発を抑制するためにも、また北朝鮮経済を開放と改革の方向に誘導するためにも、韓国は日本以上に中国の積極的な協力を必要としている。もちろん、朝鮮半島有事に際しては、米韓だけでなく、日米韓の安保協力が不可欠になる。しかし、近い将来、かりに北朝鮮に対するさらなる経済制裁が必要になる場合にも、あるいはその逆に南北対話や六者会談が進展する場合にも、韓国にとってより重要なのは、拉致問題を抱えて身動きできない日本よりも、日本以上に北朝鮮に大きな影響力を持つ中国だろう。言い換えれば、朴槿恵大統領の韓国は「日米韓」の枠組みを重視する外交戦略だけでなく、「米中韓」の枠組みを重視する外交戦略を形成しつつあるのである。それが日本側を刺激しないはずはなかった。

## 2 先進的な分業・協力の誕生——複雑な相互依存の段階

### 経済的な相互依存

日韓国交正常化に伴う経済協力やベトナム特需を十分に活用し、さらに戦後日本の輸出主導型工業化モデルを学習しつつ、韓国は一九七〇―八〇年代に重化学工業化を達成し、冷戦終結を前についに政治的民主化を実現した。それに加えて、一九九〇年のいわゆる「バブル崩壊」以後、日本が「失われた一〇年」を経験し、それが「二〇年」に延長される間に、日本の約一〇倍の人口を持つ中国が世界的な経済大国として台頭した。要するに、成長する日本と停滞する韓国・中国という一九世紀以来の三国関係のパターンに明確な変化が生じたのである。事実、現在、日本と韓国はほぼ対等な立場で競争しながら協力し、協力しながら競争している。最近の韓国の統計によれば、日本と韓国はその五〇の主要輸出品目のうち二六品目、すなわち五二％で激しく競合している。二〇〇〇年の重複・競合品目が二〇％に過ぎなかったのだから、いかに短期間に日韓の経済関係が水平化したかがうかがえる（『中央日報』、二〇一三年一月二八日）。

しかし、それと同時に、日韓の産業内分業も急速に進展している。東日本大震災後、一部の日本企業は積極的に素材や部品の生産・開発拠点を韓国に移転し始めた。東レは最先端の炭素繊維工場を慶《キョン》尚北道亀尾《サンプクドクミ》に建設し、宇部興産や住友化学もサムスングループと合弁でスマートフォン用の高機能樹脂素材やタッチパネル工場を建設する。日本電気硝子は京畿道坡州《キョンギドパジュ》に建設中の液晶パネル用のガラス基板の工場を二倍に増設し、LGと共同出資の加工工場で最終製品に仕上げたうえで、LGディスプレーのパネル工場に納入する。その総投資額は外国企業として過去最高の七〇〇億円に達する。要するに、製造者と使用者の関係が重視される素材や部品産業の世界では、すでに国境という概念が放棄されつつあるのである。将来的には、韓国の素材や部品産業の日本進出が拡大するだろう。韓国企業が成長しても日本からの輸出が減らないのは、サプライチェーンの上流に日本しか供給できない素材や部品が存在するからである。

経営不振で減産が続くルノー・サムスン自動車は、日産自動車からの生産委託に社運を賭けた。日産自動車は品質が安定して価格競争力をもつ韓国製部品の現地生産を増やして、将来的には日産自動車の九州工場だけでなく、中国大連で稼働する新工場でも使用する予定である。すでに日本ナンバーや韓国ナンバーを付けたトラックが北九州と釜山《プサン》を往来している。同じように経営不振のシャープは、テレビや半導体で激しく競争してきたライバルのサムスン電子グループから約一〇四億円の出資を受け入れた。また、サムスン向けの液晶パネル供給を拡大して工場稼働率を改善する。他方、サムスンは価格下落が続く液晶パネルへの新規投資を抑えて、それをシャープから安定的に調達する。

それとは別に、資金的な余裕を持つ日本の総合商社や金融機関が資源やエネルギー開発、インフラ建設などで韓国企業と提携するケースが増大している。韓国企業の生産技術、人的資源、コスト競争力が注目された結果である。

たとえば三菱商事は韓国ガスと提携して、インドネシアでＬＮＧを共同生産し、リスク分散と販売先の確保を両立させようとしている。丸紅は現代建設と提携して、バングラデシュで複合火力発電所を建設中である。また、東芝と双日は大林産業と提携してベトナムで、みずほ銀行は現代建設と提携してミャンマーで、それぞれ火力発電所を建設中である。最近では、丸紅とＩＨＩがＰＯＳＣＯ　Ｅ＆Ｃと提携してタイにＬＮＧ輸入基地を建設することが発表された。要するに、日韓企業間には競争と協力の自由な結合の新しい形が生まれつつあるのである（『日本経済新聞』、二〇一三年三月二四日）。

## 東アジアの「双子国家」

それでは、一世代、すなわち約二〇年後の日韓関係はどのようになっているだろうか。韓国に民主主義と自由な市場経済が定着するまで、この質問に答えることは決して容易ではなかった。一九六五年の国交正常化後も、日本人と韓国人はそれぞれ相当に異なる政治・経済体制の下にあったからである。しかし現在、日本と韓国はすでに政治・経済体制、すなわち「国のかたち」を決める基本的な要素をいくつも共有している。また、二つの市民社会の間には、活発な大衆文化交流が進展している。日本と韓国がそれぞれの戦略的な役割の重要性を明確に認識し、日韓・日中韓ＦＴＡ（自由貿易協定）やＲＣＥＰ（東アジア地域包括的経済連携）、ＴＰＰ（環太平洋戦略的経済連携協定）などの広域的市場統合を土台とする競争と協力の形を探し当てることができれば、それが両国関係の未来を設計し、東アジアの平和と繁栄に大きく貢献することだろう。もしそれができないのであれば、それはリーダーシップの責任である。

日韓両国が共有する第一の要素は、いうまでもなく自由民主主義と市場経済体制である。また、日韓は人権・人道、個人の尊重、法治主義などの普遍的な価値も共有している。第二に、天然資源を持たない両国は極めて類似した産業構造を持っている。重化学工業、原子力、自動車産業などだけでなく、先端技術に依存する貿易国家として、日韓はＩＴ産業、環境技術、新エネルギーなどの開発に努力している。しかも、すでに指摘したように、最近では産業内分業の進展が著しい。第三に、安全保障の分野でも、日韓は米国を最大のパートナーにし、核兵器やミサイル開発に熱中する北朝鮮という脅威を共有している。それが続く限り、日韓は「擬似同盟」を維持せざるをえないだろう。そして最後に、大国化する中国との関係である。中国文明の周辺国家として、その影響を受けつつ、日韓は長期にわたって独自文化を発展させてきた。地政学的にアジア国家であるだけでなく、太平洋国家でもある日韓にとって、中国との関係をどのように設定するかは未解決の共通課題である。

これらの基本的な要素から見て、二〇年後の東アジアには、一見して区別し難いほどよく似た「双子国家」が存在することになるだろう。超大国たることを止めてしまった日本と中級的な先進工業国家になった韓国である。日韓両国は軍事大国化の道を歩むことなく、同じように産業技術とソフト・パワーを手段とする貿易国家、そして国民一人ひとりの生活や福利を重視する開かれた国家を建設しようとしている。ただし、それでも、よく似た二つの国家は歴史と伝統を異にして、それぞれの独自性を維持して競争と協力を繰り返している。日韓が国境を越えた経済交流をさらに活発化し、段階的に経済統合を進めていけば、さらに北朝鮮が市場経済を導入して、南北の交流や協力が活発化すれば、北東アジアには活力のある約二億人の人口を擁する共同市場が誕生する。台湾にもまた、目標と手段を共有し、約二千三百万の人口を持つ民主的で先進的な工業地域が存在する。

もちろん、東アジアの中心には、それ以上に大きな中国が存在する。中国は東アジアの中央に位置して、それ自身が独自の文明、すなわち世界秩序を構成している。しかし、グローバル化時代の東アジアは中国以外の世界にも開かれている。とりわけ日本と韓国は、東アジア国家であるだけでなく、太平洋国家であり、世界国家である。中国が民主的な政治体制を採用し、軍事力の拡大を抑制して、東アジアと世界の一員であるために努力すればよいが、もしそうでなければ、東アジアの「双子国家」である日本と韓国は、目標と利益だけでなく戦略を共有して、米国との政治経済および安全保障関係をさらに緊密化せざるをえなくなるだろう。そして、そのネットワークはＡＳＥＡＮ（東南アジア諸国連合）とオーストラリア、ニュージーランド、さらにインドに拡大するはずである。

## 3　三つの外交イニシアティブ——日韓の共生戦略を求めて

### 二つの戦後イニシアティブ

第二次世界大戦後の日本と朝鮮半島との関係において、一九六五年の日韓国交正常化、すなわち日韓基本条約・諸協定の締結が最も重要な外交的イニシアティブであったことはいうまでもない。しかし、それらの外交文書は日本と朝鮮半島の戦前の関係を法律的に清算する重要な契機になったが、奇妙なことに、日本による植民地支配の不当性に関する文言が一切記されていない。日韓国交正常化は対日平和条約やサンフランシスコ体制の上に構築されたが、それらは必ずしも敗北した日本の植民地支配を明確に断罪しなかったのである。その当時は、主要連合国の多くも植民地主義帝国であったし、戦後に勃興した東西冷戦が同じ陣営に属する日韓の早急な関係正常化を要求していたからである。また、一九四八年八月に独立し、朝鮮戦争を経験した一九五〇年代以降の韓国は工業化のための早急な資金導入を切望していた。要するに、①植民地支配に関する責任追及の曖昧性、②国際的な冷戦体制、そして③韓国工業化の必要性などが「謝罪と反省のない国交正常化」を可能にしたのである。

もちろん、それは韓国政府が日本に「謝罪や反省」を要求しなかったことを意味するものではない。それどころか、一九五一年一〇月から七次、一三年八ヵ月に及んだ日韓会談は、九月に対日講和条約に署名した日本が、一九〇五年の第二次日韓協約（韓国保護条約）以来の関係を清算し、すでに独立していた韓国との関係を正常化するための外交交渉であった。李承晩《イスンマン》大統領が日本に期待したのは、「過去の誤りに対する悔恨」と韓国を公正に取り扱うという「新しい決意」だったのである。しかし、日本側の対応は終始一貫して法律的かつ実務的であり、韓国併合に関する「合法正当」論に基づいていた。したがって、すでに指摘したような三つの条件に加えて、韓国における軍事政権の登場なしには、韓国内の強い反対のために日韓関係正常化は達成されなかっただろう。いずれにせよ、日韓条約体制は「和解」の結果であるよりも「妥協」の産物だったのである。

それから約二〇年後、一九八三年一月の中曽根康弘首相の韓国訪問も日韓関係にとって重要なイニシアティブであった。しかし、注意深く観察すればわかるように、それは多分に冷戦体制下での日韓国交正常化を再演するものであった。なぜならば、その背後には一九七〇年代後半のデタントの崩壊、すなわち米ソ「新冷戦」の勃興や朴正熙《パクチョンヒ》死後の韓国での新軍部の台頭であったし、それは全斗煥《チョンドファン》政権の要請に応える四〇億ドルの経済協力を伴っていたからである。言い換えれば、韓国側が「日本は一度も謝罪していない」と非難し、日本側が「経済的に補償した」と反論する関係に変化は生じなかったのである。その意味で、日本と韓国の間には依然として「戦後和解」が存在しなかった。それを可能にするための条件を整えたのは、冷戦終結後、戦後五〇年の機会に発表された村山富市首相の談話にほかならない。なぜならば、それは日本が「植民地支配と侵略によって、多くの国々、とりわけアジア諸国の人々に対して多大の損害と苦痛を与えた」ことを率直に認めて、「痛切な反省の意を表し、心からお詫びの気持ちを表明した」からである。これは日本政府が植民地支配に関して「合法正当」論から「合法不当」論に転換したことを意味した。

そのような視点から見れば、それから三年後の一九九八年一〇月に実現した金《キム》大中《デジュン》大統領の日本訪問と日韓両首脳が署名した「パートナーシップ」共同宣言こそ、「村山談話」を土台にして日韓条約体制（一九六五年体制）を大幅に修正・補完する歴史的なイニシアティブであった。このときの日韓首脳会談において、日本側の小渕恵三首相は「村山談話」をさらに一歩進めて、「過去の一時期韓国国民に対し植民地支配により多大の損害と苦痛を与えたという歴史的事実」を率直に認定して、「痛切な反省と心からのお詫び」を表明したし、金大中大統領もそのような日本側の歴史認識の表明を「真摯に受けとめ、これを評価する」と同時に、「両国が過去の不幸な歴史を乗り越えて和解と善隣友好協力に基づいた未来志向的な関係を発展させる」と応じたのである。劇的な演出こそ欠いていたものの、日韓「パートナーシップ」共同宣言は、一方が謝罪し、他方がそれを受け入れて、双方が和解するという「戦後和解」の形式を踏んでいたのである。

それだけではなく、共同宣言において、両国首脳は「自由・民主主義、市場経済という普遍的理念に立脚した協力関係」を構築し、それを「両国国民間の広範な交流と相互理解に基づいて発展させていく」決意を表明した。韓国の経済発展と民主化、および日本が表明した明確な歴史認識を土台に、小渕恵三首相と金大中大統領は日韓両国が普遍的な価値と体制を共有することを確認し、さらに「両国のパートナーシップをアジア太平洋地域更には国際社会全体の平和と繁栄のために……前進させていく」ことが極めて重要であるとの認識を表明したのである。それこそ「二一世紀に向けた新たな日韓パートナーシップ」であった。事実、共同宣言には詳細な行動計画文書まで添付されていたのである。このとき、日韓両国の指導者に欠けていたのは、「戦後和解」を劇的に演出する知恵であり、それを定着させるための時間であった。とりわけ宣言の署名者である小渕首相の急逝が新しい日韓関係の持続的な発展にとって大きな打撃になったのである。

## 「米中架橋・経済統合」型イニシアティブ

二〇一二年一二月から翌年二月にかけて、日本と韓国で相次いで新しい政権が誕生した。安倍晋三政権と朴槿恵政権である。これらの新政権が直面する歴史的な役割は、李明博政権の最後の一年間に険悪化した日韓関係を修復することだけではない。東アジアの「双子国家」にふさわしい日韓関係を構築して、東アジアの平和と繁栄に寄与できる外交イニシアティブを共同で開発することである。振り返ってみれば、朴正煕政権と池田・佐藤政権による国交正常化や中曽根政権と全斗煥政権による関係改善のためのイニシアティブは、すでに紹介したように、いずれも冷戦・新冷戦と韓国の産業化に対応する「安保優先・経済開発」型イニシアティブであった。また、金大中政権と小渕政権による「パートナーシップ」共同宣言は冷戦終結を背景にする「国際協調・過去反省」型イニシアティブであった。

それでは、これら二つの戦後イニシアティブと比較して、日韓の新政権はどのような外交イニシアティブを開発すべきだろうか。第一イニシアティブに関していえば、冷戦が完全に終結したのだから、いまや対ソ・対中「封じ込め」は完全に過去の遺物になった。また、産業化も完了して、韓国はいまや開放された先進的中級国家として世界に認知されている。残された課題は、北朝鮮による核兵器や長距離ミサイル、すなわち大量破壊兵器（ＷＭＤ）の脅威にいかに対抗すべきかである。米本土に到達する核ミサイルが完成するまでには五年程度の時間が必要とされるが、日本はそれ以前に中距離核ミサイルの射程距離に含まれることになるだろう。韓国はすでに長距離砲や短距離ミサイルを含むさまざまな軍事的脅威に直面している。その意味では、二〇一二年六月下旬に日韓がＧＳＯＭＩＡ（軍事情報包括保護協定）の締結に失敗したことが惜しまれる。

ただし、当然ながら、この第一のイニシアティブによって慰安婦問題を含む歴史問題が解決されることはない。この問題に関する韓国政府の立場は司法、ＮＧＯ、そしてメディアによって強く拘束されているし、日本でも政府による河野談話の作成過程の検証や朝日新聞による自らの慰安婦報道の検証が進行した。単純に論争を回避するのではなく、部分的にしろ、第二の「国際協調・過去反省」イニシアティブを発揮しながら、新しい第三イニシアティブを共同で開発すべきだろう。日韓の二つの政権にそれができるかどうかは不明であるが、二〇一四年八月一五日の光復節演説で、朴槿恵大統領は「日韓両国はいまや新しい五〇年を見据えて、未来志向的な友好協力関係に向けて進まなければなりません」と言明したうえで、「その方たち（元慰安婦のハルモニたち）が納得できる前向きな措置」を要求し、日本の指導者たちに「知恵と決断」を期待した。

他方、朴槿恵政権誕生後、ソウルと東京を訪問したキャンベル米国務次官補は「北東アジアはますます世界経済の操縦席になり、世界の成長のために著しく重要である。日本、中国、韓国の間の良好な関係がすべての関係国にとって最善である。」と言明した。それ以来、米国政府は日中韓の摩擦や緊張が拡大することに対する警戒心を隠さない。とりわけ、同盟国である日本と韓国の緊密な関係こそ、この地域における米国の安全保障上の利益を最大限に反映すると主張している。したがって、米国が東アジアから撤退するのであればともかく、リバランスしようとするのであれば、険悪な日韓関係の改善は不可欠である。そのような観点から、昨年一〇月初めに日本を訪問したケリー国務長官とヘーゲル国防長官は、集団的自衛権問題で日本の主張を肯定しつつ、千鳥ヶ淵戦没者墓苑で献花したのである。また、一二月に日韓を訪問したバイデン副大統領も日韓首脳に関係改善を強く要請した。さらに、そのような外交努力が裏切られたと感じたために、一二月の安倍首相の靖国神社参拝に対して、米国務省は異例にも「失望」を表明したのである。ただし、どのような形であれ、米国が強引に介入すれば、日韓双方に潜在する反米感情を刺激し、それが「日米韓」安保体制を混乱させるかもしれない。そのために、オバマ大統領の仲介外交も日米韓サミット開催のレベルにとどまらざるをえないのである。

そのような観点からみれば、日韓双方に必要とされているのは、第一に自らの問題を自主的かつ迅速に解決することであり、第二にアジア太平洋の平和と繁栄に寄与できる共同の外交イニシアティブを開発することである。それこそ、新しい時代に即応する日韓の外交イニシアティブだろう。そこには、米中関係を調整し、両者を架橋するという大きな共同の役割が存在する。また、今後二〇年を展望して、それは日中韓FTA、TPP、RCEPなどを通じて、アジア太平洋の広域的な経済統合を促進するものでなければならない。

いうまでもなく、それらは日本だけでも、また韓国だけでも決して達成されない世界史的な使命である。我々は中国が健全なナショナリズムを育成して、そのようなアジア太平洋世界の責任ある構成員になることを願っている。しかし、それを実現するためには、中国自身の努力だけでなく、日本と韓国の共同のイニシアティブが必要とされるだろう。その意味でも、世界はアジア太平洋の平和と繁栄を必要とするが、アジア太平洋は日韓の友好的な連携を必要とするのである。

（九州大学客員教授、慶應義塾大学名誉教授）

# 日韓関係改善の道を探る――参加学生から（1）

## 朝鮮通信使歴史館を訪問して

井上陽南子

釜山でのフィールドワークでは九州大生五名、釜山大生五名を一チームとして、計一〇チームが先史時代の遺跡からサッカーのワールドカップを共催した会場（プサンアジアメインスタジアム）まで、それぞれテーマを選定して調査を行いました。二〇〇〇年もの間、日韓が隣国としてどのような関わりを持ってきたのかを日韓の学生が互いに学び、共有する時間となりました。

私のチームでは朝鮮通信使について調査を行い、朝鮮通信使歴史館を訪問しました。歴史上最も緊張感漂う時代背景のある課題でしたが、現在の日韓関係を動かすヒントを得ることができたと考えています。ちなみに、朝鮮通信使は国連教育科学文化機関（ユネスコ）に記憶遺産として登録しようとする動きが日韓の共同作業として行われています（『日本経済新聞』二〇一四年四月二九日）。

朝鮮通信使とは、国書をやりとりする目的で朝鮮王朝から徳川幕府に遣わされた外交使節団のことを指します。豊臣秀吉の朝鮮出兵で冷え切っていた両国でしたが、この朝鮮通信使が再び国交を築くきっかけとなりました。使節団の中には、正使や副使などの使節、訳官（通訳）や製述官（国王からの国書を取り扱う役職）のような官職、その他さまざまな職能があり、総勢で四〇〇～五〇〇名の構成員がいました。朝鮮との交流は室町時代から盛んに行われていましたが、戦国時代に入りその交流は途絶え、さらには秀吉による朝鮮出兵で、当時朝鮮半島は反日感情で溢れかえっていました。その後、江戸時代を迎え、初代将軍家康と二代将軍秀忠の尽力により国交が回復しました。しかし、反日感情に溢れた隣国との国交回復への道のりは決して容易なものではありませんでした。私は徳川幕府がどのように朝鮮との国交回復を果たしたのか、という疑問を持ちながら、フィールドワークに臨みました。

## 国交回復の三つのキーワード

フィールドワークやその後の調査学習で、国交回復には三つの要因があったことがわかりました。対朝鮮貿易、儒者の雨森芳洲らによる人間的交流、そして民衆レベルでの文化交流です。

江戸時代に対朝鮮貿易を収入源としていたのが対馬藩でした。秀吉の朝鮮出兵後、貿易を絶たれ困窮した対馬藩は貿易再開を渇望し、朝鮮との交流経験を活かして幕府と朝鮮との仲介役となりました。貿易再開の交渉を重ねた結果、現在の釜山にあたる場所に倭館が設置され、朝鮮通信使が派遣される前段階として、経済活動による関係改善が始まりました。

雨森芳洲は朝鮮語に非常に長けており、朝鮮通信使の接待役として通信使の日本道中に同伴した人物です。対馬藩を仲介役とした交渉の結果、日本からの招きで朝鮮通信使が派遣されることになりました。朝鮮通信使の旅は片道一〇ヵ月にも及びました。その長い道中で雨森芳洲は通信使たちと多くのことを語らったそうです。国交を回復し、交流を重ねても、朝鮮の人々の心から秀吉の朝鮮出兵の傷跡が消えることはありませんでした。そのことについても議論をし、時には本音で、激しい議論を繰り広げたこともあったようです。それでも真剣に彼らと対等に向き合い、誠信交隣（隣国と対等に交流をする）の気持ちを互いに持つことによって、関係を崩すことはありませんでした。

朝鮮通信使の中には、プロの書家や詩人や画家が多数おり、文化使節としての一面も兼ね備えていました。道中でも、各地で音楽を演奏したり、踊ったりしながら江戸へ向かいました。参勤交代の行列とは違い、一般市民でもその様子を見物し、使節に漢詩や画をかいてもらうことが可能でした。各地の宿泊先でも、手厚い歓迎がなされ、詩画、音楽を通じて市民との文化交流が行われました。言葉が通じなくても、心と心のやりとりが行われていたのです。朝鮮からの使節たちが心に抱いていた秀吉以来の日本への印象は次第に変化していったという文献が残されていますし、およそ二〇年に一回のチャンスである通信使に出会い、隣国の文化に触れた日本の人々の目はとても輝いていたことと思います。

## 日韓関係改善のヒント

今日の日韓関係改善を考えるにあたり、私たちは朝鮮通信使から三つのことを学びました。まず、秀吉の朝鮮出兵という痛ましい過去を乗り越える起爆剤となったのは、貿易による経済活動の再開でした。現在においても、日本と韓国の経済面での繋がりは非常に密接であり、過去に囚われず、しかし過去を忘れることなく、さらなる経済連携を取ることで関係改善を試みることのできる分野だと考えられます。

　次に、雨森芳洲が深く議論を交わし、人間的交流をすることができた大きな要因として、彼が朝鮮語を完全に駆使していたことが挙げられます。交流をする相手国の言葉を習得することで、日本人とは異なる考え方を持っているという理解を得ることもできるのです。それを念頭に置いて議論を交わすことで、関係を崩すことなく交流ができたのだと思います。私たちのチームは、このプログラムで出会った韓国の学生たちと本当に仲良く、充実した日々を過ごすことができました。

　しかし共に過ごした二週間の中で、歴史問題・領土問題について本格的に議論することはありませんでした。私は島根県出身なので「地元はどこ？」と聞かれたときに「竹島（独島《ドクト》）があるところだよ」と伝えると、何とも言えない微妙な雰囲気が流れました。互いに、韓国語や日本語を完全にマスターしていない状態で、この話題

フィールドワークプレゼン中の筆者

朝鮮通信使歴史館の前で

朝鮮通信使歴史館の展示物

を議論すれば誤解を招きかねません。それによって、せっかく築いた関係が壊れてしまうのが怖い、関係を壊したくないと感じたのだと思います。ですから、私たちが言葉の壁を越えることができれば、誤解なくきちんと相手の意見を受け止め、自分もしっかり主張して、より深い話ができたのではないかな、と思いました。

最後は心の交流ですが、今回のプログラムで私たちが行ったのは、これに一番近いものだったと感じています。先ほども述べたように、私たちには絶対的な言葉の壁がありました。しかし、英語や知っている韓国語の単語を並べたり、ジェスチャーを使ったりして二週間を共に過ごすことで、心と心が繫がるのを感じた人はたくさんいたと思います。相手の国の言葉をマスターすることが難しくても、私たちは全く交流ができないというわけではないのです。むしろ、相手の心を感じることで、理屈抜きの素直な関係を築くことができるのも、また確かであると思いました。

最近ニュースや新聞では反日嫌韓の文字が躍る日が続いており、それを見るたびに「韓国との関係改善には本当にメリットがあるのか？」「どちらの国民も、関係改善を望んでいないのでは？」など、自分が現在目指している姿に意味があるのかどうか不安になることがあります。ですが今回の経験を糧にし、粘り強く、したたかに、広い視野を持って、そして自分の描く未来を信じて勉強や研究を進めていこうと思います。

## さまざまな分野での架け橋として

最後に日韓関係改善を目指し、学生である私たちに何ができるのかについて私なりの考えを述べたいと思います。朝鮮通信使の時代には両国の間に「貿易」を中心とした共通利益が存在し、それをきっかけに関係改善に取り掛かることができました。そしてそこには雨森芳洲という両国の架け橋となる人物が存在しました。すなわち、関係改善には共通利益と両国の架け橋となる人物の二つの要素が同時に存在することが必須条件であることがわかります。

現代においても、日韓の間には共通利益を見出すことができます。たとえば、二〇一八年には韓国・平昌で冬季オリンピック、その二年後の二〇二〇年には東京で夏季オリンピックが開催されますが、日韓の共同開催によりさまざまな分野で成果の最大化が図れるのではないかと言われています。

今回、このプログラムに参加した九大の学生五〇名は文系理系関係なく、さまざまな学部から集まっています。

この五〇名全員が将来韓国に軸を置いて研究をしていこうと考えているわけではなく、むしろそのような人はごく少数だと思います。しかし多様な学部生がこのプログラムに参加し、韓国人の友達を作り、充実した二週間を共に過ごしたことで、彼らの韓国に対する意識は少なからず変化したと言えるでしょう。

プログラムが終了してから早や一年半が経とうとしていますが、私は今も同じチームだった釜山大生と交流を続けています。ＳＮＳで互いの近況を確認し合ったり、旅行で福岡へ来たりしたときにはみんなで集まって食事をしました。逆に私たちが釜山へ行ったときには、温かく迎えてくれました。

このような繋がりや経験を生かして四年後、あるいはもっと先の将来、私たちが専門分野もしくは社会へと進んだとき、その先々でこのプログラムに参加した日韓の一〇〇名が両国の人々を結ぶ架け橋となることができるのではないでしょうか。さまざまな分野において日韓の間を繋ぐことは、次の時代を担う私たち学生が果たすことのできる役割だと考えています。

（九州大学二一世紀プログラム三年）

事前学習「小此木教授に学ぶ」

日韓経済連携について英語プレゼンテーション

延世大学生とのディスカッション

# 互いの鏡になるべき韓国と日本

金《キム》孝《ヒョ》済《ジェ》

　釜山大学に入学したばかりのころでしたが、専攻の先生がこんなことをおっしゃいました。「Cognitive Map（認知地図）を広げなさい」。大学生になったのだから、多くのことを経験し、世の中を見る際の視野を広げるように、という助言でした。私がカレッジプログラムに参加したのも、先生のこのお言葉がきっかけになりました。大学生になって初めて迎える夏休みに、何か特別な経験をしてみたかったところ、大学の掲示板に出ていたこのプログラムの掲示が目に留まりました。外国で多彩な活動ができるというメリットは、入学一年目の新入生にとっては、決して忘れられない経験になりました。しかし、私にとってこのプログラムは、単に「何かを学んだ」以上の意味がありました。

## 国境を越えて真の友人になる

　私が本カレッジプログラムのことをまだ記憶し、愛情を抱いている理由は、このプログラムが私に新たな人間関係の道を開いてくれたからです。私は、プログラムを通して、同じ年月を生きてきたのにまるで異なる文化の中で育った友人たちと出会いました。外国の友人たちと共に生活することで受けたカルチャーショックは大きく、その文化の違いは、なじみのなさよりも、むしろ興味を呼び起こしました。日本は近くて遠い国だ、という言葉を理解したとでもいいましょうか。

　短期間ではありましたが、私たちは共に笑い、共に泣く間柄になりました。プログラムが終わった後も、私たち第一期のメンバーは自主的に集まってグループを作り、交流を続けました。ＳＮＳで互いの消息を共有するだけでなく、グループ活動を通してプログラムではできなかったことを企画し、双方の考えを深いところまで語り合い、韓国語・日本語の学習も互いにサポートしました。私たちの活動は目に見える成果を挙げ、大学主催のスピーチコンテストで最優秀賞を受賞したこともありました。しかも、メンバーはそれぞれ釜山と福岡を行き来して、互いの国を観光案内したり、レポートを書くのに必要な資料を届けたりもしました。

　このように、両国の学生はいつのまにか、プログラムを経た「外国の」友人という概念を越え、真の友《チング》になっていました。もはや「外国」という単語自体が無意味になってしまうくらいに、私たちは本当に親しい関係になったのです。今では話の内容も、「あなたたちの国ではどうなの？」ということだけでなく、日常的な友人のように何でもあれこれと話します。今では就職を控えて卒業の準備をしている友人が「振り返ってみると、カレッジプログラムほど貴重な経験はなかった」と語るのも、おそらく、メンバー同士が非常に多くの思い出を共有したからだと、私は思います。

　何より私たち自身が驚いたのは、メンバー各自が、互いにとっての動機付けになってきたということです。まず、日本の友人たちの言葉を借りると、最初韓国の学生が来た時びっくりしたのは、自分たちより英語がうまかった、ということでした。そこで日本の友人たちは、プログラムが終わった後、英語にもっと関心を持つようになり、これがきっかけになってほかのプログラムにも参加し、さらに多くの経験を積んでいます。また一部の学生は、韓国の友人から強い印象を受けて韓国語の勉強を始め、韓国に留学して、今では流暢に韓国語を操るまでになっています。

日本の仲間との出会い

グループプレゼンテーションの準備（真ん中が筆者）

担当教員とのディスカッション

韓国の学生の場合も、さほど変わりません。日本の学生と会った後から日本語の勉強をやり始め、韓日海峡圏カレッジプログラムを通して得た良い経験のおかげで、ほかの活動にも積極的に参加しています。このように、私たち一人ひとりが互いにとって良い動機付けになっており、今でも私たちは、各メンバーが目標になり、成長を目指しています。ある日本の友人は、私にこんなことまで言いました。

「二一世紀に生まれて本当によかった。そのおかげで、私たちは会えたのだから。一九世紀の昔だったら、私たちは一緒になれなかったでしょう」

この友人が語るように、今が二一世紀だから私たちは互いに会うことができ、スマートフォンを使って連絡を取り続け、普通の友人のように会って笑い合えるのです。そしてこれは、結果的に、私たちがこれほど成長するきっかけになりました。私は、韓国・日本両国が、二一世紀のおかげで友好関係をさらに増進させることができると考えます。

## 二〇世紀の傷、そして訪れた二一世紀

最初に考えてみたいのは、両国の学生はどうして、今に至るまで友情を保つことができたのか、ということです。私たちが日本の友人たちとの違いを受け入れ、一緒に笑い、エンジョイできたのは、お互いへの配慮が存在していたからです。

韓国と日本の間には、歴史的経緯から、鋭い対立があります。現在、韓国と日本は、社会的な雰囲気から互いに反日、反韓感情を強めています。第二次世界大戦はとうの昔に終わったのに、戦争が残した傷と怒りは、二一世紀の今日も続いているようです。

ここで、配慮が大きな力を発揮するでしょう。過去の誤りはきちんと問われるべきですが、許しによる互いへの理解も進むべきです。韓日両国が二一世紀へ進んでいくには、必ず、この段階を経なければなりません。

私たちメンバー間で、過去の韓日植民史について話をしたことがあります。植民地時代の残酷さは、国を越え、私たち全員ががっかりさせられる過去の過ちです。両国の学生はいずれも、当時を生きた人間ではありませんが、同じ過去を繰り返さないよう努力すべきだという点では共感しました。だから私たちは、メンバー間でより良い関係をつくり、未来に知恵を絞ることができたのです。

## 互いの鏡になるべき韓国と日本

私たちメンバーは、お互いが強い動機付けとなり、互

いに助け合う関係になりました。私にとってメンバーは、互いの鏡のような存在でした。「井戸の中」でしか生きてこなかった私は、自分自身を友人たちに照らしてみることで怠惰から抜け出し、新たなチャレンジを続けることができました。私たちは、互いを通して学ぶべき部分を探り、お互いが学ぶべきモデルになり、時にはそれ以上になるため努力しました。社会に出ることになった今の私が、少しは自信を持って進めるのも、すべて友人たちのおかげだと言えます。

韓国と日本の関係も、断然、私たちと同じようになるべきではないでしょうか。すでに、韓国・日本両国は互いをライバルとみなし、成長してきました。両国いずれも国際市場で経済的に大きな影響力を持っており、技術力もまた世界最強クラスと言えます。しかし、絶えず変化していく世界の流れの中で、一国が独自に生きていくというのは容易ならぬことです。国際化という言葉があるように、私たちはすでに、境界を越えて世界人として生きているからです。したがって、地理的・文化的に交流が活発な両国が協力すべきなのは当然です。

ならば、われわれはどのように協力したらよいのでしょうか。何より、これまで私たちがやってきたように、互いの鏡になるべきです。プログラムの過程で、九州大学のある先生が、こんなことをおっしゃいました。「韓国と日本の産業構造を調べてみると、韓国は応用技術が発達しており、日本は基礎技術が発達していた」。つまり換言すると、韓国と日本は互いの産業構造を通して、発達した部分と未熟な部分を照らし出し、互いに助言し合えるのです。技術を一方的に共有するのではなく、両国が成長のためのモデルになり得る、ということです。

単に産業部門の協力だけのことではないでしょう。今でも両国は、政治・社会・経済・行政・福祉などあらゆる面で、互いの良い部分をベンチマークし、直接訪れて

九州電力でのインターンシップ

学んでいくこともあります。一方が勝って他方が負けるゼロサムゲームではない以上、両国はどうしても一緒に成長する必要があります。ゆえに、われわれは必ず協力しなければならないのです。このような、いま少し発展的な協力が両国間でなされれば、より良い未来をつくることができます。

しかし私は、メンバーが当初から互いに利益をもたらしたから良い関係になった、とは考えません。私にとって友人たちは、単に友人というだけで楽しく、幸せでした。その昔、韓国と日本の間を朝鮮通信使の行列が往復したように、見方によっては、両国は何らかの実利的な利害関係からよりも、むしろ古くからの友人だからこそ、どの国よりも親善関係を維持すべきなのだと言えます。

両国間の外交的摩擦が起こるたび、私はいつも残念に思うばかりです。しかし私は、生涯つきあえる友人を通して自分自身がすでに確信し、そしてこのプログラムがさらに活性化していることでその可能性が立証されているように、韓国と日本の新たな明日を夢見ています。

**いま何ができるのか**

カレッジプログラムでの経験と、プログラムを通して出会った大勢の人々から、どう生きていくべきかについての助言と知恵を得ることができました。二〇歳の新人に新たな道を示し、無限の可能性を教えてくれました。インターンシップに行った企業の一つ、九州電力で、ある社員の方が次のような言葉を投げかけました。「いま何ができるのか」。この言葉は、当時の私に、非常に大きな苦悩をもたらしました。今でもこの問いは、時として、停滞した自分を前に進める原動力になります。

二一世紀に、私は私自身のために何ができ、ひいては世の中のためどういう存在になれるのか。まだ解き難い宿題ですが、私は、友人たちを通して少しはヒントを得ることができました。何かをするために、今も熱心に将来に向けて準備している韓日の友人たちを見て、私は今日もがんばります。そして将来、めいめいが自分の居場所で笑っている未来の姿を期待します。海を越えていつでも私を応援し、励ましてくれるこの友人たちのおかげで、私は今日、さらに大きな夢をみることができるのです。

（釜山大学新聞放送学科三年）

# 2　日韓関係の争点
## ——韓国政府の外交声明・論評の変化を中心に

菊池勇次

## はじめに

### 四つの主要争点をめぐって

今年は日韓国交正常化から五〇年という節目にあたる年である。しかし、二〇一二年八月の李明博《イミョンバク》大統領による竹島（独島《ドクト》）上陸以降、領土・歴史問題による日韓の対立が続いており、安倍総理と朴槿恵《パククネ》大統領の間では、オバマ大統領も交えた二〇一四年三月の日米韓首脳会談を除き、首脳会談を開くことすらできない状態が続いている。

　この日韓関係を悪化させている領土・歴史問題について、これらの争点全体を総体的に扱った先行研究としては、木村幹氏による一連の研究[1]がある。歴史認識問題をめぐる日韓間の経緯や近年日韓関係が悪化した原因（韓国にとっての日本の重要性の低下等）について、多くの知見をもたらしてきた同研究は、他方、争点化した経緯や原因を明らかにすることに重点が置かれており、争点化後の認識や対応、重要性がどのように変化していったのかについては、新聞に掲載された記事数の推移等を挙げるにとどまっている。

病気の治療を模索する際、病気の原因を探し出すことと同様に、これまでの病状の推移を把握してこそ、現在の状況を的確に診断し、適切な治療方法を導き出せることは言うまでもない。したがって、日韓関係の争点についても、印象論ではなく、根拠に基づいてその重要性の変化を「見える化」することは、現在の状況をより正確に把握し、適切な対策を打ち出すことにつながるであろう。

そこで本論では、日韓関係の争点の重要性がどのように変化してきたのかを「見える化」するための尺度として、韓国政府の公式の立場を示す外交声明・論評の変化に注目する。韓国政府の外交声明・論評に注目するのは、慰安婦問題をはじめ、基本的に日韓関係の争点は、韓国政府が日本政府に解決を求める構図になっており、有効な解決策を考えるためには、まず、韓国政府の認識と対応の変化と現状を把握することが重要だからである。

## 定例化、年中行事化する対日批判

これまで韓国政府の外交声明・論評に関しては、先行研究でも必要に応じて引用、言及されることはあったが、比較的長い時間軸での内容や形式の変化が注目されることはなかった。しかし、（レベルの低い順から）外交部当局者論評[2]、外交部報道官論評、外交部報道官声明、外交部長官声明、政府声明、大統領談話等があり[3]、日本政府の各種談話と比べて頻繁に発出される[4]韓国政府の外交声明・論評は、その内容の変化はもちろん、形式の変化を追うことによっても、韓国政府の認識と対応の変化を具体的に「見える化」できるという特徴がある。

具体例を挙げると、日本の新内閣が発足した際に発出される外交部報道官論評（ただし、盧武鉉《ノムヒョン》政権期には出されていない）では、新内閣の発足に対して「歓迎する」または「祝賀する」という外交辞令を使用するのが通例であった。しかし、日韓関係の悪化を反映し、二〇一四年の第三次安倍内閣発足に際しては、こうした外交辞令を使わず、「新内閣の発足を契機に日本政府が東北アジアの平和と安定、共同繁栄のために近隣諸国との友好協力関係を誠実に発展させていくよう希望する」というメッセージに置き換えられた。

また、一九九〇年代まで新内閣発足に関する論評で歴史問題に言及することはなかったが、教科書問題で日韓関係が悪化していた時期に発足した第一次小泉内閣に対して、初めて「正しい歴史認識」を求める内容が盛り込まれた。その後、李明博政権に移って、麻生内閣発足の際には「過去を直視」という表現に変わり、政権交代により鳩山内閣が発足し、韓国側で日韓関係の改善に大いに期待が高まった際には、論評から歴史認識に関する言及が消えた。しかし、菅内閣、野田内閣では「過去を直視」に戻り、日韓関係が悪化した時期に発足した第二次および第三次安倍内閣では、「正しい歴史認識」が復活した。

形式についても、総理の靖国参拝に対し、一九八五年の中曽根総理の参拝に対しては外交声明・論評を出さなかったが、九六年の橋本総理の参拝に対しては最もレベルの低い外交部当局者論評を出し、二〇〇一年から〇六年まで毎年行われた小泉総理の参拝に対しては二段階上げた外交部報道官声明を出し、一三年の安倍総理の参拝に対しては政府声明にする等、時代が下るごとに総理の靖国参拝に対する認識が厳しくなっていることを反映し、形式を格上げする措置がとられてきた。

このように内容・形式が変化する背景に当局者の何らかの意図が含まれることは、当局者が問題への対応を決める際、過去の類似事例を最も重要な参考資料にすることを考えれば、容易に理解されるだろう。つまり、韓国政府の外交声明・論評は、前例を踏まえつつ、その時々の状況に応じてメッセージの内容・形式が調節されるため、その変化を追うことによって韓国政府の認識と対応の変化を具体的に「見える化」することができるのである。

そこで本論では、日韓関係の主要争点である竹島問題、教科書問題、慰安婦問題、靖国問題および全体的傾向について、これまでの外交声明・論評の内容と形式の変化を検証し、そこにどのような特徴が存在するのかについて考察する。

そして、結論を先取りすると、最近の日韓関係の悪化は、韓国政府による対日批判を急増させたのはもちろん、以前の関係悪化とは異なり、対日批判が一過性のものにとどまらず、定例化、年中行事化する新たな特徴を有している。そして、これは韓国外交全体の中で対日批判が突出する状況を固定化し、今後の対立緩和や大統領・総理の交代といった環境の変化による対日外交のリセットを困難にさせるという決して見過ごせない問題をはらんでいる。

それでは、リセットのきかない日韓関係悪化の固定化という構造がどのようにして生まれつつあるのか、詳しく見ていくことにしたい。

## 1　竹島問題

竹島は、急峻な岩石でできた二つの島とその周辺の数十の小島からなる総面積約〇・二一平方キロメートルの群島である。北緯三七度一四分、東経一三一度五二分の日本海上にあり、隠岐諸島からは北西に約一五八キロメートル、韓国の鬱陵島からは南東に約八七キロメートル離れた場所に位置している。

この竹島に関して日韓両政府は、ともに歴史的、国際法的に明らかに自国の固有領土であると主張している。同島は、一九五四年に韓国政府が警備隊を派遣して以来、韓国の占有下に置かれているが、日本政府はこれを不法占拠であるとして抗議し、国際司法裁判所（ＩＣＪ）への合意付託を提案している。一方、韓国政府は、独島（竹島の韓国名）をめぐる領土問題は存在せず、したがってＩＣＪに付託する必要もないとの立場をとっている。

（ア）歴史的権原に関する日韓両政府の主張

日本政府は、遅くとも江戸時代初期にあたる一七世紀半ばには、漁業活動等による利用を通じて竹島の領有権を確立し、一九〇五年一月、閣議決定によって竹島を領有する意思を再確認したと主張している。また、韓国側からは一九〇五年より前に同島を実効的に支配していたことを示す明確な根拠は提示されていないと指摘している。

一方、韓国政府は、五一二年に新羅が于山国を征伐して以来、独島は領有の歴史を歩みはじめ、日本編入前の一九〇〇年に出された「勅令第四一号」においても、鬱陵郡の管轄地域の中に石島という島が記されており、これが現在の独島であると主張している。また、独島は日本による侵略の最初の犠牲になった領土であるとし、日本政府の領有権主張は、かつての侵奪の歴史を反省していないことを示すものであると批判している。

（イ）サンフランシスコ平和条約の解釈をめぐる日韓両政府の主張

国際法的な面では、現在の日本の領土を画定したサンフランシスコ平和条約の解釈が争点となる。同条約第二条（a）には、「日本国は、朝鮮の独立を承認して、済州島、巨文島及び鬱陵島を含む朝鮮に対するすべての権利、権原及び請求権を放棄する」と規定されており、竹島が放棄した領土に含まれるか否かをめぐって日韓両政府の主張が対立している。

日本政府は、条約草案の作成過程で韓国政府が、日本が放棄する領土に独島を明記するよう求めたのに対し、米国政府は、ラスク極東担当国務次官補から駐米韓国大使への書簡をもって、「［竹島は］朝鮮の一部として取り扱われたことが決してなく、（中略）かつて朝鮮によって領有権の主張がなされたとは見られない」（［ ］内は筆者による補足。以下同じ）と回答しており、同条約において我が国の領土であるということが肯定されていることは明らかだ、と主張している。

一方、韓国政府は、済州島、巨文島及び鬱陵島というのは例示に過ぎず、同条約に独島が直接明示されていないからといって、日本が放棄した領土に含まれないことを意味するわけではなく、①日本が暴力及び貪慾により略取した一切の地域から追放する旨表明した一九四三年のカイロ宣言や、②日本の行政権等を暫定的に停止する地域の中に明示的に独島を含めた四六年の連合国総司令部覚書（SCAPIN）第六七七号等に示されている連合国の意思を踏まえると、同条約によって独島は韓国の領土に含まれたと見るべきであると主張している。

## 韓国政府の竹島問題への対応

上記のように、竹島問題はサンフランシスコ平和条約の前後から日韓間の懸案に浮上しており、一九八〇年代から九〇年代にかけて外交問題化した他の懸案に比べて古い歴史がある。そのため、一九五四年に日本政府が国際司法裁判所（ＩＣＪ）への付託を提案した際、韓国政府が外務部情報局名義の声明を出して提案に応じない旨表明する等、外交声明・論評も古い時期から出されている。

これは、一九六五年の日韓基本条約締結後、竹島問題が事実上いったん棚上げとなった後も同様であり、国会答弁等で日本政府が竹島の領有権を主張した際等に外交声明・論評を出して反論している。ただし、日韓関係の大きな争点として再燃するのは、一九九四年に国連海洋法条約が発効し、排他的経済水域（ＥＥＺ）二〇〇カイリ時代を迎え、竹島の領有権問題がＥＥＺの境界線を決定するうえで大きな意味を持つようになった後のことである。

ＥＥＺ二〇〇カイリ時代の到来後、一九九六年には政府声明、盧武鉉政権期には二回にわたって竹島問題を主要テーマとする大統領談話が出され、二〇〇八年には駐日大使の一時帰国措置がとられる等、形式面で他の問題よりも高いレベルの措置がとられてきた。

近年では、大統領談話や大使の帰国措置等はとられていないが、その代わりに目立つのが、竹島問題をめぐる対日批判の年中行事化である。

（ア）『防衛白書』の竹島記述批判の定例化

防衛省（二〇〇六年版までは防衛庁）が毎年刊行し、閣議の了承を経て国会に提出される『防衛白書』の竹島記述は二〇〇五年以降、「わが国固有の領土である北方領土や竹島の領土問題が依然として未解決のまま存在している」という記述で一定しており、変化していない。

しかし、それに対する韓国政府の対応水準はさまざまに変化した。まず、二〇〇五年から〇七年までは外交声明・論評を出さなかったが、[5] 〇八年七月に文部科学省が「中学校学習指導要領解説社会編」に竹島問題を初めて明記し、日韓関係が悪化した時期に二〇〇八年版が閣議了承されると、韓国政府は初めて外交部報道官論評で批判した。その論評の中で、「中学校学習指導要領解説社会編に独島関連記述を明記したのに続き、今回、防衛白書にも独島を……」と言及しているように、教科書問題と連動して問題視されたことは明らかである。

そのため、事態が沈静化した二〇〇九年には外交声明・論評を出さなかったが（ただし、在韓日本大使館参事官〔課長級〕を外交部に召致し、抗議を行っている）、一〇年に再び外交部当局者論評を出し、一一年には外交部報道官論評に格上げし、召致する対象も総括公使（局長級）に引き上げられた。さらに、二〇一二年七月に閣議了承された一二年版では外交部報道官声明に格

**表１　竹島問題をめぐる韓国政府の外交声明・論評**
**（2015 年 4 月 10 日現在）**

| | 2008 | 09 | 10 | 11 | 12 | 13 | 14 | 15 年 |
|---|---|---|---|---|---|---|---|---|
| 外交演説（1～2 月） | ※ | ※ | ※ | ※ | 声明 | 論評 | 声明 | 論評 |
| 竹島の日（2 月 22 日） | 論評 | 論評 | 論評 | 論評 | － | 声明 | 声明 | 声明 |
| 外交青書（4 月） | － | － | － | － | 論評 | 声明 | 声明 | 声明 |
| 防衛白書（7～9 月） | 論評 | － | 当局 | 論評 | 声明 | 声明 | 声明 | |

注）声明＝外交部報道官声明、論評＝外交部報道官論評、当局＝外交部当局者論評（以下同じ）、※＝竹島問題への言及なし、－＝声明・論評を発出せず

上げされ、以降は外交部報道官声明による対応が三年連続で続いている（表1を参照）。

（イ）『外交青書』の竹島記述批判の定例化

外務省が毎年刊行し、閣議の了承を経て国会に提出される『外交青書』では、一九六三年以降、おおむね竹島に関する記述がなされてきた。ただし、韓国政府が外交声明・論評を出して竹島関連記述を問題視したのは、二〇一二年四月の外交部報道官論評が初めてである。二〇一二年八月の李明博大統領による竹島上陸を受け、関連記述が増えた一三年には外交部報道官声明に格上げされ、一四年にも同様の対応がとられた。

以上のように、『防衛白書』および『外交青書』に関しては、それ自体の竹島記述に大きな変化があったわけではないのに、韓国政府が突如として対応のレベルを上げる一見不可解な措置がとられてきている。その背景としては、教科書問題の項で詳しく述べるが、二〇〇六年以降、竹島問題と教科書問題の結びつきが強まっていることが挙げられる。

すなわち、日本の教科書における竹島記述の増加・強化等、日本政府が領有権主張を強化していることに対応する観点から、それまで大きく問題視してこなかった『防衛白書』および『外交青書』の竹島記述を問題視するようになり、外交声明・論評の形式も格上げされていったのである。

（ウ）「竹島の日」記念行事への対応

竹島を管轄する島根県議会が二〇〇五年三月一六日に「竹島の日を定める条例」を可決した際には、

外交部報道官声明を出し、「強く抗議する」という強度の高い表現を使用して批判した。

二〇〇六年から一一年までは、島根県主催で「竹島の日」行事が開催されるたびに外交部報道官論評を出してきたが、地方自治体の行事に政府が対応するのは格が合わず、むしろ、島根県の思惑に乗せられることになるとの意見もあり、二〇一二年には外交声明・論評を出さなかった。

しかし、二〇一三年から内閣府政務官が県の行事に派遣されるようになると、外交部報道官声明に格上げされ、一四年以降も同様の対応がとられている。

（エ）外務大臣外交演説における竹島問題への言及批判

毎年、通常国会冒頭に外務大臣が行う外交演説において、二〇一二年一月二四日、玄葉光一郎外務大臣が「竹島問題は、一朝一夕に解決する問題ではありませんが、いうまでもなく、韓国側に対して、受け入れられないものについては受け入れられないとしっかりと伝え、粘り強く対応していきます」と竹島問題に言及（一九六三年以来四九年ぶり）したことを受け、外交部報道官声明が発出された。二〇一三年、岸田文雄外務大臣が前年と同じ文言で竹島問題に言及したことに対しては、報道官論評に一段格下げされたが、一四年に「我が国固有の領土である竹島については、引き続き我が国の主張をしっかりと伝え、粘り強く対応します」と言及し「固有の領土」という表現が入ったことを受け、再び報道官声明に格上げされた。二〇一五年には前年とほぼ同一の内容の言及であったため、再度報道官論評に一段格下げされた。

以上のように、最近の韓国政府の対応は、日本の教科書における竹島記述の増加・強化等、領有権主張強化の動きに対応する観点から、日本政府の公式発言等への対応を年々強めてきている。その結果、比較的レベルの高い声明が頻繁に発出され、『防衛白書』および『外交青書』の事例に端的に見られるように、外交声明・論評の発出が年中行事化する傾向が生じている。

なお、内容の面では、二〇〇五年の島根県「竹島の日」条例の制定後に出された「対日政策に関する国家安全保障会議（ＮＳＣ）常任委員会声明」や盧武鉉大統領による「韓日関係に関して国民に捧げる文」等において、日本政府が竹島の領有権を主張するのは、過去の侵略行為を否定するのと同じであるとする論理が展開された。同様の論理は一九五四年のＩＣＪ付託を拒否する声明でも述べられているが、九六年の竹島問題再燃以降の外交声明・論評で明確に示されたのはこれが初めてであり、それ以降、同様の趣旨で日本政府を批判し、竹島問題を歴史問題として扱う傾向が強まっている。

## 2　教科書問題

教科書問題とは、日本の教科書のうち、特に近現代史を中心とした教科書の記述について、その記述内容や教科書検定のあり方をめぐって中国および韓国政府との間で発生する外交問題のことである。一九八二年六月二六日、文部省が教科書検定において華北へ「侵略」という記述を「進出」に改めさせたという報道（後に誤報と発覚）を発端に第一次教科書問題が発生し、これをきっかけに近隣諸国との間の近現代史の扱いに国際理解と国際協調の見地から必要な配慮を求めるいわゆる「近隣諸国条項」が設けられた。次いで、一九八六年には「日本を守る国民会議」が作成した『新編高校日本史』の記述内容をめぐり、第二次教科書問題が発生した。

二〇〇一年には、従来の教科書は「自虐史観」の影響を強く受けていると批判する「新しい歴史教科書をつくる会」による扶桑社版中学校歴史教科書の検定合格に端を発する教科書問題が発生し、二期にわたる日韓歴史共同研究が行われるきっかけとなった。

また、近年では、中学・高校の歴史教科書の記述のみならず、竹島に関する記述をめぐり、中学・高校の地理や公民の教科書、小学校の教科書にも問題の対象が拡大している。

### 一九八〇年代の教科書問題に対する外交声明・論評

第一次教科書問題では、一歩遅れて七月下旬ごろからこの問題が韓国国内で大きく取り上げられるようになり、連日新聞等で大々的に日本の歴史教科書批判が繰り返されるようになった。すると、八月三日に韓国政府は日本政府に対して、速やかに是正措置をとるよう求め、教科書問題は日韓の外交問題に発展した。また、韓国国会でも、八月五日に文教公報委員会で教科書問題を主題とする会議が開かれ、韓国政府に強硬な対応をとるよう求めた。

これに対して日本政府は、八月一二日に桜内義雄外務大臣が教科書の記述修正に含みをもたせる外相所見を発表した。しかし、「外相所見には、文部省はかかわっていない」との文部省の反発もあり、韓国政府は「日本政府全体の統一された公式見解ではないものと承知しており、（中略）公式に論評する段階ではないと考える。（中略）是正のための日本政府の具体的な措置が伴うことを期待する」

との外交部当局者論評を出すにとどめた。

次いで、八月二六日に日本政府が「『歴史教科書』に関する宮沢内閣官房長官談話」を発表し、「政府の責任において［教科書の記述を］是正」し、「［教科書］検定基準を改め、前記の趣旨が十分実現するよう配慮する」旨表明した際には、同日、李振義《イジンウィ》文化公報部長官が政府報道官名義の談話を発表し、「我が政府の度重なる是正要求と国民世論によりもたらされた結果であると見る。（中略）日本が歴史に対する誤った認識の是正のための不断の努力を傾注することにより、今回の問題が遠い将来の両国関係を健全な方向に発展させる土台となることを期待する」旨表明した。これは、政府声明に相当する形式面で高いレベルでの対応であり、内容面でも、政府の責任において教科書の記述を是正すると表明した日本政府の対応について、「評価する」等の肯定的文言が入らない等、韓国国内の厳しい雰囲気を反映したものであった。

その後、一一月二四日に日本の教科書検定基準が改正され、いわゆる「近隣諸国条項」が設けられた際は、外交部当局者論評を出し、「教科書歪曲を是正するための制度的な土台が用意されたものと見る。我々の要求を受け入れ、誠意を持って是正しようとする日本政府の努力を評価する」旨表明した。これは、形式面で政府の公式の立場表明としては最も低いレベルのものであり、内容面でも「日本政府の努力を評価」という表現が用いられる等、韓国国内世論の落ち着きと韓国政府の対日関係改善に向けた意思を示すものとなった。

一九八六年の第二次教科書問題では、『新編高校日本史』の南京大虐殺等の記述について、六月四日に中国外務省スポークスマンが定例記者会見で批判し、七日に抗議覚書を日本側に伝達した。韓国政府も七日に外交部当局者論評を出し、「我が国と関係する記述に関する日本政府の検定の推移等を鋭意注視したい」と表明した。その後、特例的措置による修正[6]が行われ、七月七日に同教科書が検定合格すると、外交部は非公式の当局者論評として、「満足するほどではなくとも、相当是正された（中略）。その他の教科書についても日本政府の継続的な是正努力が求められる」とコメントした。

## 二〇〇一年以降の教科書検定結果に対する批判の定例化

「新しい歴史教科書をつくる会」による扶桑社版中学校歴史教科書の検定合格（二〇〇一年四月）に端を発する二〇〇一年教科書問題では、四月三日に外交部報道官声明を出し、「検定を通過した一部教科書が依然として自国中心主義的史観に立脚しており、過去の過ちを合理化かつ美化する内容を含んでいることについて、深い遺憾の意を表せざるを得ない」と批判し、「専門家等を通じ、今回の検定結果を綿密に検討し、必要な措置をとっていく」旨表明した。その後、四月一〇日に崔相龍《チェサンヨン》駐日大使の一時帰国措置がとられ（一九日帰任）、五月八日に韓昇洙《ハンスンジュ》外交通商部長官が寺田輝介駐韓日本大使を召致し、扶桑社版のみならず、他社版の歴史教科書をも含む再修正要求（扶桑社版二五ヵ所、他社版計一〇ヵ所）を伝達した。

　こうした韓国政府の強硬姿勢に対し、日本側の対応は、七月二日に扶桑社が九ヵ所（うち五ヵ所が韓国側の要求と重なる）の自主訂正を文部科学省に申請し、七月九日に日本政府が古代朝鮮史に関する二社計二ヵ所（うち一ヵ所は扶桑社の自主申請と重なる）のみ「誤りがあり訂正の必要がある」と回答するにとどまった。これに対し、韓国政府は同日、再び外交部報道官声明で「深い失望と遺憾の意」を表明し、「歴史教科書の歪曲が必ず是正されるようあらゆる努力を傾ける」と宣言し、七月一二日には関係省庁で構成する「日本歴史教科書歪曲対策班」が日本文化開放措置の中断や防衛交流の中断等、広範囲な分野にわたる省庁別の対抗措置を発表した。

この余波により、地方自治体や民間同士の交流までもが相次いでキャンセルされる等、日韓関係全体に影響が及ぶことになったが、八月に扶桑社版歴史教科書の採択率が〇・一％にも満たないことが明らかになると、雰囲気は改善に向かった。そして、二〇〇一年一〇月一五日の日韓首脳会談において日韓歴史共同研究を行うことに合意することで、いったんこの問題は幕引きとなった。

しかし、二〇〇一年の教科書問題は、一九八〇年代の教科書問題とは異なり、その後、検定結果が発表されるたびにその内容をめぐって韓国国内で批判的な報道が行われ、韓国政府が外交部報道官声明を出して批判することが定例化[7]する影響をもたらした（二〇〇三年のみ例外。二〇〇四年と〇八年は、中学・高校の歴史教科書等、問題の対象となる教科書の検定が実施されなかったため、外交声明・論評も出されていない）。

二〇〇二年以降に出された声明の内容を見ると、〇二年および〇五年の声明では、「一部の記述を改善した点については、これを評価する」（〇二年）、「日本政府がそれなりに努力した痕跡がある」（〇五年）等、日本政府の努力をある程度評価するメッセージも盛り込まれた。しかし、竹島を日本領として明確に記述するよう検定意見がついた二〇〇六年からは、竹島記述の批判に重点が置かれるようになり、教科書問題と竹島問題の結びつきが強まるとともに、声明の内容も批判一辺倒に変わっていった。

また、抗議の表現については、二〇〇八年七月に「中学校学習指導要領解説社会編」に竹島の指導に関する記載が盛り込まれた際、「強く抗議する」という表現が使用され、以降一三年まで竹島および教科書問題の声明・論評で頻繁に使用されるようになった。「強く抗議する」という表現は、中国政府が脱北者を北朝鮮に送還した際に使われた例もあるが、大部分は二〇〇八年から一三年までの竹島および教科書問題で使用されている。

さらに、二〇一四年一月二八日に「中学校学習指導要領解説」および「高等学校学習指導要領解説」の一部改訂が行われ、「竹島について、我が国の固有の領土であることや韓国によって不法に占拠されていること、韓国に対して累次にわたり抗議を行っていること等を扱うことを明記」する方針が打ち出されると、韓国政府は「日本は次世代を偽りの歴史の泥沼に追いやるのか」と題する外交部報道官声明を発出し、改訂について「強く糾弾し、直ちに撤回」するよう求め、応じない場合は「相応する措置」をとる旨表明した。

この「強く糾弾」という表現は、通常、テロ行為や北朝鮮による核実験、長距離ミサイル発射等を非難する際に使われる用語であり、竹島問題および教科書問題に対する韓国政府の強硬な姿勢を示したものと見ることができる。

なお、二〇一五年三月一日には、三・一節（一九一九年の三・一独立運動を記念する日）および光復節（一九四五年八月一五日の解放を記念する日）の記念式典で行われる大統領演説としては、八年ぶりに教科書問題に関する直接的言及がなされた。朴槿恵大統領は、慰安婦問題の早期解決を求めた後、「歴史とは都合よく取捨選択し、必要なことだけを記憶するものではない」とする米歴史学者（米国教科書の慰安婦問題記述に対する日本政府の修正要請を批判する声明を発表した人物）の発言を引用したのに続けて、「日本政府による教科書歪曲の試みが続いていることも、隣国関係に傷を与えるもの」だと指摘した。

二〇一四年までの教科書問題をめぐる声明では、慰安婦問題に直接言及した事例は存在しない。しかし、この慰安婦問題との関連性が強い発言を受け、二〇一五年四月六日に公表された中学教科書検定結果を批判する外交部報道官声明では、「河野談話の精神」に立ち戻るよう求め、間接的ながらも慰安婦問題への言及が初めて行われた（河野談話では、「歴史研究、歴史教育を通じて、このような［慰安婦］問題を永く記憶にとどめ、同じ過ちを決して繰り返さないという固い決意」を表明している）。今後、教科書問題が竹島問題と同様に慰安婦問題との結びつきを強め、批判が定例化していく可能性があり、注目される。

## 3　慰安婦問題

慰安婦問題は、戦時中、日本軍の関与の下で作られた慰安所において、将兵の性の相手をさせられた慰安婦への待遇や人権をめぐる問題である。

よく知られているように、慰安婦問題が日韓関係の争点として浮上するのは一九九〇年代以降であり、日本政府は九一年一二月より同問題に関する調査を進め、その調査結果として九三年八月に河野洋平官房長官が発表した談話（河野談話）において、「当時の軍の関与の下に、多数の女性の名誉と尊厳を深く傷つけた問題」であると認め、お詫びと反省の気持ちを表明した。次いで、一九九五年七月に「女性のためのアジア平和国民基金」（アジア女性基金）が発足し、韓国、台湾、フィリピン、オランダ、インドネシアの元慰安婦を対象とした償い事業が行われた。

韓国人元慰安婦を対象とした償い事業では、「心からお詫びと反省の気持ち」を表明する総理の手紙と民間等からの募金を原資とした一人当たり二〇〇万円の「償い金」、政府拠出金を原資とする医療・福祉支援事業三〇〇万円（一人当たり計五〇〇万円）が元慰安婦に届けられた。

しかし、アジア女性基金は、韓国国内の元慰安婦支援団体等から「日本政府の法的責任を回避するためのもの」と批判され、韓国世論もこれに同調したことから、「償い金」を受け取ったのは、韓国政府に登録された元慰安婦二三六人のうち六一人にとどまった（日本政府は法的責任について、「日韓請求権協定で解決済み」との立場をとっている）。

この結果、韓国において同問題は解決に至らず、特に二〇一一年八月三〇日、元慰安婦の賠償請求権に関する憲法訴願審判において、韓国憲法裁判所が韓国政府の不作為を違憲とする決定を下したことにより、韓国政府は日本政府との交渉を行う義務を負うことになり、同問題が日韓関係の最大の争点として急浮上することになった。

### アジア女性基金構想発表まで

慰安婦問題に関する初期の外交声明・論評は、①一九九二年七月六日に日本政府が慰安婦問題の中間調査結果を発表した「加藤内閣官房長官発表」（いわゆる第二次加藤談話）、②九三年八月四日の「慰安婦関係調査結果発表に関する河野内閣官房長官談話」（いわゆる河野談話）、③九四年八月三一日に発表された「『平和友好交流計画』に関する村山内閣総理大臣の談話」、④九五年六月一四日に元慰安婦に対する具体的措置としてアジア女性基金構想を示した「五十嵐内閣官房長官発表」の四点の日本政府が発表した談話等に対する論評（①〜③は外交部報道官論評、④は外交部当局者論評）である。

これらの論評は、水面下で日本政府とのやりとりが行われていた（特に①②④）[8]こともあり、いずれも日本政府の努力、措置に対して、「評価する」「期待する」と肯定的に評価するものであった。

例えば、アジア女性基金構想に対する外交部当局者論評では、「今回の日本政府の基金構想は、一部事業に対する政府予算支援という公的性格が加味されており、同様に今後の事業施行時、当事者に対して国としての率直な反省および謝罪表明と過去に対する真相糾明および歴史の教訓とするという意思が明らかに含まれている点において、これまでの当事者たちの要求事項がある程度反映された誠意ある措置と評価される」と日本政府の対応を評価した。

### アジア女性基金事業に対する反発

ところが、アジア女性基金構想の発表に対し、韓国挺身隊問題対策協議会等の諸団体は、「法的責任の回避にのみ汲々」としていると日本政府を批判し、欺瞞的なアジア女性基金案を撤回し、国会決議による謝罪と法的補償を行うよう求める声明を発表（一九九五年六月一四日）した。その後、韓国世論もこれに同調しはじめると、韓国政府の姿勢も後ろ向きになっていった。

そして、一九九七年一月一一日、元慰安婦七名に対して事業（「償い金」の支給及び総理の「お詫びの手紙」の伝達）を実施した旨アジア女性基金が発表すると、韓国政府は外交部報道官声明を出し、「基金側が我が政府および大多数の被害者の要求から目を背け、一時金支給等を強行したことは、誠に遺憾と考える。（中略）日本政府は問題意識を新たにし、韓日関係も考慮して被害者と被害者団体が受け入れられる解決策を早期に講究するよう求める」と批判した。

その後、基金の事業は一時中断し、韓国政府は一九九八年四月二一日、外交部報道官声明を通じ、元慰安婦に対して「支援金三一五〇万ウォンずつを支給することに決定した。また、この支援金とともに、昨年二度にわたって行われた民間の募金額六五〇万ウォンも支給される」旨発表した（基金の「償い金」を受け取った元慰安婦は対象外）。

## アジア女性基金の韓国国内事業の終了とその後

こうして韓国国内での「償い金」支給が困難になった基金は、医療福祉事業への転換を図ったが、韓国側の協力が得られず実現しなかった。そして、一九九九年七月から基金は停止状態になっていたが、二〇〇二年二月二〇日に停止状態を解く旨発表し、韓国国内で五月一日まで事業申請受付を行うことにした。この動きに対し、韓国政府は外交部当局者論評を出し、「被害者たちと関連団体が受け入れられる他の方法を講究する」よう求めたが、基金は予定どおり五月一日まで事業申請受付を行い、韓国国内での事業を終了した。

事業終了後、慰安婦問題に関する外交声明・論評はしばらく沈黙の時期が続いていたが、[9]二〇〇七年には、①安倍総理の「[慰安婦動員の]強制性を裏付ける証拠はなかったのは事実」という発言、②

第一次安倍内閣が閣議決定（三月一六日）した「政府が発見した資料の中には、軍や官憲によるいわゆる強制連行を直接示すような記述も見当たらなかった」とする答弁書、③米下院での慰安婦決議採択に関して計三件の外交部報道官論評が出された。その後、慰安婦問題と関連した外交声明・論評は再び沈黙の時期に入った。

## 憲法裁による違憲決定後の状況

二〇一一年八月三〇日の違憲決定後、慰安婦問題と関連した外交声明・論評が積極的に出されるようになった。特に、以前は日本側の動きや発言に対応して外交声明・論評を出していたのが、外交交渉の義務を負ったことを反映し、日本側の動きに関係なく、元慰安婦が高齢であることを考慮して速やかに問題を解決するよう求めるようになった点に特徴がある。

とりわけ顕著な変化を見せたのが、三・一節および光復節の記念式典における大統領演説である。二〇一二年以降、一五年三・一節までの計七回の大統領演説のうち、一三年の二回を除く計五回にわたって大統領が慰安婦問題に直接言及した。大統領演説における慰安婦問題への言及は、二〇〇七年の盧武鉉大統領による三・一節演説以降行われておらず、その上、同大統領の演説では、竹島、教科書、靖国問題と並ぶ形で言及されていたのに比べ、一二年以降の演説では慰安婦問題のみを取り上げており（一五年三・一節演説では教科書問題にも言及）、他の争点と比べて大きな扱いを受けるようになったと言うことができる。

また、外交部でも、違憲決定が下された八月三〇日前後に外交声明・論評を出すことが定例化した。

二〇一二年および一三年には外交部報道官声明を出し、特に一三年の声明では、「日韓請求権協定の規定に基づく協議」に応じるよう日本政府に強く求めた。二〇一四年は、慰安婦問題を含む日韓の懸案について協議する日韓局長級協議が同年四月から行われるようになったことを受け、外交部報道官論評に一段階下げられた。

さらに、二〇一五年四月には、前述のように教科書問題を批判する外交部報道官声明で間接的に慰安婦問題に言及したのに続き、二〇一五年版『外交青書』に対する外交部報道官声明（四月七日）では直接的言及がなされる等、慰安婦問題をめぐる対日批判の定例化が拡大する兆しを見せており、注目される（『外交青書』に関しては、これまで竹島記述のみを問題視してきたが、二〇一五年版において河野談話検証等、慰安婦問題関連の記述が大幅に増えたことを受け、「日本軍慰安婦被害者の方々が強制的に連れて行かれ、言葉では言い表せない苦痛を味わい、傷を負ったという歴史的真実を消すことも、修正することもできない」と批判した）。このほか、二〇一三年以降、橋下徹大阪市長の「慰安婦制度は必要だった」発言に対する批判等、日本側の言動に対する外交声明・論評も急増した。

なお、問題の解決策について、大統領演説や外交声明・論評では、「被害者が納得できる前向きな措置」「被害者の傷と苦痛を治癒できる解決方法」といった抽象的な内容を示すにとどまっており、これらのメッセージから解決の糸口を見出すのは困難である。

## 4　靖国問題

靖国神社は、戦前は軍の管轄下にあり、戦後は一宗教法人となって軍人・軍属等の戦没者を祭神として祀る神社である。靖国問題には、政教分離や信教の自由、一九七八年に行われたA級戦犯の合祀以降活発化した歴史認識の問題等、多様な争点が存在する。その中で外交問題としての靖国問題は、A級戦犯が合祀されている点等を中韓が問題視し、総理等政府首脳の参拝に反発している問題を指す。外交問題化したのは、一九八五年八月一五日に行われた中曽根康弘内閣総理大臣による公式参拝が嚆矢であり、二〇〇一年から〇六年まで毎年続いた小泉純一郎内閣総理大臣の参拝や一三年の安倍晋三内閣総理大臣の参拝は、中韓との間で大きな外交問題となった。

日本政府は、総理の参拝は「不戦の誓いを新たに決意」するための参拝であり、軍国主義の美化やA級戦犯のために参拝しているのではないと主張しているが、韓国政府は、靖国神社を「東条英機をはじめ、朝鮮総督として徴兵、徴用、供出等、各種収奪統治により我が民族に形容しがたい苦痛と被害をもたらした小磯国昭等、許されざる戦争犯罪者たちを合祀している反歴史的施設」と規定し、総理の靖国参拝を「誤った歴史認識をそのまま示すものであり、韓日関係はもちろん、東北アジアの安定と協力を根本から損ねる時代錯誤の行為」であるとして厳しく批判している（「安倍総理の靖国神社参拝に対する政府報道官声明」二〇一三年一二月二六日より）。

### 総理の靖国参拝に対する外交声明・論評

一九八五年八月一五日の中曽根総理の公式参拝後、中国政府は直ちに抗議を行ったが、韓国政府は公式の対応をとらなかった。しかし、参拝から二ヵ月以上経った一〇月二九日、李源京《イウォンギョン》外務部長官が韓国政府の招きでソウルを訪問中の日本人記者団と会見した場で、中曽根総理の靖国神社公式参拝について、「日本政府は近隣諸国の望ましくない対日感情を、不必要に引き起こすことのないよう、慎重に対処してほしい」と述べ、韓国政府当局者として初めて靖国参拝を批判した[10]。

次いで、一九九六年七月に現職総理として一一年ぶりに橋本龍太郎内閣総理大臣が靖国に参拝した際は、公式の立場表明としては最もレベルが低い外交部当局者論評を出し、「日本が近隣諸国との真の善隣友好関係を構築するためには、かつて日本帝国主義の侵略の被害を被った国々の感情を尊重しなければならない」と抑制的な批判を行うにとどめた。

ところが、二〇〇一年から〇六年まで毎年行われた小泉総理の靖国参拝に対しては、二段階格上げされた報道官声明が出され、表2に見られるように、批判のトーンも年々高まっていった。

**表2　1985年以降の総理の靖国参拝に対する韓国政府の外交声明・論評**

| 参拝年 | 形式 | 要旨 |
|---|---|---|
| 1985年 | なし | 外相が日本記者団に対して「日本政府は慎重に対処してほしい」旨発言。 |
| 1996年 | 当局 | 総理の参拝が再び行われた事実に注目する。かつて日本帝国主義の侵略の被害を被った国々の感情を尊重しなければならない。 |
| 2001年 | 声明 | 深い遺憾の意。正しい歴史認識に基づき、関連国の立場と国民感情などを尊重しなければならない。 |
| 2002年 | 声明 | 深い遺憾の意。正しい歴史認識に基づき、かつて日本帝国主義の侵略によって被害を被った近隣国民の感情を尊重しなければならない。誠意ある対応を求める。 |
| 2003年 | 声明 | 深い遺憾の意。憤怒と失望を感じる。日本帝国主義の侵略により被害を被った我が国民の感情がこれ以上損ねられないよう良識ある決断を促す。 |
| 2004年 | 声明 | 深い遺憾の意。憂慮と憤怒を感じる。過去の歴史を直視する土台の上で隣国の立場と国民感情を尊重しなければならない。靖国神社をこれ以上参拝しないよう強く求める。 |
| 2005年 | 声明 | 深い遺憾の意。失望と憤怒を感じる。過去に対する真摯な反省とそれを実践する姿勢を行動で示すべき。参拝により近隣国との関係が大いに行き詰まった。参拝しないよう再度強く求める。 |
| 2006年 | 声明 | 深い失望と憤怒を表明する。日本の責任ある指導者が靖国神社参拝により韓日両国の友好関係はもちろん、東北アジアの平和と協力を阻害することが二度となくなるよう改めて強く求める。 |
| 2013年 | 政府 | 嘆きと憤怒を禁じ得ない。安倍総理の誤った歴史認識をそのまま示すもので、東北アジアの安定と協力を根本から損ねる時代錯誤の行為。徹底した反省と謝罪を通じた信頼構築に乗り出すべき。 |

注）表1と同じ。政府＝政府声明。

二〇〇一年は「深い遺憾の意」を示したほかは比較的抑制的な表現であったが、〇二年には参拝中止を間接的表現で求めるようになり、〇四年からは直接的表現に変わった。また、二〇〇四年までは参拝を「感情を損ねる」行為と規定していたが、〇五年には「近隣国との関係が大いに行き詰まった」と具体的実害を挙げ、〇六年には「東北アジアの平和と協力を阻害する」行為として批判するに至った。

注目されるのは、二〇〇三年からは「憤怒と失望を感じる」という表現が使われ出したことである。（小泉総理の参拝としては）初めて終戦記念日に行われた二〇〇六年の参拝に対しては、「深い失望と憤怒を表明する」となり、さらに直接的な表現に変更された。

「憤怒」という表現は、近年では総理の靖国参拝とテロ行為以外にはほとんど使用されない極めて強度の高い表現である[11]。北朝鮮の核実験や長距離ミサイル発射に対する政府声明でも「憤怒」は使用されておらず、例外としては、北朝鮮による延坪島砲撃事件に対する大統領談話（二〇一〇年一一月）や、シリア政府による化学兵器使用に対する外交部報道官声明（一三年八月）で「憤怒」を使用した例が確認できる程度である。

そして、二〇一三年に行われた安倍総理の参拝に対しては、形式を政府声明に格上げし、「嘆きと憤怒を禁じ得ない」として「憤怒」が再び使用された。また、「東北アジアの安定と協力を根本から損ねる時代錯誤の行為」と具体的実害について以前よりも強い表現を使用し、「安倍総理の誤った歴史認識をそのまま示すもの」と総理個人を直接批判し、過去に対する「徹底した反省と謝罪」を求める等、全般的に二〇〇六年よりも強度の高い表現が使われた。

## 靖国批判の定例化

二〇〇七年春季例大祭における安倍総理による真榊料の奉納以降、韓国政府は総理の真榊料又は玉串料の奉納に対して外交部報道官論評を出して批判するようになった。二〇一二年一二月の第二次安倍内閣の発足以降、安倍総理は春季例大祭、終戦記念日、秋季例大祭において奉納を続けているため、一三年以降は総理による奉納に対する批判が定例化している。

ここで注目されるのは、表3に見られるように、二〇一三年以降、総理による奉納のみならず、問題視する対象が拡大していることである（一三年春季例大祭から一部閣僚の参拝、一四年終戦記念日から国会議員の参拝に対象が拡大）。

この背景には、第二次安倍内閣発足以降、「みんなで靖国神社に参拝する国会議員の会」の集団参拝が過去最大規模で行われ、これが韓国国内で新聞一面トップに大写真付きで報じられて世論の注目を集めたことや、韓国国会で野党議員らが「靖国に参拝した議員の入国拒否」や「靖国参拝議員リストの作成・提出」を行うよう韓国政府に求め、議員外交においても靖国に参拝した議員との交流をマスコミから批判されるようになる等、これまで大きな問題にならなかった一部閣僚や国会議員の参拝が韓国国内で問題視されるようになったことが挙げられる。

**表3　総理の真榊料または玉串料奉納に対する外交部報道官論評の変遷**

| 奉納した時期 | 抗議の表現 | 問題視した行為 |
|---|---|---|
| 2007年　春季例大祭 | 非常に遺憾 | 総理奉納 |
| 2009年　春季例大祭 | 非常に遺憾 | 総理奉納 |
| 2013年　春季例大祭 | 深い憂慮と遺憾 | 総理奉納、副総理を含む現職閣僚の参拝 |
| 終戦記念日 | 非常に嘆かわしい | 指導級政治家および一部閣僚の参拝 |
| 秋季例大祭 | 深い憂慮と遺憾 | 総理奉納 |
| 2014年　春季例大祭 | 嘆きを禁じ得ない | 総理奉納、一部閣僚の参拝 |
| 終戦記念日 | 嘆きを禁じ得ない | 総理奉納、一部閣僚および国会議員の参拝 |
| 秋季例大祭 | 嘆きを禁じ得ない | 総理奉納、一部国会議員の参拝 |

仮に今後、総理が奉納を行わなかったとしても、一部閣僚の参拝や国会議員の集団参拝が行われるのはほぼ確実である。現在のところ、論評の題名は、総理による奉納のみを批判の対象としているが、最近の論評における批判対象の拡大と韓国国内世論の状況から判断して、総理による奉納が行われずとも、韓国政府が一部閣僚の参拝や国会議員の集団参拝に対する批判を控えるのはもはや困難であると見られる。したがって、総理の行為にかかわらず、春季例大祭、終戦記念日、秋季例大祭に際しての靖国批判は、すでに定例化した可能性が高い状況にあると言える。

## 5　全体的傾向

領土・歴史問題に関する外交声明・論評全般の件数増加の流れを図1で確認すると、日韓関係が悪化した二〇一二年以降の件数が突出していることが分かる。これを政権別に見ても、表4のように、日韓関係が悪

**図1　韓国による領土・歴史問題関連の外交声明・論評の件数**

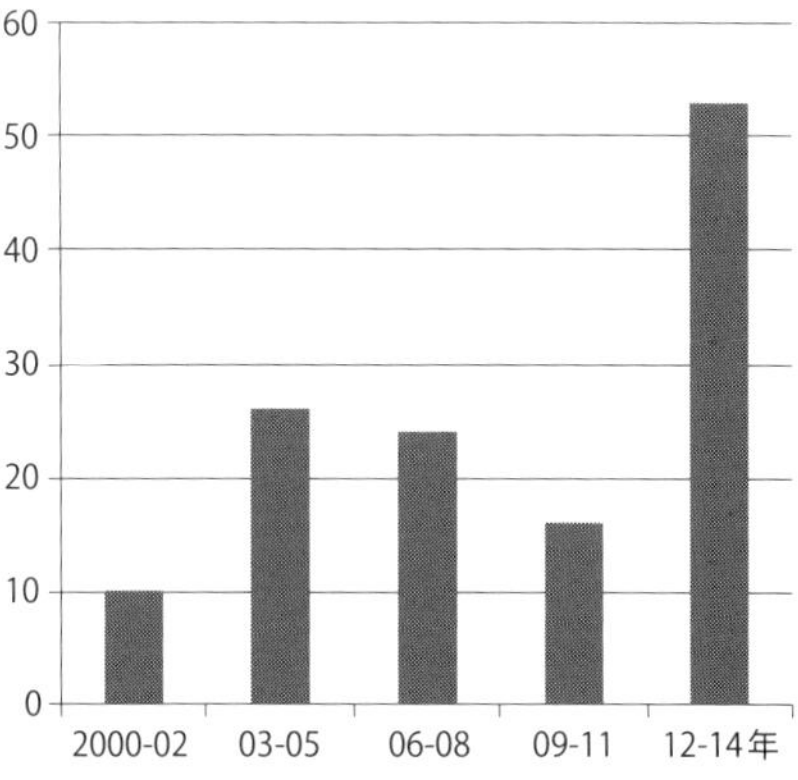


**表4　大統領別の件数**
（2015年2月24日現在）

| 大統領名 | 件数 |
|---|---|
| 盧武鉉（2003-08年） | 44 |
| 李明博（2008-13年） | 34 |
| 朴槿恵（2013年—） | 42 |

化した印象が強い盧武鉉政権期の件数に、朴槿恵政権はわずか二年で迫っている。

その結果、朴槿恵政権発足以降の二年間に韓国政府が発出した外交声明・論評のうち、外国に対する批判・要求を含むものは計八二件であるが、このうち半分以上の四三件（五二・四％）を日本向けが占め（表4の数字と一致しないのは、北朝鮮に対する独自制裁の一部解除に関する論評が含まれるため）、日本に次いで多い北朝鮮の二・五

## 表5　朴槿恵政権発足後に出された外国批判・要求を含む外交声明・論評の件数

| 対象国 | 日本（比率） | 北朝鮮（比率） | シリア | イスラエル・パレスチナ | 全体 |
|---|---|---|---|---|---|
| 2013年 | 18（54.5%） | 5（17.1%） | 6.5 | − | 33 |
| （声明以上） | 5（45.5%） | 2（18.2%） | 2 | − | 11 |
| 2014年 | 23（51.1%） | 10（22.2%） | 1 | 6 | 45 |
| （声明以上） | 8（72.7%） | 1（9.0%） | − | − | 11 |
| 2015年 | 2（50.0%） | 1（25.0%） | − | − | 4 |
| （声明以上） | 1（100%） | − | − | − | 2 |
| 合計 | 43（52.4%） | 16（19.5%） | 7.5 | 6 | 82 |
| （声明以上） | 14（60.9%） | 3（13.0%） | 2 | − | 23 |

注1）2013年2月25日から15年2月24日までの2年間で計5件以上の国のみを表示。なお、国家ではないため件数にカウントしていないが、ISIL（イスラム国）を非難する論評は、日本人人質殺害事件の2件を含め計7件出されている。

2）2013年のシリアが6.5件となっているのは、化学兵器の廃棄をシリア政府に求める論評の中で、北朝鮮の化学兵器にも言及しているため。同様に、イラン核問題と併せて北朝鮮核問題に言及した2013年の論評も、イラン0.5件、北朝鮮0.5件としてカウントした。

3）韓国で「周辺4強」と呼ばれる米国、中国、日本、ロシアのうち、表にない米国、中国はいずれも0件。ロシアは、クリミア、ウクライナ問題に関連して計3件。

## 表6　韓国政府による対日批判の年中行事化

| | 時期 | 定例化 | 形式（2014年） |
|---|---|---|---|
| 外務大臣外交演説 | 1～2月 | 2012年 | 声明 |
| 竹島の日 | 2月22日 | 2005年 | 声明 |
| 三・一節 | 3月1日 | − | 大統領演説 |
| 教科書検定結果発表 | 3月下旬～4月上旬 | 2001年 | 声明 |
| 外交青書 | 4月 | 2012年 | 声明 |
| 靖国神社春季例大祭 | 4月21～23日 | 2013年？ | 論評 |
| 光復節 | 8月15日 | − | 大統領演説 |
| 終戦記念日（靖国神社） | 8月15日 | 2013年 | 論評 |
| 慰安婦（憲法裁決定） | 8月30日 | 2012年 | 論評 |
| 防衛白書 | 7～9月 | 2008年 | 声明 |
| 靖国神社秋季例大祭 | 10月17～20日 | 2013年？ | 論評 |

倍以上に達する等、韓国外交全体の中で対日批判・要求が突出する状況が生じている（表5を参照）。[12]

このように対日批判・要求の件数が飛躍的に増えたのは、領土・主権対策企画調整室の設置や河野談話検証、集団的自衛権の行使容認等、日本政府の新たな動きに対応して増えた部分もあるが、日本政府の竹島領有権主張強化への対応として、これまで大きく問題視してこなかった問題（『防衛白書』『外交青書』の竹島記述等）にも強い対応をとるようになったことや、問題の状況に特段の変化がなくとも対日批判を行う定例化が進み、対日批判が年中行事化したこと（表6を参照）が大きな原因として挙げられる。

以前にも、日韓関係が悪化した時期には、領土・歴史問題に関する多くの外交声明・論評が出されたが、最近の状況が以前と大きく異なっているのは、この年中行事化の進行である。

例えば、村山富市内閣総理大臣の「日韓併合は合法」とする国会答弁や金泳三《キムヨンサム》大統領の「日本の悪い［妄言］癖を直す」発言等により日韓関係が悪化した一九九五年を見ると、計一〇件の外交声明・論評が発出されている。しかし、日本の閣僚および有力政治家の問題発言に対する批判が一〇件中六件を占め、残り四件も、①村山談話、②戦後五〇年国会決議、③アジア女性基金構想発表、④北朝鮮へのコメ提供に関するもので、いずれも一過性のものであった。

また、盧武鉉大統領自ら「外交戦争も辞さず」と宣言し、二〇一二年以前では最多となる二〇件の外交声明・論評が発出された〇五年を見ても、うち九件が問題発言に関するものであり、定例化と関係するのは、「竹島の日」条例の制定および教科書検定結果発表に関する声明二件にとどまっている。

すなわち、以前は一時的に対日批判が急増したとしても、直面する懸案の対立緩和や、大統領または総理の交代といった環境の変化によって再びリセットされ、新たな関係構築を模索することが可能であったし、実際にもそのように推移した。

一方、史上最多となる計二三件の外交声明・論評が発出された二〇一四年は、表6に見られるように、約四割の九件を定例化したものが占め（一三年も同様に二〇件中九件、一五年は二件中二件）、定例化したものだけで北朝鮮向けの外交声明・論評と同規模の件数に達している。したがって、今後、仮に慰安婦問題で妥協が成立したとしても、定例化九件のうち慰安婦問題のみを対象としている一件が消えるだけにとどまり、竹島領有権の主張や靖国参拝等への定例化した批判は続き、日韓関係が悪化したまま固定化する懸念が生じているのである。[13]

また、時期の面でも、定例化した対日批判を行わない時期、すなわち韓国政府が比較的自由な対日外交を行える時期は、おおむね五月から七月と、一一月から一一月までの六ヵ月程度となっており、これが今後も固定化していくことが懸念される。

## 日韓関係への提言――おわりに

以上の検討をまとめると、領土・歴史問題について、日韓両国の相互作用の結果、韓国政府はおおむね時代が下るにつれ形式・内容ともに厳しい外交声明・論評を出すようになってきており、特に近年では、対日批判の定例化を主因として件数が飛躍的に増えたことが明らかになった。

そして、対日批判の定例化が進んだ結果、対日批判の年中行事化という新たな現象が生じた。この年中行事化は、韓国外交全体の中で対日批判が突出する状況を固定化し、比較的自由な対日外交を行える期間を一年の半分程度に減少させる等、韓国政府の対日外交の自由度を低下させる結果を招いている。その結果、以前のような対立の緩和や環境の変化を通じた対日外交のリセットが不可能になり、悪化した日韓関係の状況が固定化する懸念を生じさせている[14]。

それでは、この厳しい状況の中で、日韓関係を改善していくにはどのようにすればよいだろうか。

### 対症療法：「合意できない」ことに合意する

まず、先述したとおり、一部懸案での限定的妥協や大統領または総理の交代等による環境の変化では、もはや劇的な関係改善を期待するのは難しい状況にあることを念頭に置く必要がある。そして、根本的な領土・歴史問題の解決が短期間になされることも現実的に期待しがたい以上、二〇一四年一一月七日の日中合意のように、いったん「合意できない」ことに合意し、領土・歴史問題が日韓関係全体に影響を及ぼさないよう管理する知恵を発揮することが求められる。

竹島問題については、朴槿恵政権の発足以降、日本政府の領有権主張強化を激しい表現で批判する一方、予算措置までされていた「独島海洋科学基地」（二〇一三年度予算）や「独島入島支援センター」（二〇一四年度予算）の建設を延期する等、自ら国際世論の注目を集め、紛争化を招く行為を控える傾向が看取される点に注目する必要がある[15]（同様に、大統領談話や政府声明、駐日大使の一時帰国措置等の強度の高い措置も行われていない）。むろん、すでに定例化した韓国政府の対日批判や日本政府の領有権主張強化をすべて中止することは難しいだろうが、双方がこれ以上の事態悪化を望まないという点で合意し、抑制的に対応することにより、日韓関係全体への影響を抑えることは不可能ではない。

教科書問題については、これまでにも歴史認識問題をひとまず棚上げするという点で効果を発揮してきた日韓歴史共同研究を再開することが対策となる。再開にあたっては、さまざまな批判のあった二期にわたる共同研究の成果と反省を踏まえ、後述するような新たな枠組みを模索する工夫も必要となってくるだろう。

靖国問題については、本論で指摘したように、国会議員の参拝にまで批判の対象が拡大している点に注目する必要がある。国会議員の参拝が批判の対象として完全に定着する場合、これまで水面下で日韓関係を調整する役割を果たしてきた日韓・韓日議連等による議員外交に悪影響が生じることが懸念される。このような事態に至ることは日韓両政府ともに望まないはずであり、早急な対処が求められる。

以上のように、諸懸案の中で棚上げが困難な慰安婦問題を除けば、状況を適切に管理し、日韓関係のさらなる悪化を抑えることは決して不可能ではないだろう。慰安婦問題については、依然として落としどころの見えない状況が続いているが、現在、日韓局長級協議等で徐々に具体的な案も出始めている旨報じられており、速やかな交渉の進展を期待したい。

## 中長期的対策：日韓関係の重要性の再認識と史実の共有

中長期的に安定した日韓関係を築くためには、日韓が共有する民主主義や市場経済等の価値と日韓協力による利益を改めて認識し、安定した関係構築の重要性に対する認識を高めることにより、低下した外交の自由度を回復させることが最も重要である。

また、共通の価値と利益に対する認識を高め、さらなる協力を促進していくうえでは、日韓のオピニオン・リーダーや未来を担う青少年同士の交流を深めていくことが重要である。特に、交流にあたっては、単なる観光等の一過性の交流にとどまらず、日韓関係の重要性に関する認識を共有し、争点についても本音で語り合うことのできる人間関係をどれだけ多く構築していけるかが重要である。

そして、日韓関係の重要性の再認識に加え、もう一つ重要なのは、日韓で歴史認識の共有はおろか、認識の土台となる歴史的事実に対する見解が大きく異なっている点に着目し、史実の共有を進めていくことである。二期にわたる日韓歴史共同研究が両国の歴史認識の違いを浮き彫りにする以外に顕著な成果が上がらなかったのは、木村幹氏も指摘しているように、「何が議論されるべきか」についての「認識」がまず異なり、研究以前の段階での議論に大半の時間が浪費される等の問題があったためである。また、古代から近現代までを総花的に扱う方式も、深みのある共同研究を行ううえで限界のあるものであった。

そこで、全時代を対象とした方式を改め、あらかじめ特定の争点に研究対象を限定したうえで、両国の専門家たちがその争点に関する事実関係を掘り下げ、史実の共有を進める等、新たな方式を模索する必要がある。もちろん、こういった方式では、多種多様な争点が存在することを考えれば、非常に時間がかかることになる。しかし、現実的に歴史認識の共有が直ちに実現する可能性がない以上、五〇年後の日韓関係を見据えた長期的な視野から、まずは地道に史実の共有を進めていく以外に道はないであろう。

日韓関係の争点については、ひとまず「合意できない」ことに合意して関係全体への影響を管理しつつ、中長期的な観点から、日韓関係の重要性の再認識と史実の共有を進めていく――。リセットのきかない日韓関係悪化の固定化という構造が生まれつつある中、五〇年後の関係を見据え、日韓関係の基盤を改めて強化する取り組みが今、切実に求められているのである。

（九州大学韓国研究センター助教）

## 注

1　木村幹『日韓歴史認識問題とは何か』ミネルヴァ書房、二〇一四年。同「新政権下の日韓関係：日韓両国は何故対立するか」『問題と研究』第四二巻四号、一―三九頁、二〇一三年一〇月。同「日韓両国における歴史観と近代、そして近代的法秩序」『第二期日韓歴史共同研究報告書』二八五―三三三頁、二〇一〇年等。このほか、研究書ではないが、争点全体について考察し、その解決方法を模索した著書として、朴裕河著、佐藤久訳『和解のために――教科書・慰安婦・靖国・独島』平凡社、二〇〇六年（日本語版）がある。

2　外交部は外務省に相当し、一九四八年の発足から九八年まで外務部、九八年から二〇一三年まで外交通商部であり、それ以降、外交部という名称になった。外交部長官は外相（外務大臣）に相当。

3　本論では、これらの声明・論評等を外交声明・論評と呼ぶ。外交声明・論評のうち、外交部が発出したもので二〇〇〇年以降のものは外交部ホームページ（http://www.mofa.go.kr/）より引用。同じく二〇〇〇年以降の大統領談話、政府声明は政府広報サイトである政策ブリーフィング（http://korea.kr/）より引用（ただし、多くの大統領談話、政府声明は外交部ホームページにも掲載されており、一部の大統領談話は、外交部ホームページにのみ掲載されているものもある)。一九九九年以前のものは、『外務部報道資料集』各年版および『大韓民国外交年表』各年版等より引用している。
4　日本政府にも、(レベルの低い順から)外務報道官談話、外務大臣談話、官房長官談話、総理大臣談話が存在するが、領土・歴史問題に関する談話は、韓国側と比べて圧倒的に少ない。例えば、二〇一〇年以降では、日本側がわずか三件であるのに対し、韓国側は七〇件近くに達している。
5　外交声明・論評は発出されていないが、当時、韓国国防部は在韓日本大使館の防衛駐在官を呼び、抗議を行っている。
6　安重根を「壮士」から「指導者」に、日韓併合を「強要して調印」に改める等、三・一運動や徴兵動員、全斗煥(チョン・ドゥファン)大統領の訪日等の二〇項目二四ヵ所にわたって是正した旨、御巫清尚駐韓大使が外務部に通知した(「日本、歪曲教科書二〇ヵ所是正」『京郷新聞』一九八六年七月八日付一面)
7　声明は、二〇〇二年(高校)、〇五年(中学)、〇六年(高校)、〇七年(高校)、〇九年(中学)、一〇年(小学校)、一一年(中学)、一二年(高校)、一三年(高校)、一四年(小学校)、一五年(中学)の検定結果発表を対象として出されている。二〇一〇年以降は、竹島記述をめぐり小学校の教科書検定結果に対しても声明を出すようになっている。
8　河野談話作成過程等に関する検討チーム「慰安婦問題を巡る日韓間のやりとりの経緯――河野談話作成からアジア女性基金まで」二〇一四年六月二〇日参照
9　二〇〇二年から〇七年の間は、〇五年七月一二日に中山成彬文部科学大臣の「従軍慰安婦という言葉は戦争当時にはなかった」という発言を批判した外交部報道官論評が出された以外には、慰安婦問題と直接関連した外交声明・論評は発出されていない。
10　「韓国が初の『靖国』批判　李外相『慎重に対応を』」『朝日新聞』一九八五年一〇月二九日付夕刊一面
11　一九九〇年代には、渡辺美智雄元副総理兼外相の「日韓併合条約は円満に結ばれた」という発言(一九九五年六月三日)や、江藤隆美総務庁長官の「植民地時代に日本は韓国に良いこともした」というオフレコ会見での発言(九五年一〇月一一日)を批判する外交声明・論評においても使用されている。

12　南北関係については統一部が主管省庁であるため、外交部が出す声明・論評は、核・ミサイル問題や人権問題等の国際的イシューに対象が限られている点は考慮する必要がある。なお、朴槿恵政権発足後の二年間に出された北朝鮮への批判・要求を含む外交声明・論評（計一六件）と統一部が出した同様の声明・論評（計二七件）を単純に合算すると、日本向けの外交声明・論評（計四三件）と同数になる。

13　もちろん、外交声明・論評自体に法的拘束力はなく、出す、出さないは当局の裁量に委ねられている。しかし、領土・歴史問題に対する韓国国内の厳しい世論の状況を考慮すれば、問題の状況に特段の変化がないにもかかわらず、一方的に無対応の方針に転じることは容易ではない。

14　これに加え、近年、領土・歴史問題に関連して、裁判所の判決や国会の立法等による法的拘束力を伴う制約が増えていることも、対日外交の自由度を低下させる原因となっている。

例えば、慰安婦問題では、本文でも紹介した憲法裁判所の決定に加え、二〇一四年三月の法改正により、慰安婦問題の真相糾明、正しい歴史教育等のため、国内外で積極的に努力する義務が国に課され、そのために必要な組織と予算を確保する義務を負うことになった（国の義務に関する規定は二〇〇五年から設けられているが、一四年の改正により、対象となる地理的範囲について国内外と明記し、必要な組織と予算を確保する義務を新たに負うことになった）。

同様に竹島問題でも、竹島の利用に関する基本計画の審議を行う委員会を国務総理の所管に格上げし、年次報告書の国会への提出を義務づけること等を骨子とする法改正（二〇一三年一二月）が行われた。

このほか、確定判決は出ていないものの、二〇一二年以降、戦時徴用工の賠償請求権をめぐり、日本企業の損害賠償責任を認める司法判断が相次いで下されている。

15　同様に、二〇一四年の韓国国会では、（セウォル号沈没事故をめぐる空転によりタイミングを逃したことが大きな原因ではあるものの）五年ぶりに竹島を主題とした国会決議がなされず、〇五年以来ほぼ常設化されていた竹島問題を扱う国会の特別委員会も一二年以降設置されていない。

# 歴史認識と和解──参加学生から（2）

## 新しい文化・価値観に触れること

本岩 咲月

「国際社会で一個人としてさまざまなバックグラウンドを持った人とスムーズに関係を結べるよう、幅広い文化や価値観に触れ、理解できるようになること」。これは私の目標であり、今回のプログラムにもこの目標を達成するための足掛かりになるだろうと思い、参加しました。

実際にこのプログラムを通して私は新たな価値観に遭遇しました。その中でも特に歴史認識と和解に関する考え方の違いについて報告します。

### 歴史認識と和解に関する考え方の違い

今回のプログラムの中でその違いを感じるきっかけとなったのが、二一日（二〇一四年八月）に行ったプレゼンテーションでした。私たちのグループではそれまでの韓国でのプログラムに参加した感想を韓国人視点・日本人視点からまとめました。

韓国で過ごした九日間の日程の中で私たちが主題として取り上げたのは一九日のジョー・フィリップス教授による講義についてです。講義から私が受け取ったメッセージは「韓国人は日本や他の国に対する悪感情でアイデンティティーを形成すべきではない」というものです。教授のこの意見については韓国人の学生も私たちも賛同しました。しかし、韓国人の学生たちはそれでも日本に謝罪してほしいと発表しました。日本の謝罪が伝わっていないことをとても残念に思います。この認識のずれを生じさせている原因は決して一つではないと思います。歴史教育や報道、そして両国政府の態度などが挙げられると思います。

一方、私たち日本人学生が発表したことは主に二つでした。まず、韓国人は日本の戦時中の行いを必ずしも赦す必要はないということです。韓国人に積極的に日本を憎めと言っているわけではなく、日本と韓国の関係悪化を望んでいるわけでもありません。しかし、どうしても赦せないこと・癒えない傷というものはあると思います。また、韓国には被害者の立場から日本がしたような他国の併合をどこかの国が試みようとすることがあれば率先して抗議するような国であってほしいという思いもあります。

例えとして私たちは広島・長崎に落とされた原子爆弾のことを話しました。日本人の大半はアメリカが原子爆弾を落としたことを忘れていませんし、その恐ろしさを知っています。原子爆弾は憎むべきものであり、今後その使用に対して日本人は抗議の声を上げ続けるでしょう。しかし、アメリカという国、そしてアメリカ人に悪感情を持っている人はそれほど多くないと思います。

これに対して、韓国人の学生から日本は戦争を始めた側であり、アメリカの原子爆弾投下と日本による韓国併合を同等のものとして考えることはできないという意見が出されました。これを聞いて私は、まるで日本が真珠湾を奇襲し戦争を始めたのだから広島・長崎への原子爆弾投下は当然の報いだと言われたようでショックでした。正直、原子爆弾を正当化するのかと、意見してきた学生に対して怒りを覚えました。

しかし、それと同時に私は自分の中で、戦争に対して加害者意識より被害者意識の方が強いことを感じました。私たちは小学生の時から年に何度かの戦争学習を受け、戦争の悲惨さを学んできましたが、教材は日本が受けた被害のことばかりで他の国が受けた被害や日本が与えた被害についてはほとんど触れてきませんでした。きっと韓国では日本から受けた被害について教えているはずです。教わってきたことが違うために正しいと思うことにもずれがあるのだと思います。今回の経験で、自分が教わってきたことや正しいと信じてきたことが必ずしも他者に当てはまるわけではないことを実感しました。

自分と異なる価値観や考え方、正義に遭遇したとき、人は自分の方が正しいと主張するために相手の非を探そうとするでしょう。特に、長い年月をかけて築き上げてきた価値観ならなおさら守ろうとすると思います。しかしそういったときに反論したいのをぐっとこらえて、相手がそのような価値観をもつに至った経緯を共有してみようという態度が望ましいのではないか。私は今回の経験から韓国で使用されている教科書を読み、韓国での授業の様子を見てみたいと思うようになりました。

もう一つ、私たちが主張したことは教育を変えるべきだということでした。教育は人々の歴史認識に大きな影響力を与えるからです。お互いの国に対して抱いている人々の感情をいきなり変えるということはとても難しいので、現在も行われている教師の交換をさらに進め、地道にお互いの理解を深めていく取り組みが必要です。

　現在の歴史教育では不十分なことは、残念ながら今プログラム中の講義で明らかになってしまいました。朝鮮史について触れた講義があったのですが、講義が英語だったということを抜きにして考えても、自分が培ってきた朝鮮史の知識ではよくわからなかったという人がたくさんいたと思います。受験対策用の歴史を学んでもあまり意味がないことの証明であったかもしれません。

報告会で発表する筆者（福岡県国際交流センター）

グループプレゼンテーション

## 歴史に重点を置く

　日韓の間の問題解決のためにはまずは歴史に重点を置くべきだと思います。なぜなら、相手の結論と自分の結論だけを議論しても並行線であり、むしろその結論に至った経緯を知ることが相互理解の第一歩だからです。

　過去にとらわれず現在の経済面での利益などを考えてよい関係を築くべきだという主張もありますが、歴史をまるっきり無視することはできません。歴史を中心に据えながらも向き合い、話し合える冷静さを今回のプログラムに参加した学生たちは持っていると思います。実際、私たちのグループが難しいテーマを選び、プレゼンテーションを行えたのも韓国人学生の中にこの冷静さを持っている子がいたからだと思っています。「自分は韓国人だけど韓国のこういうところはよくないと思う」と客観的に分析できる子がいたからこそ、少しデリケートなテーマにも取り組めました。

　また、歴史は一つではないということを教えることも必要だと思います。歴史というのは過去を切り取ったものであり、切り取り方は主観的であることが多い。それが歴史認識問題を引き起こしていると私は考えます。どちらで教えている歴史が正しい・正しくないではなく、過去の切り取り方が違うのだと捉えられる人が増えればいいと思います。そして、歴史は過去と違い、新たな発見や認識の変化で変わっていくものでもあるので、日韓の歴史を調整し、歩み寄ることはできるはずです。今後そういった流れに動いていくことを期待しています。

私は歴史より今の方がずっと大事だと考えていました。過去にとらわれず今を見つめることこそが今の時代に必要なことだと考え、歴史を軽視していた部分が多少ありました。しかし、プログラムを終えた今では日本と韓国における歴史教育に大きな関心をよせています。今後、大学で学んでいきたいです。私のように今回のプログラムに参加した学生たちもそれぞれ、今回出会った人、文化、場所との交流をこれからも続けていくことと思います。その際、意見のぶつかるポイントを回避するような上辺の付き合いではなく、冷静に相手の言い分を聞ける耳を携えながらも自分の主張をはっきりさせ、もっと深い関係を築いていってほしいです。

（九州大学教育学部二年）

江華島フィールドワーク

# 「歴史認識の違い」という壁を越えて

高匡蘭《コエラン》

私たちは二週間にわたって韓国と日本を行き来し、スケジュールを消化しました。中でもとりわけ印象的だったことに一つ触れるとするなら、釜山のプログラムで最終日に行ったプレゼンテーションと、その準備の過程を挙げたいと思います。最終日、私たちはグループごとに五人ずつ二チームに分かれ、プレゼンテーションをやることになっていました。私たちのチームは受講した講義について発表すると決め、意見をやりとりしました。

## 韓日の「歴史認識の違い」

釜山のプログラムでは、合わせて三本の講義を聞きました。その中で私たちは、最後の講義のある部分に注目しました。過去をめぐる中国と日本の立場について説明があり、中国は「過去に対する正確な理解なしに、現在や未来について話をすることはできない」とみなす立場を取っていましたが、日本は「過去は全体の一部であって、過去よりも未来の可能性を考慮すべき」という立場でした。個人的な考えはそれぞれ異なるかもしれませんが、現在の国の立場を見ると、中国と韓国は過去の歴史に対する反省と謝罪を要求しており、日本は誤りを認めずにいます。そのため、これに基づいて歴史認識の違いとその影響について説明し、結論を出すことにしました。

まず私たちは、歴史認識に伴う影響について調査してみました。韓国の場合、今では歴史は教育科目以上の存在で、入試のみならず就職にも強い影響を及ぼしています。幾つか例を挙げると、かつては、ソウル大学に出願する場合、修能（修学能力試験。センター試験に相当）で必ず国史（韓国史）を選択しなければならず、また以前は「社会探究領域」中の選択科目だった韓国史が、二〇一七年の修能からは必須科目に指定されます。また、公務員試験や任用考試（教員採用試験）を受けるためには、韓国史能力検定試験で一定以上の級を取らなければなりません。さらに、各企業もこれを反映するなど、歴史の重要性が強調されています。

これに対し日本では、韓国ほど社会全般に強い影響を及ぼしてはいないようでした。歴史の検定試験がありはしますが、あまり知られてはいないのか、友人たちもよく知りませんでした。調べてみると、高校卒業程度認定試験で歴史の試験が免除されたり、通訳ガイドの試験で歴史科目が免除されたりするほどで、少なくとも、韓国のように企業までもがこの点を見るということはないようでした。

私が高校生だったころも、歴史の中でも韓国近現代史は別に一科目作ってあり、もう少し細かく学ぶことができました。日本の友人にも尋ねてみましたが、世界史を勉強したので植民地時代については細かく学ぶことができなかった、と言います。韓国で学んでいるのと同じくらい細かく学んでいるのだろうと思っていたら、数ページ程度でしかないという話で、かなり意外でした。近現代に関する教育が足りないのではないかと思いました。

こうした内容を基にして、私たちのチームは、韓国と日本の歴史認識と、それに伴って現れる社会での影響を比べ、こうした歴史認識に現れた違いを理解し、教育を通してこれを解決することにより、韓国と日本が直面している壁を乗り越えるべきだと結論付けました。

発表の準備をする過程で、テーマが歴史に決まった時、実は少し心配でした。それでなくとも歴史問題のせいで韓国と日本の関係が悪化しており、インターネットやニュースで無意識のうちに歴史を歪めて語る日本人の存在が思い浮かび、もしかすると争いになるのではと気を揉みましたが、これは杞憂でした。意外にも雰囲気は全く悪くなく、互いの意見を尊重することで、大きな対立なく発表の準備ができました。一度くらいは歴史というテーマについて日本の友人たちと対話してみたかったので、この機会にやってみることができたのは良かったと思います。本当に意味のある経験でした。

実は韓国国内でも、このところ歴史認識をめぐる問題が提起され続けています。周辺国との関係で歴史問題が重要な話題に浮上していますが、肝心の韓国国民は歴史に疎いのです。国慶日（歴史的に意味深いとして法律で定めた記念日）の意味すら知らない学生が増えている、というニュースが流れると、人々は舌打ちします。歴史意識がますます低下していることへの対策として、韓国史を入試だけでなく就職にも反映しているとみることもできますが、この現象は、まさに「歴史を正しく知ってこそ現在と未来がある」という意識から出てきたものだと考えられます。最近では、人々が「歴史を忘れた民族に未来はない」という言葉を引用し、この点を強調しています。

これに対し現在の日本政府は、過去の誤りを隠したり、歴史を頻繁に歪曲、美化しようとしています。発表の準備中、日本の歴史意識を調べていて、一年生のときに教養として聞いた「日本文化の理解」の講義で用いられた教材で目にした、ある言葉が思い浮かびました。「水に流す」という言葉で、水資源が豊かな環境において、汚くて見たくないものを川に捨ててしまえば、海まで流れていっていつの間にか目の前から消える、つまりは「なかったことにする」という意味だということでした。教材では、この言葉を引用しつつ「過去の歴史に対する反省が足りず、歴史認識において多くの指摘を受けている日本人の歴史観の形成に、こうした日本の自然環境が一つの要因として作用しているのかもしれない」とあり、日本の歴史認識と符合する分析のように思えました。

釜山フィールドワーク（一番右が筆者）

福岡観光コンベンションビューローでのインターンシップ

## コミュニケーションの必要性

こうした歴史認識の違いの中で、最近の韓日関係はさらに悪化しています。数年前から足踏み状態となっている状況の中で、その問題を今すぐ解決するのは困難です。

そこで私は、まず学生を対象とする交流プログラムを拡大し、歴史の共同教育を実施すべきだと考えます。関係が悪いからといって、コミュニケーションをしないのではなく、むしろ交流を通して、直接会って対話を交わし、互いへの偏見と誤解を解き、過去の歴史について共に学び、二度と同じことを繰り返さないよう反省して、未来の課題について共に考えてみなければなりません。

中でも私は、文化的な面での交流が重要だと考えます。文化は、関係改善の基礎になり得るからです。文化を体験することで、私たちは互いの国について新たな発見をすることができ、関心を持つきっかけを作ることができます。すでに韓国と日本は、互いの音楽、映画、ドラマなど大衆文化を楽しんでおり、互いの国を訪れる観光客の数もかなりのものです。これに加えて、文化体験できる機会や場をもっと整備すべきであり、コミュニケーションを通して少しずつ壁を崩さなければなりません。

今回のプログラムを通して、私も韓日交流の必要性について自ら体験することができました。ニュースやインターネットで見た日本の姿とは違い、実際に会った日本の友人たちは皆親切で、自分から近付いてきて積極的な姿を見せてくれました。そのため後の方では、「韓国人と日本人」というよりも、単に「人対人」として向き合っているという感覚を抱き、国籍に関係なく親しい友人になることができました。このように、韓国と日本が交流するに当たっては、互いに対する理解と尊重がまずあるべきであって、その後に、韓日関係上の重要な争点となっている慰安婦問題や領土問題などについて、徐々に深く取り上げることができると考えます。

**跳躍のための第一歩**

このプログラムは、私にとって決して忘れられない経験であり、自分の進路について考えてみるきっかけにもなりました。実際、数年前から、韓国国内だけでなく海外でも活動できる職業に就きたいと考えていました。世界のあちこちで外国人と自由に意思疎通し、仕事をすることを夢見てきましたが、漠然とした恐怖もありました。いざ外国人と会ったら、何を話せばいいのか分からなくて悩み、結局一言も発することができなかったこともあり、交換留学に挑戦しようという決心が揺らいだこともありました。

しかし今回のプログラムに参加して、外国人の友人と出会い、一緒に英語の講義を聞き、外国企業でプレゼンテーションをしたことで、恐怖は幾分消えました。意思疎通が一〇〇％簡単にできたということはなく、講義も実際のところ完全に理解するのは難しかったですが、逆に、自分の足りないところを悟るきっかけになり、もっと熱心に勉強しようと思いました。このプログラムは、私にとって、目標に向かって一歩踏み出す礎石になりました。今後も、このプログラムのようなさまざまな交流活動へ積極的に参加し、具体的な進路を模索していきたいと思います。

（釜山大学仏語仏文学科三年）

第二部

# 日韓海峡圏の地域連携

日韓経済連携の現場で学ぶ（POSCO）

# 3　日韓の地域連携
## ――重層的な関係づくり

加峯隆義

### はじめに

地理的に近く、古代より朝鮮半島との交流の窓口となってきた九州は、他の地域ブロックでは見られない、新しい日韓交流を形づくってきた。最近では、福岡の美容室に日帰りで髪を切りに来る韓国人がいる。国境の島・対馬には日本人より韓国人観光客が多く訪れている。

物流では、一台のトラックに日韓二つのナンバープレートをはめ込んだダブルナンバー車が、北部九州と韓国南部の道路を走行している。都市間交流や地域間交流は、単なる姉妹交流から、実利を求める交流へと進展している。少し前を振り返ると、福岡と釜山の間に高速船が就航したり、さらに時代を遡ると、日韓海底トンネルの構想もあった。逆に将来を見れば、国境を意識しない交流圏が、北部九州と韓国南部、特に福岡と釜山の間に誕生するかもしれない。

本論では、こうした九州と韓国の交流について概観することにしたい。特に福岡と釜山の間には超広域経済圏を形成する動きがあり、今後、ＥＵ（ヨーロッパ連合）のような国境の垣根を低くする政策を北東アジアにも植えつけていく先駆けともなり得る。筆者はプラン作成に深く関わった経緯もあり、後段で詳細に報告することとする。

## 1　九州における韓国との交流

### （1）人流・物流

#### 増加を続ける韓国人入国者数

人流においては、九州からの訪韓と韓国人の九州訪問がある。九州からの出国は、統計の制約から、現在は明確な数字がとれないため、ここでは韓国人の九州への訪問について言及したい。

図1の棒グラフは、一九六五年の国交正常化以降、九州の港湾・空港から入国した韓国人数の推移を示している。一九六五年に年間でわずかに二一八〇人だった入国韓国人は、徐々に増加して二〇一四年には最高の八五万五八〇二人となった。一日平均二三四四人が入国しており、国交正常化当時の一年分の入国者を、わずか一日足らずで達成する計算となる。

日本を訪れる韓国人が増加するにあたり、これまで何度か節目があった。一九八九年には韓国人の海外渡航が完全自由化したことで九〇年代以降、大幅に増加した。九〇年には博多～釜山間にフェリー「カメリアライン」が就航、翌九一年には同区間で高速船「ビートルⅡ」が就航し、航空便だけでなく海上旅客航路も充実した。二〇〇〇年以降は、ウォン高の時期もあり、さらに増加を続けた。

## 図１　九州への入国韓国人数と全国比の推移

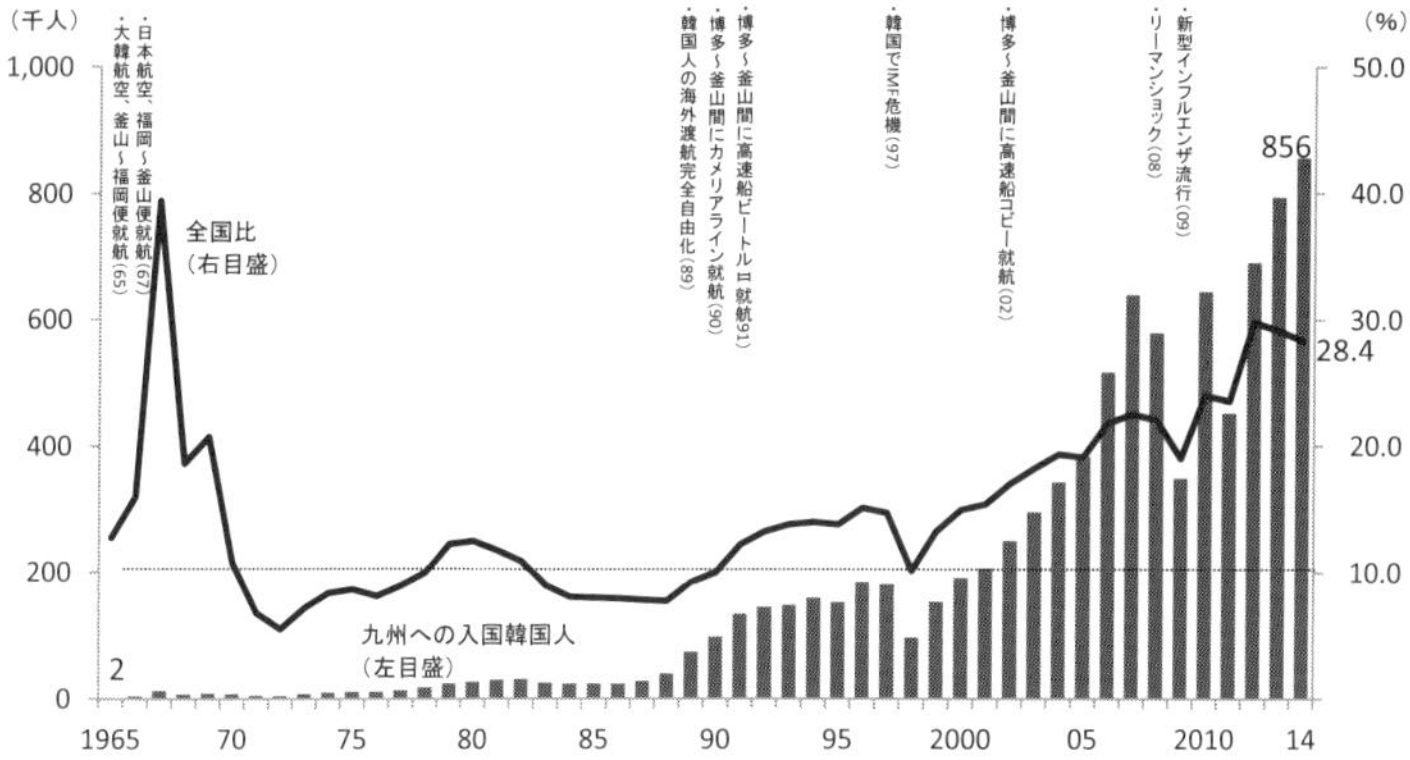


注：入国韓国人数の取得について、出入国管理統計の表記上の制約から、1966年以前は「朝鮮」を採用
出典：法務省「出入国管理統計年報」各年

また図１上の折れ線グラフは、全国に占める九州の割合を示している。推移が安定した一九七〇年以降を見ると、徐々に比率が高まっていることが分かる。最新の資料では二〇一四年に二八・四％を記録した。通常、九州は「一割経済」と言われる。人口規模、域内総生産などが全国の一割を占めるからである。この一割を九州の実力の指標とするならば、二八・四％という比率がいかに高いかが分かる。それだけ地理的優位性に加えて、航空便の他、フェリーや高速船など多くの輸送モードをもつ韓国から多くの人が九州から入国しているのである。

### 温泉、テーマパーク、ゴルフ、そして自然

韓国人観光客の九州への訪問目的は、時とともに多様化してきた。温泉からテーマパーク、ゴルフと進み、最近ではオルレ[1]へと広がっている。韓国人にとっては老若男女、全世代にわたって九州を訪れる目的が増えている。

前述の図1のとおり、韓国人観光客が増加しはじめたのは一九八〇年代末からである。その頃は九州の温泉を目当てに訪れる観光客が多かった。別府温泉を代表する杉乃井ホテルでは、韓国での海外渡航自由化を見越して、一九八〇年代からいち早く韓国での営業に着手した。温泉を目当てにした韓国人観光客の行動も、別府温泉から、由布院温泉、黒川温泉など奥座敷的な温泉地まで広がっている。日本人が好むわび・さびの感覚が韓国人にも理解されてきたのである。

テーマパーク人気は、一九九〇年代に始まる。日本では、一九八〇年代後半以降全国各地にテーマパークが立地した。九州各地にも多くのテーマパークがオープンし、韓国人観光客の訪問先となった。その後、二〇〇〇年代に入ると、ゴルフ客が増加する。冬場の寒い時期を避けて暖かい九州でプレーする中高年男性が増加した。韓国人ゴルフ客の受け皿として、韓国資本による九州のゴルフ場、ならびにホテルとセットでの企業買収（M&A）も増加した。

そして二〇一〇年以後は、ありのままの自然を求めて九州を訪れる韓国人観光客が増加している。韓国では、中高年を中心に登山やトレッキングへの人気が高い。そのため九州では、「九州オルレ」というトレッキングコースを設定している。九州オルレは少しずつコースを増やし、現在一五コースが存在する。韓国から個人やグループの参加が増加しており、九州観光推進機構の推計では、二〇一二年三月～二〇一四年七月の二九ヵ月間で五万一二〇人、単純平均で毎月約一七〇〇人が訪れている。

## 韓国人観光客が支える対馬観光

近年、対馬を訪れる韓国人の増加も見逃せない。特に二〇一二年以降急増し、一三年には過去最高の一八万二千人が対馬を訪れた（図2）。対馬を訪れる韓国人の多くは、トレッキングや釣りなど対馬の自然や歴史に触れているが、その他にも多くの日帰り客が含まれる。

図2から韓国人宿泊客数を見ると、韓国人入国者と韓国人宿泊客数の間には差が広がっているのが分かる。二〇一三年の宿泊客数は、入国者の半分以下の八万九千人にとどまっている。この差は、すなわち韓国人観光客が日帰りで対馬を訪れていることを表している。最短でわずか四九・五㎞しかない対馬〜韓国本土において、旅客運航会社も午前中に釜山を出航して対馬に到着、夕方に対馬を出航して釜山に帰着する運航ダイヤを組んでいる。日帰り客を対象に往復三千円の格安乗船券を販売するなど、日帰り韓国人客に対応している。彼らの目的は、釜山での免税店でのショッピングにあり、今のところ対馬には形だけの出国のために訪れているのである。しかし対馬では彼らに島の魅力に触れてもらい、対馬でもショッピングを楽しめ、経済効果をもたらすことができないか、仕掛けづくりに議論を深めている。

**ダブルナンバー車による物流の変革**

物流では、以前から、半導体製造装置などの精密機械や活魚などの輸送にあたり、日本のトラックが、韓国内を走行していた。

**図2　対馬への韓国人入国者数と宿泊者数の推移**

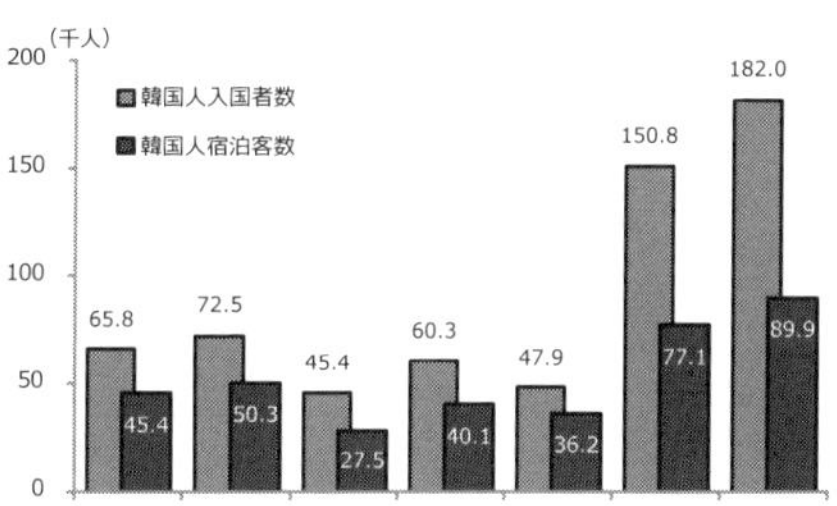


出典：法務省「出入国管理統計年報」各年、対馬市

一時的に通行できる臨時認可を取得しての措置である。現在、九州では、一台のトラックに日韓二つのナンバープレートを付けて、九州と韓国南部を自由に往来するダブルナンバー車が走行している（写真1、図3）。日産自動車九州とルノーサムスン自動車（釜山市）の間を走る、自動車部品を輸送するダブルナンバー車である。従来は、韓国国内のトラック輸送、フェリー内の海上輸送、日本国内のトラック輸送と三段階の積み替えを必要としていたが、積み替えなしでの輸送が可能となった。それにより国境を越えたジャストインタイムが実現し、現在利用中の自動車工場では、部品在庫を二五日分から三日分まで大幅に減らす一方、トータルコストを四割削減するに至った。ダブルナンバー車の通過は港が限定されているものの、今後は徐々に拡大していくものと思われる。

## （2）直接投資・組織

### サービス業にシフトした対韓国直接投資[2]

九州企業の韓国への直接投資は、一九六〇年代から始まる。韓国において労働力コストが安価だった時代は、九州からも多くの労働集約型工場が立地した。一九七〇年には、外資系企業の誘致と輸出振興を目的に、南部の馬山に輸出加工区（フリーゾーン）が設置されるなど、受け皿づくりも進んだ。

しかしソウル五輪を経験し、賃金の上昇が目覚ましくなると、個人消費を目当てにした企業進出が増えはじめる。図4が示すとおり、二〇〇〇年以降は、製造業よりも非製造業の進出が目立つ。拡大する個人市場をめざして、例えば、持ち帰り弁当店や日本料理専門学校などの進出がある。フランチャイズまで広げると、もつ鍋店やうどん店の進出なども散見されるようになっている。

## ゴルフ場、ホテルの買収など対日直接投資の動き[3]

逆に韓国企業の九州への直接投資は、以前には、航空会社や旅行社の事務所設置がある程度だった。その後、韓国企業も力をつけ一部の企業が自社製品を販売するための支店や営業所を設置するようになった。二〇〇〇年を過ぎると、韓流ブームに乗り韓国製品の小売販売店が増えはじめ、韓流スターのグッズを販売するショップや高麗人参等健康食品店がオープンした。さらには韓国資本の銀行も開設された。

またIT・情報系や環境系ベンチャー企業の九州進出もあり、九州の自治体との取引につながった

**写真1　ダブルナンバートラック**

出典：筆者撮影（釜山港にて）

**図3　ダブルナンバートラックの利用航路**

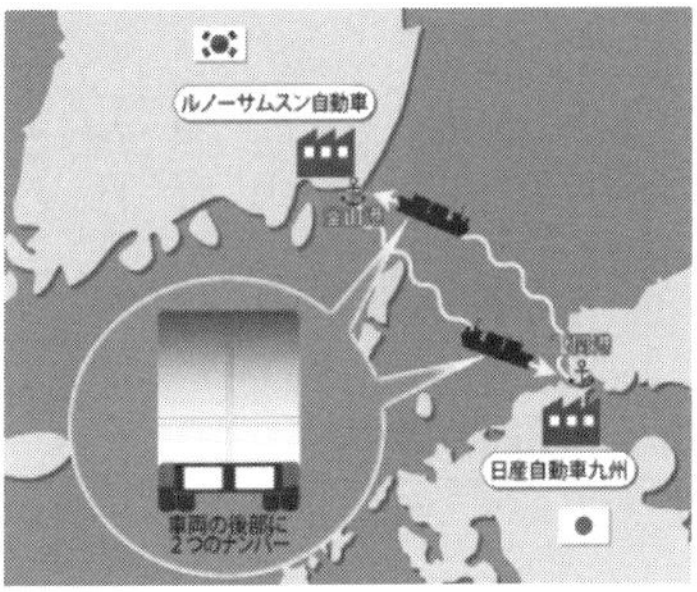


**図4　九州企業の対韓国直接投資の業種別件数の推移**

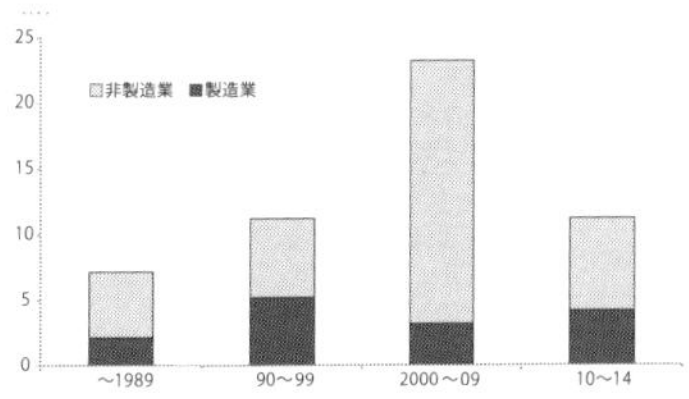


注：山口・沖縄の企業と業種不明、進出年不明の企業は除く。
すでに撤退した企業は除かれている。
直接投資の他、営業所や駐在員事務所の開設を含む。
出典：九経調「九州・山口企業の海外進出 2013」

事例もある。その他では、ゴルフ場やホテルのオープンも九州各地でみられる。経営的に傾いた日本資本のゴルフ場やホテルを、M&Aにより韓国資本が買収していったのである。前述のとおり、韓国におけるゴルフ人気が、九州での受け皿づくりにつながり、ゴルフ場とホテルをセットで買収する動きが進んだ。さらには、都市型ホテルやリゾートホテルの買収もみられた。

**実利を求めた組織間交流へ**

組織間交流については、各地で姉妹都市交流が行われてきた。九州でも韓国との姉妹都市締結が四〇件にのぼる。中小都市では年に一回の相互訪問や市民交流、文化交流が主流となっている。

こうした交流に加えて、県や大都市、民間では、一定の経済効果をもたらす、実利を求めた交流に比重が置かれるようになってきた。一九九二年に県レベルにおいて、日韓海峡沿岸県市道知事交流

**表1　九州・韓国の経済圏形成に関連した組織体の概要**

| 名　称 | 九州側 | 韓国側 | 目　的 | 備考 |
|---|---|---|---|---|
| 日韓海峡沿岸県市道知事交流会議 | 福岡県、佐賀県、長崎県、山口県の各知事 | 釜山広域市、全羅南道、慶尚南道、済州特別自治道の市長、知事 | 国境を越えて、地域レベルでの広域的な友好関係を築こうという構想のもとに始まり、様々な交流活動を通じて、両地域の相互理解と友好関係の増進を行っている | 1992 年発足 |
| 九州・韓国経済交流会議 | 九州経済産業局、(一社)九州経済連合会、(一財)日韓産業技術協力財団、九州経済国際化推進機構　他 | 韓国産業通商資源部、自治体、(社)韓日経済協会、(財)韓日産業技術協力財団、他 | 九州と韓国との資金、技術、人材等の地域資源を相互補完し、貿易、投資及び産業技術の交流拡大と地域間交流の促進を図る | 1993 年初会合 |
| 福岡・釜山フォーラム | 福岡側 12 名のオピニオンリーダー | 釜山側 14 名のオピニオンリーダー | 福岡市と釜山市の交流拡大を目指した民間の提言グループ | 2006 年発足 |
| 九州投資支援会 | 22 社・団体、オブザーバー 5 団体<br><br>事務局：SBJ 銀行福岡支店 | 釜山投資支援会 | 韓国と九州地域の相互投資活動に対する最適な支援・サービスの提供 | 2008 年発足 |

出典：各ホームページ等により筆者作成

会議が発足したのをはじめ、九三年には国の機関である経済産業省九州経済産業局などが中心となり、九州・韓国経済交流会議が初会合を開催した（表1）。ちなみに九州経済産業局は、経済産業省の出先機関の中で、唯一国際部[4]が存在し、アジアの中でも韓国を重要な交流相手と位置付けている。二〇〇六年になると、都市レベルにおいて、産官学からなる福岡・釜山フォーラムが発足した。また民間では、二〇〇八年に九州投資支援会が発足して、九州への投資誘致を目的に運営されている。

## 2　福岡・釜山超広域経済圏

本論で是非とも紹介したいのが、福岡・釜山をまたぐ各種の広域経済圏に向けた動きである。筆者は、いずれ北東アジアにも、欧州のような一体的な経済圏や交流圏が実現すると考えている。海峡をはさんで国境を接する福岡と釜山は、その先駆けとなって地域経済圏の形成に取り組んでいる地域である。ここでは、二〇〇八年以降、にわかに動き出した福岡・釜山超広域経済圏を中心に概説する。

### 取り組みが進む九州・韓国の三つの枠組み

福岡・釜山をはじめとした九州と韓国南部地域の交流は、二〇年以上前から議論されてきた。現在、都市レベル、県レベル、広域地方レベルと、行政において三つの枠組みが存在する（図5）。

一つ目は、福岡市と釜山市の都市間交流である「福岡・釜山超広域経済圏」である。一九八九年に「行政交流都市[5]」を締結し、交流を進めてきた。福岡・釜山超広域経済圏がにわかに活気づく嚆矢となったのは、二〇〇八年の李明博《イミョンバク》韓国大統領の就任である。同大統領は、公約の一つに、「韓国東南圏[6]は九州圏と超広域経済圏を形成する」ことを掲げた。韓国側の提案を受けて、九州圏の中心都市である福岡市も、釜山市と国境を越えた共同事業を進めることとなった。

二つ目は、北部九州・山口四県と韓国南部一市三道による「日韓海峡沿岸県市道知事交流会議」である。広域市である釜山市と、県・道を単位とした交流で、一九九二年から続けられている。これまで経済分野のみならず、青少年交流など多様な共同交流事業を実施してきた。

三つ目は、九州・東南圏の超広域経済圏で、広域エリア間の交流である。韓国側は、釜山市・蔚山市・慶尚南道の二市一道をエリアとする東南圏広域経済発展委員会[7]が主体的な役割を果たしてきた。九州側の主体は特に存在しないが、エリアから判断すれば、経済産業省九州経済産業局の活動域がこれに近い。同局では、これまで東南圏のみならず韓国南部との具体的な企業連携モデル調査等を進め、経済面からの一体化を図ってきた。

**図５　九州で進む広域経済圏のエリア**

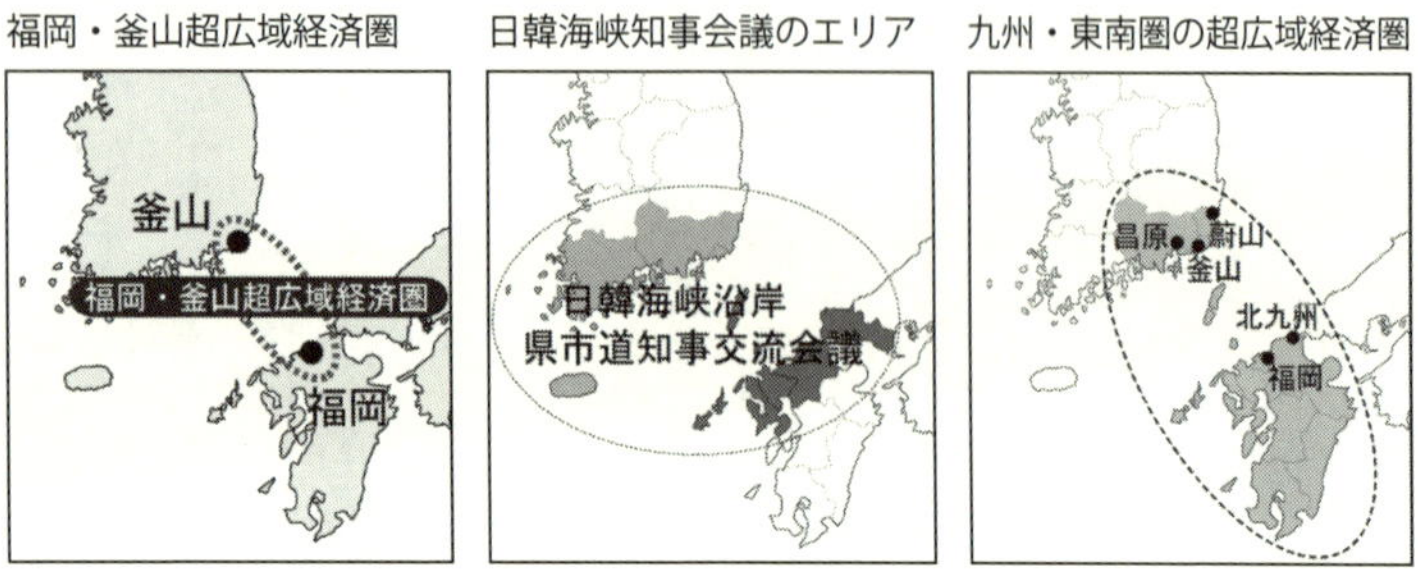


出典：加峯隆義（2012b）184頁

## （1）福岡・釜山超広域経済圏の概略

### 福岡・釜山超広域経済圏形成の三つの意義

これら三つの枠組みの中で、近年活発な動きを見せているのが福岡・釜山超広域経済圏である。筆者も深く関わってきたため、ここで詳しく紹介したい。まずはその意義について説明する。

**①両都市の一体的な連携強化による国際競争力の向上と地域活性化**

グローバリゼーションの進展によって国境の垣根が低くなるにつれ、世界は「国家間競争」の時代から、「都市間競争」の時代へと移行しつつある。

超広域経済圏は、国境を挟んで向かい合う都市や地域が連携することにより、一定の規模と機能をもつ経済圏となり、自律した発展を実現するものである。福岡市と釜山市は、それぞれ単独で経済圏を形成するには世界的に見て規模が小さく、そのうえ東京やソウル、上海などの大都市に囲まれて、都市の個性が埋没しかねない。そこで福岡と釜山という、海峡を挟んだ二つの都市が一体となることでシナジー効果を発揮し、存在感を高めるのである。存在感を高めることで都市としての求心力を強め、人材や資金、情報、企業を他地域から呼び込むきっかけとなる。まずは両地域の一体化を進めることが必要で、産業面を中心に個性を発揮する要素を作り出していくことがポイントとなる。

**②日韓新時代における国境を越えた新たな地域連携モデル**

ＴＰＰ（環太平洋戦略的経済連携協定）やＦＴＡ（自由貿易協定）など、世界的な自由貿易体制が進展する中で、二〇〇四～〇五年にかけて日本と韓国は、ＦＴＡについて活発に議論した時期があった。

しかし細部にわたる交渉が合意に至らないまま、政府間交渉は決裂してしまった経緯がある。このように中央間の交渉が行き詰まる中で、福岡市と釜山市は、地方から突破口を見出すべく、あらゆる交流に着手している。政府レベルで進展しないＦＴＡ・ＥＰＡ（経済連携協定）を地方版ＦＴＡ・ＥＰＡとして実現する、あるいは国家間のＦＴＡ・ＥＰＡを実現する前に、福岡―釜山がパイロットゾーンとなって、日韓ＦＴＡ・ＥＰＡの効果を検証する、そうした役割を福岡市と釜山市は担うことができると考えられる。

### ③日韓両国をつなぐ北東アジアの新国土発展軸の形成

日韓両国は、ともに首都圏一極集中が進んでおり、近年はこの状況がより一層強まっている。こうした中で、福岡―釜山間で超広域経済圏を形成することは、東京・ソウルの首都圏から離れた地域に、都市圏として一つの核を作り出すことを意味する。おりしも二〇一一年の東日本大震災以降、リスク分散の見地から、地震や災害の比較的少ない北部九州の価値が見直され、本社機能を移す動きも散見される。ビジネス拠点としての魅力を高める福岡と、韓国第二の都市・釜山が超広域経済圏を形成す

**図６　北東アジアの新国土発展軸のイメージ**

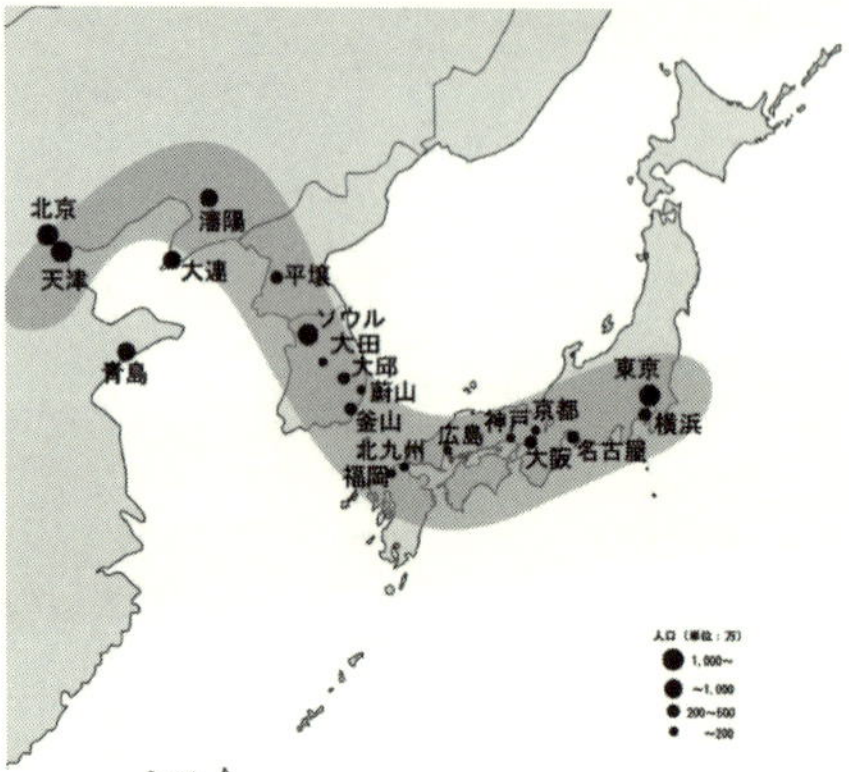


出典：CHOE, Sang-Chuel, *Urban corridors in Pacific Asia* (1998) p.155

れば、日本列島と朝鮮半島を連結する役割を担い、経済発展に向けた新しい国土軸を形成することができる。国土軸が連綿と連なることで、首都圏以外への産業の再配置へとつながっていくことが期待される（図6）。

## 四つの基本方向と八つの戦略、二三の協力事業と六四の事業

次に福岡・釜山超広域経済圏実現に向けた具体的な戦略と戦術をみることとしたい。福岡・釜山超広域経済圏の形成に向けた協力事業は、体系的に、四つの基本方向と八つの戦略、二三の協力事業と六四の課題にまとめられている（表2）。

基本方向は、ビジネス面、人材面、人の往来面からなり、それぞれ「未来志向のビジネス協力促進」、「人材（海峡人）の育成・活用」、「日常交流圏形成」が示され、「政府への共同要望」を加えた四つに整理されている。

八つの戦略は、方向性を分類したもので、ビジネス面では「企業間協力の環境づくり」「未来型産業の育成」「相互投資促進」「観光コンベンションの交流協力」の四戦略、人材面では「若き〝海峡人〟の育成」、「即戦力となる人材の活用」の二戦略、人の往来面は「交流圏形成の環境づくり」と「人とモノの移動における利便性の向上」の二戦略が挙げられている。

二三の協力事業は、戦略をより具体化したものである。目玉事業として、ビジネス面では「経済協力事務所の相互設置」や「福岡・釜山共同ブランドの創設」、「環境・エネルギー産業連携体制の構築」、「両都市への観光客誘致促進」、「コンベンションの相互協力」などが挙げられる。同様に、人材

基本方向II　人材（海峡人）の育成・活用

| | | | |
|---|---|---|---|
| 若き“海峡人”の育成 | | | |
| | 相手国文化・言語の学習機会の充実 | 短期 | ・小学校での副読本を使った相互理解促進<br>・中学校・高等学校での相手国言語同好会の活動支援 |
| | 青少年の交流促進 | 短期 | ・小・中・高校生のホームステイ交流の継続<br>・スポーツ交流・体験学習交流の拡大<br>・教育（修学）旅行の共同誘致<br>・学校間姉妹交流の支援 |
| | 大学生の交流活性化 | 短期 | ・両地域の留学情報の提供<br>・大学間コンソーシアムの活動協力 |
| 即戦力となる人材の活用 | | | |
| | インターンシップの受入支援 | 短期 | ・インターンシップ受入事業の継続<br>・インターンシップ事業を行う既存の諸団体への協力<br>・生活情報の提供 |
| | 専門人材マッチングへの協力 | 短期 | ・釜山市における専門人材仲介体制の構築への協力<br>・釜山市における専門人材マッチング商談会の開催への協力 |
| | | 中期 | ・広域的な専門人材マッチングの仕組みづくりへの協力 |

基本方向III　日常交流圏形成

| | | | |
|---|---|---|---|
| 交流圏形成の環境づくり | | | |
| | 友情年の認定事業の継続開催 | 短期 | ・現在行っている友情年認定事業の継続開催<br>・新たな事業開催（文化行事、セミナー、交流会、展示会等）の働きかけ |
| | 福岡・釜山超広域経済圏の広報体制の強化 | 短期 | ・ポータルサイトの運営<br>・観光・文化情報発信コーナーの相互設置<br>・メディアを通じた広報・招聘などの共同企画・推進 |
| 人とモノの移動における利便性の向上 | | | |
| | 電子マネーの利用環境づくり | 短期 | ・空港・港湾での電子マネーの販売・払い戻し<br>・観光施設・デパート等の利用可能店舗数の拡大<br>・電子マネーの利用方法等の相手国言語での情報提供 |
| | | 中期 | ・日韓共通電子マネーの発行要請 |
| | 両都市を結ぶ交通手段の充実 | 短期 | ・既存の高速船・フェリーの増便働きかけ<br>・既存の航空便数の増便働きかけ<br>・新たな地域航空会社への就航働きかけ<br>・福岡・釜山パッケージチケットの開発要請 |
| | 相手国の言語表記の拡大 | 短期 | ・交通機関・公共施設・飲食店などにおける相手国言語表記の拡大<br>・誤脱字の修正協力 |

基本方向IV　政府への共同要望

| | | |
|---|---|---|
| | | 福岡・釜山超広域経済圏の実現のために制度，資金支援などに対して要望していく<br>{例：出入国及び通関手続きの利便性向上、両地域の協力事業に対する財政的支援など} |

注：事業内容のうち、短期は３～４年内に実施、中期はそれ以降10年内をめどに実施
出典：九州経済調査協会（以下、九経調と略記）（2009）119-122頁

## 表2　福岡・釜山超広域経済圏協力事業の内容

基本方向Ⅰ　未来志向のビジネス協力促進

※短期は3～4年内に実施、中期はそれ以降10年内をめどに実施

| | | |
|---|---|---|
| **企業間協力の環境づくり** | | |
| 経済協力事務所の相互設置 | 短期 | ・相互の産業情報・企業情報を取得できる事務所の設置<br>・両地域の企業同士のマッチング機能の拡充<br>・テレビ会議システムの導入 |
| 中小企業間交流の支援 | 短期 | ・両地域の商工会議所によるインターネット商談会の開催支援<br>・福岡・釜山中小企業ＣＥＯフォーラム(業種別交流を含む)の運営支援<br>・貿易商談会の開催支援 |
| 鮮魚市場を始めとした市場間交流 | 短期 | ・鮮魚市場の交流の促進 |
| | 中期 | ・鮮魚市場間取引の実現（市場間鮮魚運搬船の運航など）<br>・青果市場などの交流の促進 |
| 福岡・釜山共同ブランドの創設 | 短期 | ・両地域の郵便局の提携による福岡・釜山特産品の日本・韓国の全地域への配送<br>・地域商品物産展の相互開催検討 |
| | 中期 | ・「福岡・釜山ブランド」創設（シンボルマークの作成、特産品の選定などについて検討） |
| **未来型産業の育成** | | |
| 未来型産業の共同育成のための仕組みづくり | 短期 | ・産業支援機関及び研究機関の交流促進 |
| | 中期 | ・未来型知識産業創造のための中核的推進組織設立の検討 |
| ＩＴ産業の交流促進 | 短期 | ・デジタルコンテンツ（ゲーム・アニメ等）分野の交流会・商談会開催支援<br>・IT分野協力モデル事業への検討及び発掘 |
| 自動車関連産業の交流促進 | 短期 | ・部品購買商談会・展示会等を利用した自動車部品産業間の交流<br>・次世代自動車関連産業集積に向けた交流 |
| 環境・エネルギー産業連携体制の構築 | 短期 | ・釜山側環境関連施設視察ミッションの受入などの協力<br>・環境関連展示会の相互参加支援 |
| | 中期 | ・九州及び韓国東南圏まで拡大した広域的連携を検討 |
| **相互投資促進** | | |
| 企業誘致の相互協力 | 短期 | ・両地域の誘致促進地域情報（釜山部品素材専用団地、福岡アイランドシティなど）のＰＲ<br>・釜山投資支援会（九州投資支援会のカウンターパート）の設置及び九州投資支援会との連携・協力<br>・投資誘致セミナー開催への支援<br>・投資ミッションへの相互支援<br>・相手地域企業のベンチャーマーケット参加支援 |
| 韓国企業の上場に関する福岡証券取引所に対する支援 | 短期 | ・福岡証券取引所のアジア株式市場での企画運営に対する協力 |
| **観光コンベンションの交流協力** | | |
| 両都市への観光客誘致促進（釜山-福岡アジアゲートウェイ2011の推進） | 短期 | ・釜山-福岡アジアゲートウェイ2011で行われる事業の推進（共同プロモーションの実施、ＴＶ番組制作、スポーツ交流戦の開催、ガイドブックの作成等）<br>・環境・介護・福祉分野の産業観光商品の開発・新たなテーマ型観光商品(美容エステ・テンプルステイなど)の開発 |
| 福岡側：コンベンションの相互協力<br>釜山側：展示・コンベンションの相互協力 | 短期 | ・展示コンベンション参加拡大に向けた相互PR<br>・アフターコンベンションの協力・連携 |
| | 中期 | ・両地域のコンベンションビューローの連携<br>・新たな国際展示コンベンションの開催検討 |

面では「相手国文化・言語の学習機会の充実」、観光・人の往来面では、「電子マネーの利用環境づくり」などが挙げられる。

六四の事業は、二三の協力事業を実現すべく、より個別具体的でさまざまな主体による事業へと落とし込まれている。

## （2）福岡・釜山超広域経済圏の課題と今後

少しずつ成果として形に

九州経済調査協会では、福岡・釜山経済協力事業の六四課題について、調印から二年が経過した二〇一二年に、各事業主体に対して進捗状況と問題点、今後の方向性を、アンケート形式で調査した。進捗状況は、図7のとおりである。

六四課題の中には、イベント等単発の事業が含まれており、すでに事業が終了したものもある。「継続・終了」は三七（五七・八％）と過半数は順調に進んでいることを表している。「計画・構想なし」については、長期的な課題として挙がっているものがあり、具体化するにはもう少し時間を要する。無回答が一六（二五・〇％）あるが、事業主体が明確ではない事業、すなわち「未着手」あるいは「計画・構想なし」に含まれると考えられる。

図7　福岡・釜山経済協力事業64の課題についての進捗状況

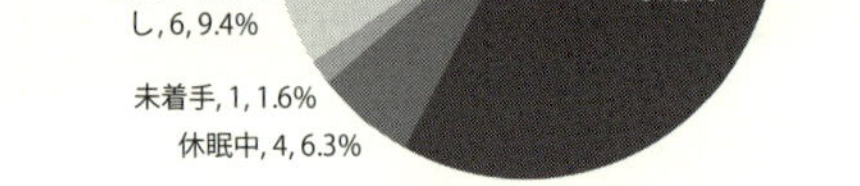


出典：九経調（2012）『釜山との連携を核としたアジア展開の可能性～これからの地域間連携に向けて　資料編』1-2頁、をもとに作成

## 着実に生まれる成果、経済交流への結実に向けて

協力事業の策定以後、成果は着実に生まれている。その中で特筆すべき三つの事業を紹介したい。

一つ目は、両市役所内への経済協力事務所の開設である。二〇一〇年八月に開設され、事務所には、福岡市から釜山市へ、釜山市から福岡市へ交換派遣された職員を所長として配置している。コミュニケーション手段としてＴＶ会議システムを備え、企業の事前商談など、ビジネス交流促進のツールとして開放されている（写真２）。

二つ目は、副読本を使った相互理解の授業の開始である。福岡・釜山を紹介した副読本「もっと知りたい福岡・釜山」を作成し、小学六年生を対象に授業を行っている（写真３）。副読本は、Ａ４版二三ページで、両国の交流の歴史や双方の都市の概要のほか、文化的側面から食べ物、施設、スポーツ、祭り、伝統工芸、文化財などが紹介されている。

三つ目は、プロ野球交流戦が実現したことである。これまで二度、福岡ソフトバンクホークスと釜山ロッテジャイアンツの試合が行われた。交流試合は、福岡市、釜山市の独自の試みであり、両都市の緊密さを広く知らしめた。

写真３　副読本「もっと知りたい福岡・釜山」と副読本を使った授業風景

写真２　福岡・釜山経済協力事務所

この他にも成果は生まれているが、課題を挙げれば、産業連携など経済交流の成果が少ないことであろう。展示会・見本市、フォーラム、フェアなどは着実に開催されているものの、これらは産業連携を生み出す仕掛けにすぎず、その後、実際の取引につながったのがどこまであるのか、また持続的に商談会が継続していくのかが重要である。目標値を設定するなど、今後は仕掛けの先にある産業連携や企業連携に結びつくように、一歩踏み込んだ働きかけが必要となる。

### 問題点

問題点については、次のとおりである。「事業に関する考え方の相違」が一一件と最も多く、次いで「相手国の情報不足」が七件。以下、「事業費不足」と「自国ニーズが不明確」がそれぞれ五件、「法規制等」が四件などとなっている。

これらを整理すると、「情報不足」「財源不足」「専門性の不足」の三つに集約されるだろう。また六四の要回答に

**図８　問題点**

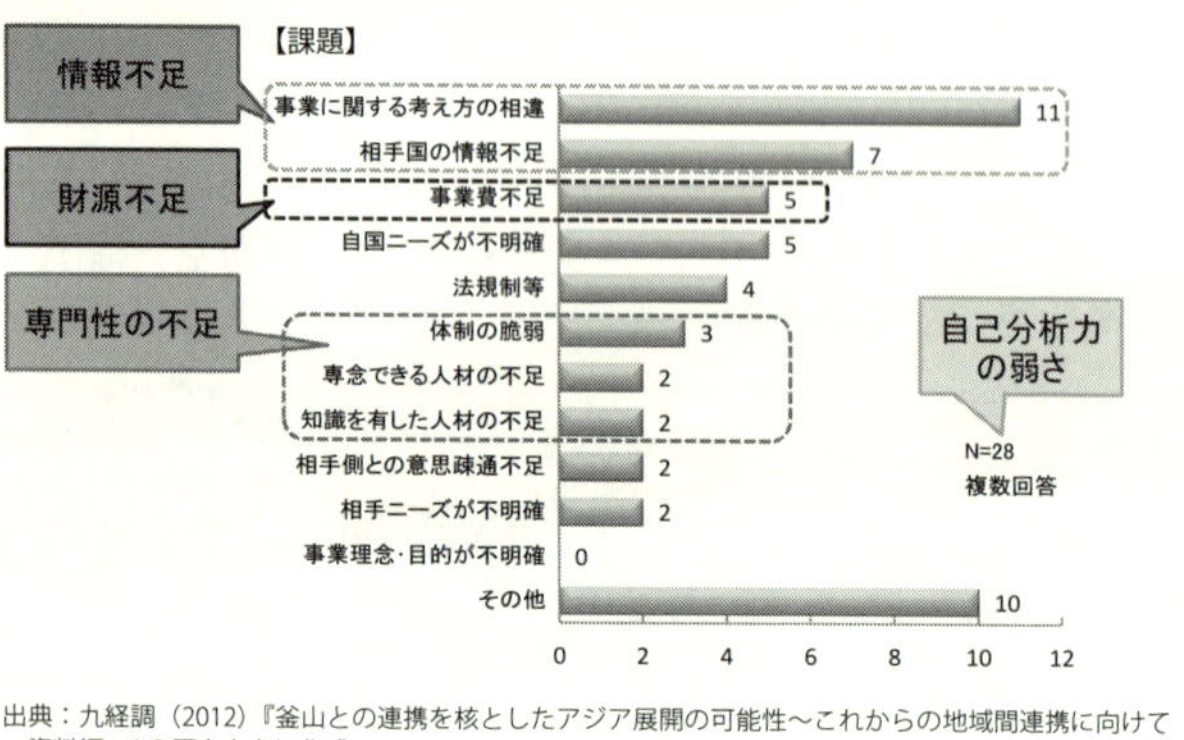


出典：九経調（2012）『釜山との連携を核としたアジア展開の可能性〜これからの地域間連携に向けて資料編』1-2 頁をもとに作成

対して、二九件の回答にとどまった。アンケートへの回答数が少ないことから、事業主体の自己分析力の弱さも指摘されよう（図8）。

## 福岡・釜山超広域経済圏の形成に向けて〜三つの〝ゲン〟を有する専門機関の設置

福岡市と釜山市のさらなる交流活性化に向けて、最後に筆者なりの提案を行ってみたい。それは福岡・釜山超広域経済圏の設置を目的に、三つの〝ゲン〟をもった専門機関を設置することである。三つの〝ゲン〟とは、すなわち〝人間〟、〝財源〟、〝権限〟である。

人間とは専門職員を指し、日韓や両都市の実情に詳しい人材を配置すること、財源とは自由に使える予算をもつこと、権限とは独自に判断する意思決定力と実行力をもつことである。この三つの機能を有する専門機関をもつことで、福岡・釜山の交流は機動的かつ効果的に進展するであろう。

ところで、専門機関は新たに設置するよりも、既存の機関を機能拡張することを提案したい。福岡市と釜山市には、それぞれ経済協力事務所があり、これを活用して、そこに三つの〝ゲン〟を与えて機能を強化するのである（図9）。具体的には、福岡市から釜山市へ現在一名が派遣されている釜山・福岡経済協力事務所の所員を三

図9　専門機関のイメージ

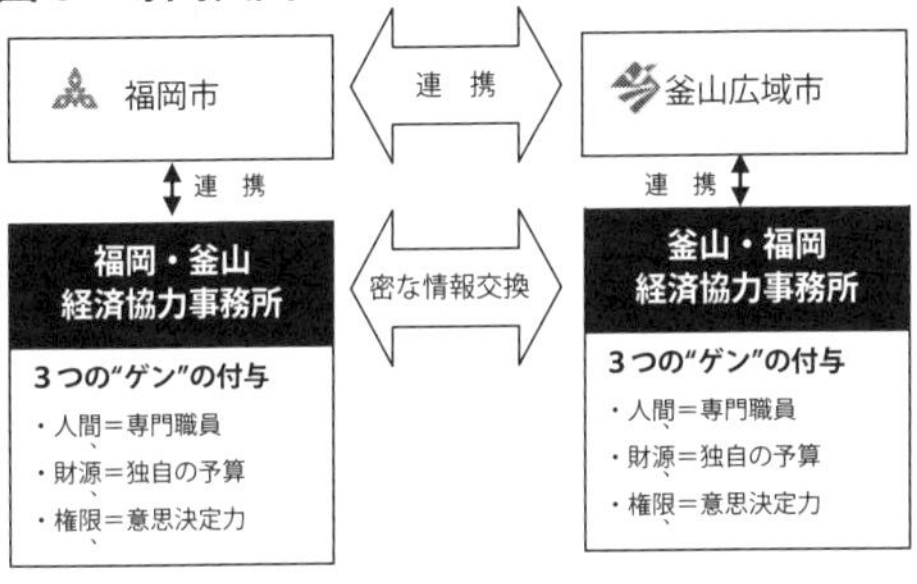

名に増員し、そのうち一名を部長級や局長級とすることで、権限と意思決定力をもたせる。また民間からの出向者を募ることも提案したい。韓国に関心をもつ民間企業にとっては、固定費を抑制しながら情報収集に努められるメリットがある。

いずれにしろ、福岡と釜山にあるそれぞれの事務所には、人員の増員と機能強化を図ることによって、福岡・釜山超広域経済圏の形成を強力に推し進めるエンジン役を果たしてもらいたい。

## おわりに

九州と朝鮮半島は、例えるならば、へその緒でつながった地域である。それほど緊密な関係を続けてきた。九州を訪問する外国人のうち、六割は韓国人が占める。韓国人が多くの外需をもたらしていることは間違いない。一方、九州の重要性は韓国でも強く認識されている。国内に一一ある在日韓国公館の中で、在福岡大韓民国総領事館は、東京の韓国大使館、大阪の総領事館に次ぐ三番目の人員規模を誇る。韓国貿易センター（福岡）でも駐在スタッフは増え続け、九州を重要な拠点と位置付けている。

今後さらにボーダーレス化が進み、これから先の日韓交流を考えた時、国境を意識しない一体的な経済圏や交流圏の形成は着実に進むであろう。ＥＵのような地域統合が、日韓、さらには日中韓において築かれていく過程で、国境地域に位置する九州の果たす役割はより重要になってくる。そのためには経済交流の活発化が不可欠である。自動車、半導体、電子、造船、ロボット、環境、バイオなど連携を進めるにあたって九州と韓国を結びつけるポテンシャルはあるものの、産業交流は思うように進んでいない。九州と韓国、さらには対岸の中国沿岸部まで、世界のものづくりをリードする拠点を、黄海を取り囲む環黄海地域で構築していくことが今後の課題である。未来志向の日韓交流を九州から実現していくことを期待し、我々九州人が努力していく必要がある。

（公益財団法人　九州経済調査協会総務部次長）

## 注

1　「オルレ」は韓国・済州島から始まったもので、トレッキングコースの総称として呼ばれる。もともとは済州島の方言で「通りから家に通じる狭い路地」という意味をもつ。自然や歴史などテーマ性をもったトレッキングである。
2　ここでは駐在員事務所の設置など、韓国への進出として直接投資を広義に捉える。
3　2と同様
4　九州以外の経済産業局は国際課であり、部よりも一段低い位置づけになっている。
5　二〇〇七年に姉妹都市となった。
6　釜山広域市、蔚山広域市、慶尚南道の二市一道を指す。
7　李明博政権から朴槿恵《パククネ》政権への移行にともない解散。

## 参考文献

㈶九州経済調査協会（二〇一三）『九州経済白書～アジア最前線　九州のグローバル戦略』

――（二〇一二）『釜山との連携を核としたアジア展開の可能性～これからの地域間連携に向けて　資料編』
――（二〇一一）『福岡・釜山インターリージョン形成調査報告書』
――（二〇〇九）『福岡・釜山超広域交流圏の形成促進に向けた協力事業』
加峯隆義（二〇一二a）「福岡・釜山超広域交流圏」『東アジア地域経済協力と九州』東アジア学会経済部会編
――（二〇一二b）「福岡・釜山超広域経済圏構想」『日本の「国境問題」　現場から考える』別冊『環』一九号、藤原書店
――（二〇一二c）「福岡・釜山と英仏ドーバー海峡――海峡を越えた地域間交流」『韓国経済研究』九州大学
――（二〇一一a）「福岡が提案する二つの総合特区」『都市計画』㈳日本都市計画学会
――（二〇一一b）「動き始めた福岡・釜山超広域交流圏」『九州経済調査月報』㈶九州経済調査協会
――（二〇一〇）「動き出した九州と韓国東南圏地域の超広域交流圏」『玄海圏（韓国内部地域―九州北部地域）における地域連携のあり方』九州国際大学経営経済論集
藤原利久・江本伸哉（二〇一三）『シームレス物流が切り開く東アジア新時代――九州・山口の新成長戦略』西日本新聞社

## 共通課題への取り組み——参加学生から（3）

### 海峡を生きる——私と日韓

山口 祐香

私にとっての「日韓」を考える時、大きなテーマともいうべき一つの単語があります。それは「玄海人」です。これは祖父が遺した言葉で、「何人という区別を超え、日本と韓国をつなぐ玄界灘の上に立って生きる者」という意味です。私の母は韓国人で長年日韓交流のために働き、この祖父も福岡駐在の韓国領事として戦後復興に尽力しました。そして三代目である私は生まれながら玄界灘の上を生きざるを得ない「玄海人」です。

私自身「日本人でも韓国人でもない」自分に葛藤を覚えたこともあります。しかし両国を等間隔に眺め、その姿を知り受け止めたうえで「日本人でも韓国人でもある」生き方を実践しようとしてきたのが、私と家族の歴史なのです。

#### 私を変えた出会い

その歩みを実践する中で、私に大きな示唆を与えてくれた出来事がいくつかあります。まず一つ目が日韓海峡圏カレッジへの参加です。

私は夏休みを利用し釜山大学との学生交流を経験しました。机を並べて講義を受けたり、英語によるディスカッションをしたりする中で、韓国の学生の高いスペックに終始驚かされました。

またさまざまなフィールドワークでは、若者同士で過ごす中で、一対一の関わりでは良き友人になれること、政治では越えられない壁があっても共に生活し文化を楽しむことができることを知りました。福岡と釜山という近い距離に住んでいながら、お互いの違いや似ている点など、知らないことは多いものです。それらを交流しながら見つけていくことで、私を含めたくさんの学生にとっても日韓がより近い存在になったと思います。

彼らとは帰国後も連絡を取り続けており、若者を通して互いの姿や意見を伝えあう一つの交流の輪を作ることの意義を感じました。

二つ目は留学です。二〇一四年三月から一五年二月にかけ、私は交換留学生としてソウル大学政治外交学科に在籍しました。外交学科は日韓関係に詳しい教授や関心の高い学生が多く、韓国でどのように日本について教えられているか、韓国人学生たちの考える日韓の在り方について理解を深めることができました。もちろん日本に対する偏った認識も時折見られますが、さすがソウル大生たちは日本人が考える以上に、冷静に事態を捉えています。中国の浮上と日本の軍事化を抑制し、自国の外交戦略を賢く展開するために日本とは一定の連携を保ちつつも、領土問題や歴史認識に対しては韓国の立場を主張すべきというものです。

先日、セウォル号の事故を目の当たりにしました。沈んでいく船を前になかなか進まない救助活動や、垣間見えた社会の現実を受け止め、非常に悔しい思いが湧き上がったのを覚えています。もしも日韓が今のように対立しておらず、技術や規範制度、人材、文化など互いのいい所を学びあい、共有し、新しいものを生み出していけるような対等な関係にあったとすれば、救える命がもっとあったのではないか。よりよい社会を実現するために協働できたのではないか。そう思わずにはいられません。

これらの経験を通して私は、この時代だからこそ若い世代が「共に生きる相手」として互いを認識し、近い国だからこそ学び合い新しい社会の価値を示していくことの大切さ、そして実際にその国を訪れ理解を深めることの必要性を痛感したのです。

## 共通課題への取り組み――現状を打ち破るには

しかし半年間韓国に住み、学んだうえで率直に言うと、交流をするだけで日韓の真の和解と発展が実現するわけではないと、私は考えています。日本人がいくらK-Popを聴き、韓国の若者が日本のアニメを楽しみ、さまざまな経済交流が進もうと、その一方で政治的な対立や感情の摩擦が起こり、差別やしこりを抱えているのが戦後七〇年たった日韓の「気持ち悪い」現状です。特に近年はヘイトスピーチが横行し、ネット上をはじめ過熱したナショナリズムが物事の本質を歪め、醜い争いを続けている現状に無力感を覚えることもしばしば。さらに多くの人が日常生活の中で日韓関係に対し、ほとんど関心や問題意識を持たない現実があります。

「反日か親日か」「嫌韓か友好か」――日韓関係を説明する際には、一様にこのような捉え方がされがちですが、歴史も現実も分かりやすい二項対立で説明できるほど単純なものではありません。今さら国家の関係を断ったとして、いささかの痛痒も感じないような間柄ではもはやないのです。しかも一面的な捉え方は思考の停止を生み、十分な認識の不足を招いてしまいます。

日韓関係のこれまでを踏み込んで知り、受け止める覚悟と姿勢がこれから両国の人々にとって必要なのではないでしょうか。「血の通った相手」として互いに向き合わなくてはなりません。具体的には対話と共通課題の解決努力を続けていくことが重要な方法だと言えます。

まず国家首脳同士の対話が再開するように努めつつ、その一方で企業・研究者・市民団体・個人などさまざまなレベルでの対話や意見交流を途切れることなく続けていくこと。不安定な情勢だからこそ、さらなる悪化を回避し、理解と和解のためのネットワークを築くのです。

さらに共通課題に対処するためのパートナーかつロールモデルとして互いを意識し続けること。留学先で知り合った韓国人学生は、日韓関係の問題点について「両国が協力することのメリットが双方の国民の中で明確でないこと」だと指摘しました。確かに経済分野を除いて、

別所浩郎駐韓日本大使の講義（九州大学）

住友商事九州でのインターンシップ（下も）

マイクを手に持つ筆者

日韓の人々はお互いを歴史や国民性、嫌悪感や敵対心、文化の供給相手などといった曖昧かつ感情的な面でのみ認識していないでしょうか。むしろ思考を転換して、日韓の社会全体が抱える課題に共同で対処する対等なパートナーとの認識を徹底すべきです。

日韓協力の重要性は経済や安全保障面では言うまでもありません。特に中国の浮上を受け、日韓の東アジアにおける役割はますます大きくなることが予想されます。加えて国家ブランディング戦略や少子高齢化問題、環境問題、安全な社会の実現など双方が学び合える余地がたくさんあります。このような共同事業を継続することで、協力することの現実的な結果と利益を再確認し、双方のイメージ改善のために働きかけ続けるのです。さらに国内・国外を問わずさまざまなレベルにおいて意見の発信と交換を行い、日韓に関わる人材を育てることが現状を変える原動力になると思います。

**「玄海人」として**

現在私は、そのような環境作りの足がかりとしての日韓交流に可能性を見出しています。互いを批判し嫌う以前に、まず直接五感を通じて相手と関わってみるべきです。その上で意見の相違や誤解があるなら、相手を尊重しつつ弛みない対話を続け、時に論争をしつつも着地点を共に見出そうではありませんか。九大の本カレッジプログラムの取り組みはまさにその試金石です。

現実は厳しいものがあります。しかし、これまで築き上げてきた日韓の絆は、何としても断ち切らせてはなりません。そしてその希望は九州にこそあると私は思います。玄界灘は日韓を隔てるものではなく、古来より両国を繋いできました。九州はどこよりも朝鮮半島と近く、歴史上でも苦楽を共にしながらあらゆる要素を共有し、さまざまな協力も盛んです。行政や企業間の交流はもとより、学生や観光客を介したふれあいの機会が多く設けられています。最近で言えば、韓国発祥のトレッキングコース「オルレ」を九州の各観光地が取り入れ、毎年多くの韓国人観光客が訪れています。私の故郷である佐賀県・武雄市もその一つであり、たくさんの人々が「日本に来る前は不信感を持っていたが、実際に日本の美しい自然や文化、食べ物を楽しみ、人と交流する中でその思いが変わった」と話していました。

すなわち他の地域同士に比べ、九州と韓国の関係は別次元であり、より肌に近い感覚で互いを捉えることができる距離にあると言えます。お互いの美しい故郷や誇るべき文化、誠実な思いを伝え合う取り組みこそ受け継がれていくべきです。さらに「日韓関係はもはや決裂した」という大きな言説に惑わされず、冷静かつ現実的な視点で状況を見つめ、未来に思いを馳せる。これこそまさしく「玄海人」「海峡人」の姿であり責任だと私は考えます。母が立ち上げた交流団体の合い言葉、「知らせる努力・知る勇気」から始まる日韓の姿は、この地域だからこそ実現できるはずです。

私だけでなくこの地を行き交うすべての人が、すでに日韓を生きる「玄海人」です。この言葉は単なる目標ではなく、一つの「生き方」であると言えます。情勢が日々いかに移り変わろうと、日韓はこれからも互いに関わり合いながら生きていかざるを得ない関係であることに変わりありません。本カレッジプログラムと一年間の留学を終え、より強くその事実を感じています。

特に戦後七〇周年、日韓国交正常化五〇周年を迎える今年は重要な節目です。私個人としては、まず大学院まで進学し、九州を基軸にした日韓関係や地域共同体構想、公共外交の分野で研究を深めていきたい。厳しい現状だからこそ、日韓関係のさまざまな分野に精通した専門家が将来必ず求められるようになるはず。だからこそ自分が今学んでいることに強い使命感と時代の要請を感じています。現状に混乱することなく、まず「正気」であること、そしてその時に備え日々学び、状況を注視しつつ、さまざまなネットワークを広げていくつもりです。日韓に生きるすべての人々が両国を行き来し、互いを愛し尊重し、「良いものは良い」と素直に認められるような日韓の平穏を実現することが私の目標です。今は未熟ですが、自分だからこそ示せる新しい視点や言葉があると確信しています。そして福岡と釜山の地から日韓の未来が始まることを願ってやみません。

（九州大学二一世紀プログラム四年）

学生による報告パネルの制作と展示
（福岡県国際交流センター）

# 両国の共通課題が与えてくれた里程標

鄭《チョン》盛《ソン》洙《ス》

　初めて日本に関心を持ったのは、中学三年のときでした。当時は単純に、日本語が韓国語に似ているということに興味を持って接しはじめました。高校入学後は、日本ペンパル部というサークルで神奈川県大和西高校と手紙をやりとりし、このときから「韓国と日本をつなぐ橋になろう」と心に決めました。それも単に韓日関係のためだけでなく、日本の技術と韓国の技術の交流や、両国の価値観の理解なども含む、幅の広い橋になりたいと思っています。

　率直に言うと、私は都市から遠く離れた田舎の出身なので、外国人とコミュニケーションを取ること自体に興味を抱いたのかもしれません。それで、釜山大学に入学した後は、同じ学科の初対面の中国人とも言葉を交わしてみたり、外国人とのさまざまな活動を数多く行いました。しかし、自由にコミュニケーションが取れる言語は日本語だったので、多くの場合、日本人と交流しました。中でも、人生の転換期において転機となったのが、まさにこの日韓海峡圏カレッジです。

## 共通課題の発見

　すべてのプログラムが、私に多くのことを感じさせ、変化をもたらしましたが、中でも私の夢、未来のための里程標になった九州電力でのインターンシップは、最も記憶に残っています。韓日両国が抱えている共通課題、エネルギー問題に関心を持つきっかけになったからです。私のグループが九州電力から与えられた発表テーマは「韓国と日本の新再生エネルギーの現況と課題」でした。九州電力でのプレゼンテーションのため、私のグループは、カレッジプログラムが始まる前から準備に取りかかりました。韓国の原子力発電所に連絡を取ったところ、原発だけでなく、今後のエネルギー管理対策、現況などを含む資料を手に入れることができました。

　九州電力は、思っていたよりずっと重大な責任を担っている企業でした。「九州電力」といえば、私は、単に電気を供給するための会社としか思っていませんでした。しかし、インテリジェントハウスを見学し、電気に関連する研究とともに、ハイブリッド電気自動車を開発しているいることも知りました。それこそ、総合的な電気会社だったのです。また、韓国では見ることのできなかった新技術が数多くありました。外でも家と同じように電気を供給できる大容量バッテリーや、電気が流れると光が透過する物質を開発し、カーテンを不要にしたガラスも見せてもらいました。韓国企業の見学と違っていた点といえば、「フィードバック」を挙げることができるでしょう。担当の方が、見学中に質問をし、私たちの考えを尋ねました。このようなフィードバックがあり、インターンシップに一層集中することができました。

　私のグループが行ったプレゼンテーションの内容は、㈠新再生エネルギーの定義、㈡世界の新再生エネルギーの現況、㈢エネルギーミックス、㈣韓国の新再生エネルギーの現況、㈤日本の新再生エネルギーの現況、㈥韓国および日本のエネルギーの課題という六段階の構成でした。新再生エネルギーの供給比率の点で、韓国と日本は、デンマークやドイツに比べ低い数値を示していました。私たちは、韓日両国で毎年エネルギー需要が増加していることへの対策として、効率的なエネルギー政策であるエネルギーミックスを提案しました。

　韓国や日本は現在、化石燃料と原子力エネルギーに強く依存しています。また、エネルギー源になり得る資源

共通課題に関する講義

九州電力でのインターンシップ（下も）

左側の手前が筆者

が不足している国ということで、ほとんどのエネルギー源を海外に依存しています。エネルギーミックスは、この二つのエネルギー源への依存度を徐々に下げ、エネルギー源を多様化し、エネルギーの供給が中断される危険性を減らせるという利点がある、という部分を強調しました。

しかし、エネルギーミックスのためエネルギーを多様化するのはよいとしても、実際には進展していません。プレゼンテーションの準備をする中で、風力発電未来研究センターの先生にその理由を尋ねました。先生のお話によれば、「風力発電装置自体は良い発電機だが、韓国ではWind Qualityが良くない。通常、風力発電装置は山によく設置するが、ブレードの長さが五〇から一〇〇メートルもあり、車に積んで山の上まで持っていくには、カーブが多い韓国の山の構造上、山を削らなければならない。これに伴う山林破壊のせいで、地域住民が反発し、現在のところ韓国では導入困難というのが実情」ということでした。

そこでS社、D社、H社などの大企業では、韓国国内への導入ではなく輸出を目的として研究を進めているそうですが、耐久性チェックのため、二〇年にわたって検証を受けなければならない状況です。また、現在は海に設置する手法で研究が進められているが、かつて急騰したときほど石油価格は高くなく、石油を掘る技術もまた向上し、化石燃料が今後五〇年は安定供給されるという見通しが新再生エネルギー開発と利用においてネックになっているとも聞きました。こうした実情を考慮すると、韓国では新再生エネルギーをエネルギーミックスに含めるのは難しい、ということになります。

しかし、日本は違っていました。プレゼンテーションの準備のため、資料を調べたところ、最近日本は新再生エネルギーの分野でかなりの研究・投資を行っていることが分かりました。そのほかにも日本は、T社のハイブリッドカーのように化石燃料の比重を低下させてエネルギー源を多様化させていることから、日本は本当にエネルギーミックスの元祖になれるだろう、と思いました。

もちろん韓国も、ハイブリッドカー開発のようにあちこちで研究開発（R&D）を進めていますが、日本は経済的効率性を問わず、自国の実情に合わなくても研究や開発を持続的に行っているという面があります。こうした点から、ハイブリッド技術、太陽光、陸上風力発電などが世界的に認められているのではないかと思いました。

## 韓日科学技術界の架け橋役のために

九州電力で行うプレゼンテーションの準備を通して、日本の科学技術に関心を持つようになり、将来日本の大学院に留学する考えを持っています。現在、釜山大学で機械工学を専攻していますが、特にエネルギーシステム分野に関心を持っています。韓国の実情にマッチした次世代新再生エネルギーを開発し、韓国が世界的に認められるエネルギー先進国になることに寄与していきたいです。日本が早くから新再生エネルギー分野でかなりの研究・投資を行っているところから、学ぶべき点は本当に多いと思っています。

韓国と日本は資源小国で、エネルギー問題という共通課題を抱えています。最近では、韓日の企業同士が、エネルギー源獲得のため第三国で競争するよりも、むしろ互いに協力して資源外交を展開するというニュースに接することもあります。こうした点から、新再生エネルギー分野は、今後韓日両国の協力が必要な分野だと思います。両国が新再生エネルギー分野でも技術力とノウハウを共有し、協力すれば、相乗効果をもたらすことができるでしょう。

このような協力の場で、自分の役割を模索したいと思っています。韓日間では、政治・外交問題がかなり議論になっていますが、両国の未来がかかった科学技術協力においては、目につくような協力の動きはまだないようです。韓日両国の未来を担う工学徒として、新再生エネルギー分野において両国の協力事例を作り出す、架け橋役を果たしたいと思っています。

（釜山大学機械工学科四年）

# 4　グローバル物流からみる地域連携

## ——最適物流をめざして

幸田明男

日韓の地域連携を、グローバル物流の観点から考えてみたい。グローバル物流は、既存の物流とは全く違うフィールドを形成している。「国内物流の延長線上にグローバル物流がある」との考えは、「物を運ぶのが物流である」との観点からは正しいが、「最適物流」との観点からは不充分である。

そこで、工場へＪＩＴ（Just In Time）で納入される部品調達物流の現状を見ながら、グローバル物流とは何かを考えていきたい。「グローバル物流とは何か」、「グローバル物流のアイテムとは何か」、そして「マネジメントとは何か」を共有し、実践事例へ進めていこうと思う。地域の「特徴、制度」を利用し、ダイナミックにグローバル物流は構築されていくが、その様子を、日韓物流の実践で紹介する。成長途上で未熟であるが、大いなる可能性を秘めた分野である。

## 1　グローバル物流とは

物流ほど企業間で格差の大きい活動もめずらしいと言われている。物流部門の手の届かないところで物流の効率性が決まってしまうという現実もある。また、究極には物流コストは悪であり、限りなく「ゼロ」がよいといわれ、物流そのものの存在を否定する意見も見受けられる。このような環境の中、日本では、一般的には物流部門の地位は低く、企業活動の中で関心が向けられることは多くない。

ＪＩＬＳ（日本ロジスティクスシステム協会）『物流コスト調査報告書』（二〇一三年度）によると、わが国の経済全体に占める物流コスト（マクロ物流コスト）の総額は、四一兆二〇〇〇億円でＧＤＰ（国内総生産）に対する割合は八・七％である。この物流コストのうち二六兆八〇〇〇億円（六五・一％）は輸送コスト、一二兆九〇〇〇億円（三一・三％）が保管コスト、一兆五〇〇〇億円（三・六％）が管理コストなので、「運ぶ、保管する」のが物流の本質と言えるのかもしれない。しかし、「手の届かないところで物流の効率性が決まる」現実が気になる。これをソリューションした場合、どのような物流ができあがるのだろうか。

### 拠点と支援システム

物流を構成するアイテムとして、「拠点」と「支援システム」がある。拠点は、集約、配送、流通加工を実施する機能をもった場所である。また支援システムは、受発注、荷物追跡（トレース）、各種データ作成、ファイナンス等のオペレーションを支援する仕組みである。この二つのアイテムは、現実の物流の中で重要な役割を担う。

### 拠点と連携

グローバル物流を構築するためには、顧客ニーズである「品質を担保したうえでのコスト削減となるような仕組み」が必要である。これを実現するアイテムとして、グローバルな視点からは、どこに拠点を構えるかが重要になる。この場合の拠点は、国、市、港湾、空港等いろいろな単位を指す。世界があらゆる面で均等になったと仮定すれば、物流コストは移動距離に比例する。世界の労働者賃金が同じ、一単位あたりの移動コストが同じ、制度が同じ等、非常に長い目で見た場合はありえる現象かもしれないが、今の時点ではそうなっていない。

つまり、ここにグローバル物流が存在し、最適化の概念が必要となる理由がある。世界の拠点がもっている差異、つまりその地域の優位性を利用し、それらを組み合わせて構築する作業が必要である。この作業を突き詰めていくことが、最適化である。

## 2　グローバル物流における「アイテムとマネジメント」

「グローバル物流の最適化」には、それを構築するための「アイテム」と、実現する「マネジメント」が必要である。私が中国で実践した内容を紹介したい。グローバルなレベルとなると、日本国内の常識や仕事の流儀がそのまま通じないことが多々あることをおわかりいただけるかと思う。

## なぜ、中国から調達するのか

私は六年間、中国に駐在した。二〇〇五年一〇月には上海にいて、中国製部品を、世界一三ヵ国の自社組立工場へ供給する仕組みを構築したいとの、あるメーカーの「プロジェクトチーム」に加わり、「プロジェクト」終了後も、そのまま現地駐在員としてオペレーションをすることになった。このメーカーのイギリス工場向けに、毎日中国から輸出をしていた。上海から船便を利用して、約五〇日かけて現地工場へ納品する。イギリス国内で現地調達するより、約三〇％安く調達できることが、このスキームを構築した理由である。現地調達が、物流コストを下げる最高の手段と言われることがある。しかし現実は、そうではないこともある。地域の優位性を取り込むことにより、最適化を実現している一例である。

## 固定観念の壁

駐在員の仕事のひとつに、顧客アテンド（接待）がある。海外出張される方は、強行日程を組まれる方が多いが、少し日程に余裕があれば、観光アテンドもした。一年間上海勤務した後、私は広州（香港から約一七〇キロ北西）で五年間勤務した。二回目の勤務地・広州での主なアテンド先としては、マカオ（バスで二時間）、香港（電車で一時間四〇分）そして広州市内（長隆動植物公園他）であった。長隆動植物公園には、パンダが一〇頭以上おり、案内すると結構よろこんでもらえた。（図1）

パンダの一日の行動は、寝ている時間が長く、折角見に行っても「残念」という状況が数回あった。ある日、いつものとおり寝ているパンダを横目に、中国人観光客が飼育員に話しかけ、飼育員がパンダにニンジンを投げて起こしている様子を目撃した。寝ているパンダは起き上がり、かわいらしい姿で食べはじめた。飼育員にこっそり謝礼を渡している姿も見てしまった。「なるほど」。この何気ない場面は、私に強い印象を残した。ソリューションは無限に、そして必ずあるということである。

図１　長隆動植物公園のパンダ

## 最適化への現場オペレーション

中国という地で何ができるのか。言葉もわからず、人脈もない、できない言い訳をしようと思えば山ほど言える。顧客ニーズは、「品質を担保したうえでのコスト削減」であり、グローバルプレイヤーは、グローバルフィールドで最適をめざす。これを実現するためには、その地域の優位性を引き出し、組み合わせることが必要である。それでは、いくつかのマネジメント実践を紹介する。

### (1) システム

システムで「もの」の流れを管理する。言葉で書いてしまうとこれだけの内容になる。ここでの「もの」は、単純に輸送、保管する「物」ではない。最適化物流をめざしている「もの」である。「もの」は、残念ながら話せない。「もの」にこの機能をつけるのが、システムである。「もの」にラベルが貼付され、荷物追跡（トレース）できる機能が備わる。

生産完了↓集荷↓拠点集約↓拠点間移動（船、飛行機、トラック）↓拠点集約↓納入

という「ものの流れ」を「タイムスケジュール」で管理する。各ステータスは、「もの」に貼付されたラベルのバーコードをスキャンし、システムにアップして、トレースする。「もの」は、システムを介して語りかけ、他人の助けを借りて移動できる。

ここで、システムの役割を明確にする必要がある。システムは「人的工数の支援であり、人的工数を減らすことを目的としている」のである。そして、このシステムは、グローバル物流の最適化実現にも、大きく貢献する。

（2）受発注機能

発注メーカー↓受注メーカー↓生産完了↓（前出流れと同じ）

ここでは、「発注、受注」の流れが付加された。受発注は「商流」といわれ、オーダーの流れである。発注者は、「いつまでに、何を、どれくらい」必要か、受注者へオーダーする。

通常は、発注者の基幹業務の一つであり、発注者自身が実施する。しかし、「物流」と「商流」を融合させれば、物流の効率化につながる。たとえば、コンテナ容器が、一〇〇個の荷物で満載ならば、一〇〇単位のオーダーを最低発注単位にすれば、常にコンテナ容器は満載になる。

発注メーカー↓物流会社受注、物流会社発注↓受注メーカー↓（前出流れと同じ）とすれば、物流効率化が実現できる。これが、「商流と物流」の同期化である。

（3）金流（ファイナンス）

さて、買った人はお金を支払い、売った人はお金を受け取る必要がある。これが、金流（ファイナンス）である。通常は、お金の「支払い」や「受け取り」は「もの」を受け取った時点で発生する。さて、「ものの流れ」を思い浮かべてほしい。

生産完了↓集荷↓拠点集約↓拠点間移動（船、飛行機、トラック）↓拠点集約↓納入どこを決済ポイントとするのがよいだろうか。ひとつのケースとして、国をまたがる場合は為替リスクを嫌い、生産国側のポイントで、生産国通貨で決済をする方法が選択される。この流れでは、生産完了↓集荷↓拠点集約のどこかをポイントとする可能性がある。

どのポイントを選択したとしても、「金流と物流」を同期化させるスキームになる。「商流、金流、物流」が同じフレームに収まってきた。ものを言わない「もの」が、ものを言いはじめた。さて、次はマネジメントにも焦点をあてたい。

## マネジメントの仕事

マネジメント（管理者）の大きな仕事として、人材育成がある。評価制度、処遇制度でモチベーションをあげながら会社に貢献してもらう方法は代表的な例である。ここで、中国で実践したマネジメントのケースを紹介する。

（1）マネジメント会議は公開会議

私の駐在した現地法人では、マネジメントの男女比は、四：六で女性が多く、平均年齢は二六歳前後である。（図2）

若いマネジメントは各自に与えられたミッションを推進する。年二回は、次期マネジメント候補も参加させ、公開会議を開いた。ミッションを達成できたマネジメントは、達成できなかったマネジメントに詳しい経緯説明を求める。「自分は苦労して達成した、あなたはどれだけ知恵と汗を出したのか」。この素朴な質疑応答が、マネジメント会議の一番の収穫である。時には厳しい質疑の応酬にもなるが、跳ね返す力のある人が、マネジメントとしての地位を継続できる。マネジメントには当然、相当の処遇がされる。その様子を次期マネジメント候補に見て学んでもらう。

（2）品質保持の人員配置

一：五の法則、と私が勝手に名付けた。つまり、一人が管理できるのは五人である。離職率が高い中国では、少しでも賃金が高ければすぐに転職する。人員確保のため常に募集活動をしている日々である。「一：五の五の部分の労働力」は、組織では賃金の低い労働力であるが、実務的には重要な部分を担っている。五人を一グループにして、一人のＳＶ（Supervisor）がつく。このＳＶは五人の仕事を完全に理解するようにし、新入社員が入ってきても、ＯＪＴ（On the Job Training）ができる仕

図２　マネジメント会議の様子：平均年齢 27 歳（女性 MG が 60%）

組みを構築した。一人が直接管理できる人員は五人というのは、経験則である。

また、ＳＶ以上の管理職は、基本給を高く設定し、かわりに時間外手当をゼロにする努力目標を設定させた。時間外手当が生活給になると、作業効率は上がりにくくなる。成果は出た。ＳＶ、マネジメントは、期待に応えてくれ、作業効率を高めてくれた。また、「マネジメント、ＳＶ、一般」の三つの区分の中で、二：四：四の比率で労務管理をした。マネジメント層は給与を他社よりかなり高く、ＳＶ層は他社よりやや高めに、一般層は他社並みに設定した。それなら人件費全体が高くなるのではと思うかもしれない。一人あたりの「収入、利益」、一人あたりの「一時間あたりの労働効率」等ＫＰＩ（業務遂行指標）を設定することで、解決できる。

（３）業務遂行指標（ＫＰＩ）を日々実施

日々の業務は、作業計画表により遂行される。昼すぎに、当初の「計画と実績」が比較され、遅れがある場合は、担当部門から内容と当面の挽回策を報告させ、恒久的な挽回策が必要な場合は、さらに上司、関係先へ報告される。ここでのキーワードは、「日々行われている」点である。また、事務員に対しては、顔写真入りボードを作成し、どこまでの能力があるかを「見える化」する。さらに、作業員に対しては、専任の品質管理部が抜き打ち検査を実施、評価し、月例会でその評価を発表する。KPI（Key Performance Indicator）は、業務遂行しているさまざまな場面で活用される。

## 中国の機能を利用する

中国なら「同じ商品をイギリス国内で現地調達するより、約三〇％安く調達できる」と述べた。中国には、この買いたい価格で供給する力がある。もし将来、中国にこの力がなくなれば、需要の矛先は自然と他の拠点に移る。しかし現在、中国は生産国として、また消費国として大きな存在感がある。その現象は、世界のコンテナ流通実績からも見ることができる。（表1）

世界の約八〇％の貨物がアジア発着となっており、取り扱い港は、上海、シンガポール、香港、中国深圳《しんせん》、釜山がベスト5で、上位一〇位までの七港は中国の港である。日本は、横浜が上海の一〇分の一程度、福岡（博多）は四〇分の一程度で、残念ながら世界のハブとしての機能はない。中国とどのようにつながっていくかは、大きな課題である。

ただし、この部分は国策であり手を出せない、と愚痴るわけにはいかない。「ものの流れ」「ひとの流れ」「情報の流れ」は誰も止めることはできないからである。何ができるのかを考える努力が、特に島国日本人、日本の一〇％経済と言われる九州には必要である。

### 儲かっている会社は眠れない

私の派遣先だった中国の会社は、毎月、毎年、大幅に増収となっていた。二〇〇五年に中国駐在員となり、一〇年には、従業員は当初一〇〇名から七〇〇名に増えていた。この状況は、経営的には好ましいが、思いのほか、財務的には苦しい場面を迎えた。手元資金が足りないのである。収入は、六ヵ月から一年先にしか得られないのに、支払いは毎月やってくる。資金の回収が支出に追いつかない状態となる。当面措置として銀行からの借入金でまかなうが、利子が付き、当時法定金利は六％超の高利であった。為替予約、親子ローン、プーリング等で「資金をつなぎ、効率的運用方法」を、銀行に相談する毎日であった。

### 拠点展開をスピードアップ

さて、儲かっている会社の悩みのひとつに、拠

**表１　アジア発着の海貨は、世界コンテナ流通の約 80%**

（単位：万 TEU）

| | 港湾名 | 国名 | 2012 年 | 2011 年 | 2010 年 | 2009 年 | 2008 年 |
|---|---|---|---|---|---|---|---|
| 1 | 上海 | 中国 | 3253 | 3150 | 2907 | 2500 | 2798 |
| 2 | シンガポール | シンガポール | 3165 | 2993 | 2843 | 2587 | 2992 |
| 3 | 香港 | 中国 | 2312 | 2440 | 2353 | 2098 | 2449 |
| 4 | 深圳 | 中国 | 2294 | 2256 | 2251 | 1825 | 2141 |
| 5 | 釜山（부산） | 韓国 | 1705 | 1618 | 1416 | 1195 | 1345 |
| 6 | 寧波 | 中国 | 1567 | 1468 | 1314 | 1050 | 1123 |
| 7 | 広州 | 中国 | 1474 | 1440 | 1255 | 1119 | 1100 |
| 8 | 青島 | 中国 | 1450 | 1302 | 1201 | 1026 | 1032 |
| 9 | ドバイ | UAE | 1327 | 1300 | 1160 | 1112 | 1183 |
| 10 | 天津 | 中国 | 1230 | 1150 | 1008 | 870 | 850 |

| | 2012 年 |
|---|---|
| 横浜 | 305 |
| 名古屋 | 266 |
| 神戸 | 257 |
| 大阪 | 241 |
| 福岡 | 85 |

TEU：20 フィートコンテナ換算
出典：「コンテナリゼーション・インターナショナル」

点展開がある。私の派遣先の中国の会社は、当初本社一ヵ所に営業所二ヵ所であったが、それから五年後には、本社一ヵ所、支店三ヵ所、営業所一〇ヵ所、小会社一社を有する会社に成長していた。わずか五年の間に、拠点数は三→一五へと五倍の規模拡大である。この展開では、本社一ヵ所にノウハウをすべて集め、それ以外はコピーを作る手法をとった。これなら短い間で展開が可能である。当然マネジメント等主力人材は本社からの派遣である。

今まで、「グローバル物流の最適化のアイテムとマネジメント」を見てきた。次の地域連携のキーワードに切り込むための準備はできた。地域連携のダイナミックな物流事例紹介へと話を進める。

## 3　韓国とのグローバル物流の実践

世界物流（海上コンテナ）の約八〇％の貨物は、アジア発着である。九州には、博多港、門司港をはじめ一三港があり、すべての港が韓国釜山港と接続している。福岡を中心に二〇〇キロの円を描くと世界五位の釜山港があり、一〇〇〇キロの円を描くと世界一位の上海、世界六位の寧波、世界一七位大連等が目に入ってくる。（図3）

また、GDP（中国+韓国+日本）≒GDP（アメリカ）という事実もある。九州・山口の貿易統計をみても、二〇一三年の貿易額の約六〇％は、中国、韓国が占めている。九州、福岡の港の規模は世界的にみて大きくないが、福岡には鉄道、トラック、内航船等の交通の要衝が集積しており、「海外へ、また海外から」のターミナル機能拠点となりえる可能性を十分に備えているのである。

## ワインのグローバル物流

二〇一三年一一月二一日（木）は、ボジョレーヌーボーの解禁日であった。日本人は初物好きで、ワイン通もそうでない人もお祭りのごとくトレンドに乗り遅れまいと行動する。

ボジョレーヌーボーだけに関して言えば、日本の消費量は世界の四六％、約一〇〇〇万本を消費する。物流会社にリリースされるのは、解禁日の約三週間前であり、大量輸送に適した船では間に合わない。当然飛行機輸送となる。しかし飛行機は積載貨物量に限界がある。フランス—日本間の直行便の便数にも限界がある。そこで、二〇一三年の輸送ルートの一例は、フランスから韓国仁川まで飛行機、仁川から釜山まで鉄道、釜山から博多まで船、博多から関東方面へは鉄道というリレーで輸送された。

図３　福岡からの距離

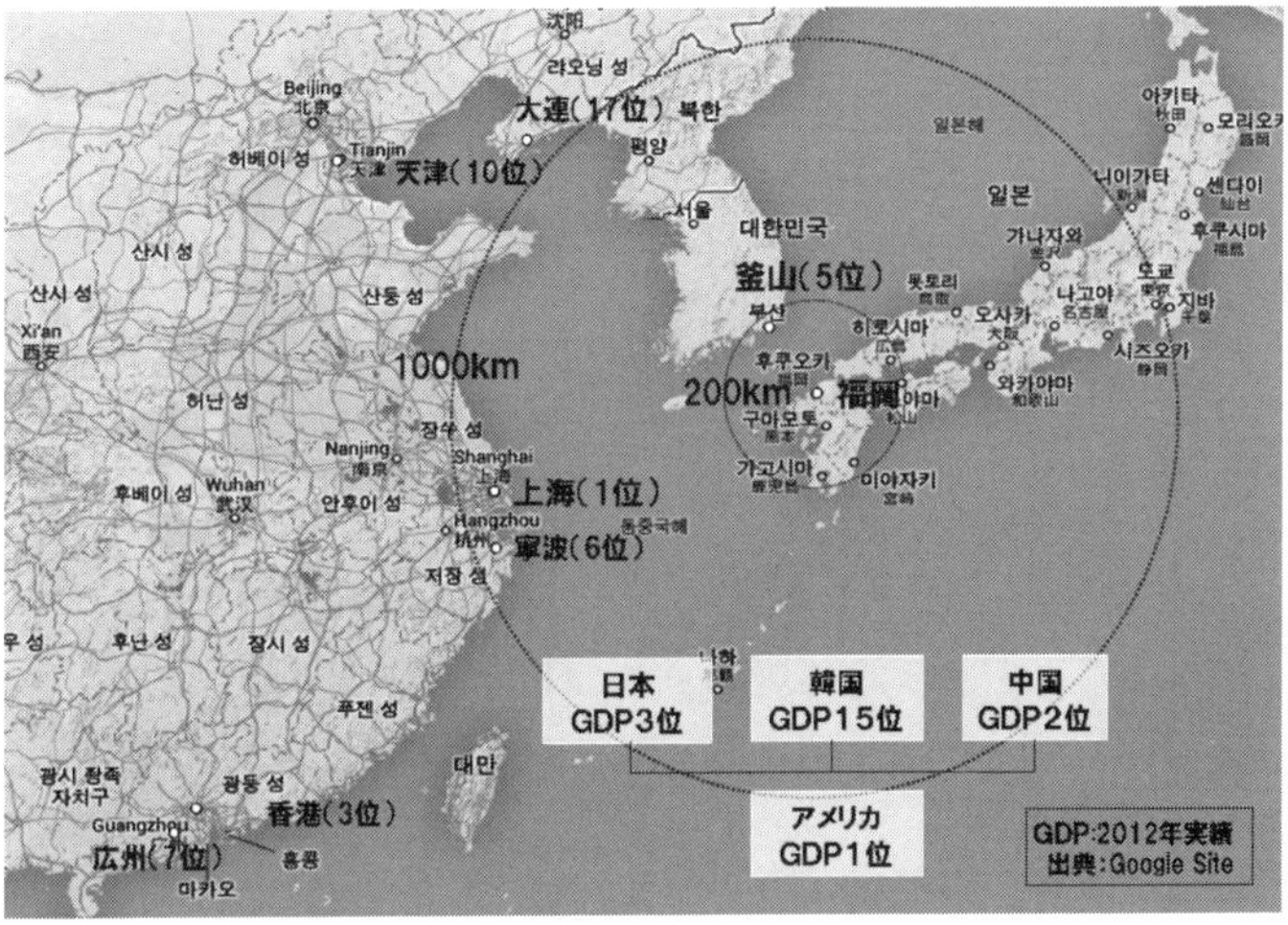

図４　ダブルナンバー車両

## 部品輸送のグローバル物流

二〇一三年七月二六日付け日本海事新聞に、「日韓両国のシャーシの相互通行が開始された」との記事が掲載された。通称Wライセンス車両が解禁されたとの内容である。Wライセンス車両は、一台の車両に「日本車両ナンバー」と「韓国の車両ナンバー」の二つをつけて、運用される車両である。（図４）

顧客ニーズは、品質を担保したうえでのコスト削減であり、グローバルプレイヤーは、グローバルフィールドで最適をめざし、顧客ニーズに応える必要があると述べた。この顧客のニーズは、「韓国にある三〇社の部品メーカーから部品を調達したい」「今まで納品リードタイムは四〇日かかっていたが、六日間に短縮したい」との内容である。これを実現するための仕掛けを紹介する。

仕掛け①　毎日運航フェリー
釜山から博多にはカメリアライン、釜山から下関には関釜フェリーが毎日運航している。カメリアラインは釜山二〇時出港、博多七時三〇分入港、関釜フェリーは釜山一九時出港、下関八時入港である。釜山側では、出港四時間前までにコンテナヤード（荷物搬入場所）にコンテナを搬入すれば、通関、船積みできる。通常は、二四時間以上前に搬入することが求められる。

仕掛け②　商流（オーダー）
日本メーカー発注→物流会社→韓国部品メーカー受注と、物流のタイムテーブルにのせて「もの」は動く。

仕掛け③　物流会社集荷（ミルクラン）
物流会社は、集荷時はミルクラン方式（複数集荷先巡回）をとる。これは車両の積載効率を上げるためであり、事前に集荷ルートを計画、調整し、時間とルートを設定する。ミルクラン方式の場合のルールは、発注オーダーどおりのものが、指定の場所、指定の時間に準備されていることである。

仕掛け④　物流会社集約拠点
集荷されたものは、物流会社集約拠点に集約される。集約拠点には、各ルートで集約されたものが時間どおり集約される必要がある。集約後の後工程は、海上コンテナへバンニング（積み込み）し、海上コンテナをコンテナヤードまでドレージ（運送）する。

また、輸出関連書類作成が必要となるので、集約された「もの」のバーコードを、入庫確認→出庫準備→バンニングの各過程でスキャンし、スキャンしたデータをもとにシステムで書類作成がなされる。さらに、海上コンテナへバンニングされる「もの」は卸す順番を考慮され積みつけられる。この集約拠点では、スキャンしたデータを金流（ファイナンス）にもつなげていく。つまり、入庫すれば買いを建て、出庫すれば売りを建てるルールを設定すれば、その時点のデータを金流につなげるのである。

仕掛け⑤　納入遵守率（KPI管理）

納入遵守率とは、当初計画していた入庫予定数量に対して、実績数量を数値化したものである。式は、実績数量÷入庫予定数量×一〇〇となるが、これは一〇〇がベストである。KPI担当者は、数値に異常がないように管理し、日に一回進捗管理ミーティングを実施し検証する。ここで、一〇〇でない場合、暫定措置が打ち合わせされ、恒久措置は別途打ち合わせされる。

仕掛け⑥　四時間前にコンテナヤード搬入

四時間前までにコンテナヤードに搬入された海上コンテナは、船が出航するまでの四時間の間に、コンテナヤード搬入→通関（税関検査）→船会社手続き→船積みの工程が実施される。

仕掛け⑦　韓国側釜山での税関手続き
短時間で輸出許可をもらうためには実質、税関検査を受ける時間がない。事前に当該貨物についての特徴等を韓国釜山税関へ説明をし、税関検査なしで、輸出許可をもらうスキームを構築している。

仕掛け⑧　船積み作業
船積み作業は、RORO（ROLL−ON／ROLL−OFF）荷役である。コンテナをクレーンで吊り上げる荷役でなく、ヘッドと呼ばれるトラクターで船内へ入れる荷役であり、時間短縮が図れる。（図5）

図5　RORO荷役

仕掛け⑨　日本側博多、下関での税関手続き
貿易の最難関は輸入手続きである。ここでは通称、洋上通関手続きを実施する。つまり、釜山を出港し、博多に船が入港するまでに、博多税関に申告し、輸入許可を受ける制度である。下関でも、これに近い制度で輸入許可を受けている。（図6）

仕掛け⑩　Wライセンス車両活用

図６　輸入取引申請

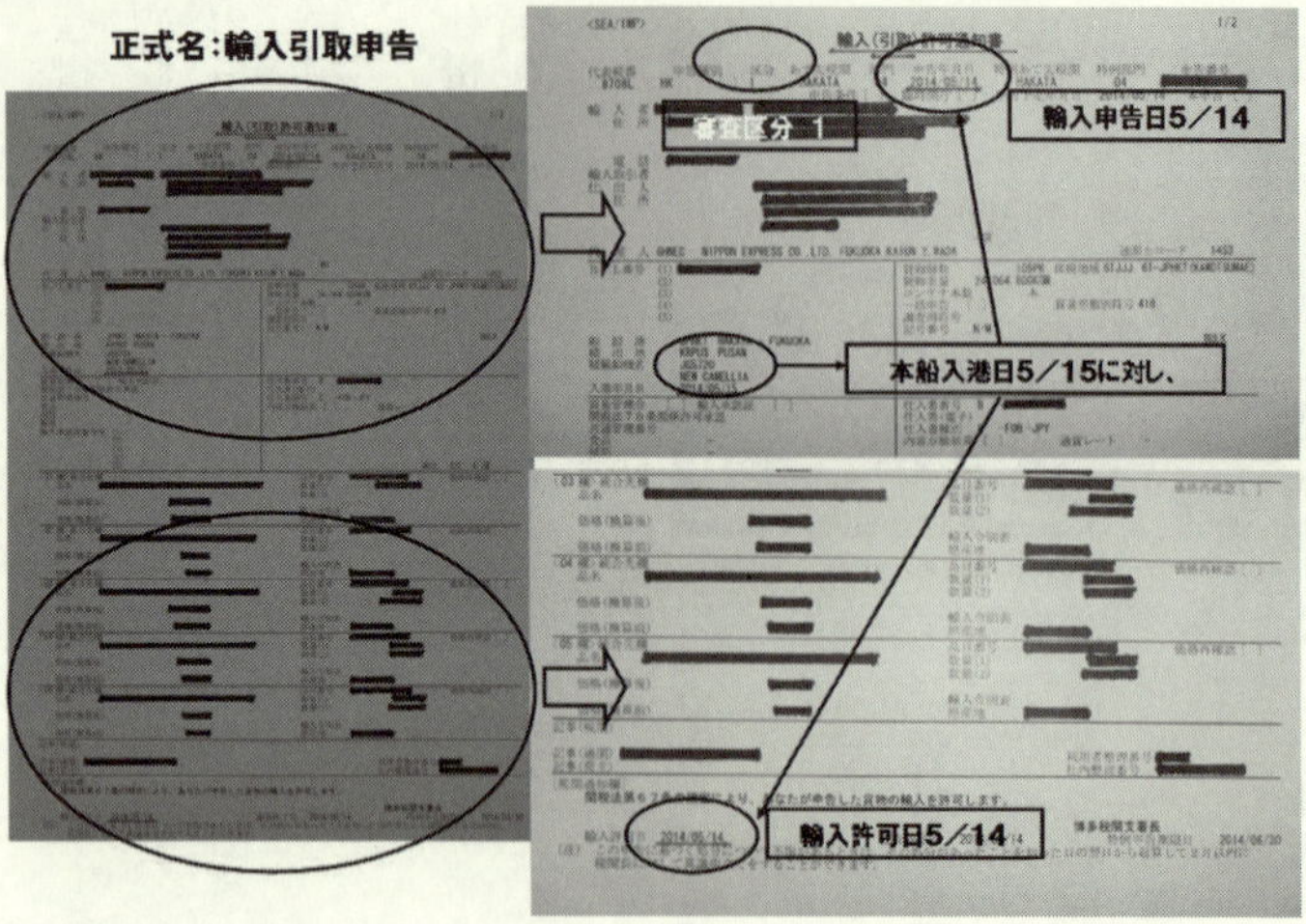


Wライセンス車両は、すぐに日本国内を走り出す。通常は、日本ナンバーの車両に積み替えられるが、Wライセンス車両なら、日本でも、韓国でも走れるナンバーをもっている。

仕掛け⑪　サイドオープンコンテナ

Wライセンス車両は、コンテナが左右扉、後方扉が開く構造となっている。サイドオープンコンテナである。

通常の海上コンテナは後方扉のみであり、Wライセンス車両は、フォークリフトで貨物を卸すとき、どの場所でも簡単に卸せる。（図７）

私は、グローバル物流は既存の物流とはまったく異なる領域であると思っている。物流という言葉を使うので混同されるが、物流のみでなく、グローバル最適化をめざしている領域である。

## 4　変化していくアジア

### アジアのターミナル機能を担える九州

福岡は、今後生き残れるのだろうかと考えることがある。「人」「もの」の往来が活発な都市だけが、これまでに生き残ってきた。アジアを見渡せば、中国の大連港は、二〇一三年度八〇〇万TEU（二〇フィートコンテナ換算）、世界一七位の港である。この港は、世界五位以上になる準備をしている。（図8）

・北面を開発中（完成すれば一六〇〇万TEU規模、釜山と同じ規模感）

・北限の不凍港の地理的特徴

・港湾荷役作業は無人化導入によりコスト削減

規模感、地理的特徴はもちろんであるが、港湾荷役作業の無人化導入には驚かされる。労働人口の多い中国の港で、すでに省力化し国際競争力を高める準備をしているのである。

また、平均年齢が二七～二八歳といわれる若い国ベトナムでは、裾野産業を自国で育成し、国を活性化させようとしている。

たとえば、自動車メーカーには部品を供給する自動車部品メー

**図7　サイドオープンコンテナ**

図8　大連港

カーが存在する。自動車メーカー自身を、すぐに自国で育成することは難しいので、自動車部品メーカーを自国で育成し、産業の活性化とその継続化をめざしている。

アジアのさまざまな国、地域が「価値」をつくりだそうと知恵を絞っている。経営資源が豊富で、先進国の最先端技術を取り入れやすいアジア、そのアジアが活発化している今、ゲートウェー（ネットワーク間を接続する中継システム）として優位性を秘めている福岡には大きなチャンスがある。どの拠点とつながればよいかを見極め、九州がアジアのターミナル機能を担えるチャンスを掴みたい。

九州は、日本の一次産品の約二〇％を産出している地域である。現在は、日本国内供給が主力であるが、一次産品輸出入を含めて、この分野で、福岡とアジアをつなぐ、グローバル物流のゲートウエーの役割を担えるかもしれない。日本が、九州が、福岡が今後生き残るためには、「全体最適」を常に考え

図９　日本通運でのインターンシップ（前に立って議論を導く筆者）

る必要がある。そして、その重要なアイテムとして、「日本、九州、福岡」にはない、アジアの力を取り込むことが必ず必要となる。

## 「出てこい、世界人」

アジア太平洋カレッジの「インターンシップ受け入れ」および同カレッジの「報告会」について、さいごに述べておきたい。二〇一四年八月、九州大学、鹿児島大学、延世大学、釜山大学の四チームの受け入れをした（図９）。事前課題について悩んだが、思い切って、「全体最適物流のためのアイテムは何か」と本題に切り込んでみた。受講される学生が、きっと近いうちにこの問題を真剣に考えなければならない時がくると思ったからである。

グローバルのフィールドは、知恵のフィールドである。グローバルフィールドで戦う以上は、まず自分自身を固定観念から解放する必要がある。グローバルフィールドに入れば、言葉が通じない、物流は専門でない、商流、金流と言われてもよくわからないとの言い訳は通用しない。「全体最適」へベクトルが合っていれば、その行動、その考えは是であり、ぶれないという姿勢になる。さらに、「全体最適」を実現するためには、地球上に存在している、さまざまな価値を知り、それをつなぎ合わせる努力が必要である。私が記載したのは、ごく一部の内容であるが、グローバル物流は、既存の物流とは全く異なる領域であるとご理解いただけたと思う。

学生の発表は、固定観念に縛られていない、自由な発想であった。各チームからの発表は、模造紙に全体像を描き、それを肉付けした補助資料、そしてその発表は、新たな価値を生み出すという自信に満ちた言葉で締めくくられていた。正直、期待以上であり、驚いた。未知の分野である「物流」へ思い切って切り込んできた。

そして、アジア太平洋カレッジ報告会にも参加したが、「目の輝き」と「自信に満ちた語り口」が印象的であった。「自分の未来を準備している」「世界で活躍するための準備」「新しい一歩を踏み出した」等々、言葉の限界を超えて、心に直接訴えかける発信がなされていた。この取り組みの中から、グローバル人材が登場していくことを祈念している。

「出てこい、世界人」

（日本通運株式会社九州営業部［GL企画］部長）

# 現地に行ってみることの大切さ――参加学生から（4）

## 「現場力」で学んでいく私らしい道

田中 美綺

日韓海峡圏カレッジに参加し、私が得たものは「現場力」です。それは、実際に自分で現場に行って、自分の目で見て体験して、物事を考えられる力のことです。また、人が話していることや、テレビや本にある情報をただ受け取る・信じるのではなく、少し疑いながら自分の目線で学び、考える力でもあると思います。

私は将来、アナウンサーになりたいと思っています。日本の政治、経済、スポーツ、地域、芸能、国際関係などに関する、さまざまなニュースを書いたり伝えたりする立場になりたい。「現場力」を大切にして、自分の理解したこと・伝えたいことを話せるアナウンサーになることが目標です。

### 韓国を訪れ、現場力に気づく

私がこのプログラムに入学当初参加したきっかけは、私の血筋が関係しています。私の祖父母は、中国人と日本人のハーフです。私自身は日本生まれの日本育ちで、一度北京を訪れたことがあるだけで、中国についてはほとんど知りません。しかし、私はこのことを他の人とは違う一つのアイデンティティだと思い、誇りにしています。一方で、反日、嫌韓、反中、そういう考え、行動を見るととても悲しくなります。そう考えていたことから、このプログラムへの参加を決意しました。

そして、実際に韓国へ二度訪れ、歴史や、日韓関係について学びました。日本にいるときに周囲の人から感じた「韓国は怖い。危険な国だ」などの偏見は、間違っていると、気づきました。韓国人の中にはそういう人もいるというだけのことです。この体験から私は、今後の人生で、できるだけ実際に現場に行き、自分の目で見て、物事を考えなければならないと感じました。

一年生の夏休みに参加した「キャンパス韓国 in 釜山」

では、それぞれ一週間、福岡と釜山で、釜山大生五人と九大生五人で一グループになり、国際交流をしました。二週間釜山大生と一緒に過ごし、とても温かく、今でも覚えているうれしいことがあります。それは、釜山大生から「おもてなし」の心をいただいたことです。釜山大生の五人のうち、三人は日本語を話すことができたのですが、残りの二人は英語での意思疎通をしていました。英語で意思疎通ができない時は、通訳してもらったり、また、韓国の街路を歩くときに手をつないでそばで見守るように誘導してくれたり、とても親切でした。

こうして私は、現場力が、人と人の関係を良くし、国と国の関係を良くするかもしれないと気づきました。

そして、もっと韓国について知りたいと思った私は、冬の「キャンパス韓国inソウル」への参加を決意し、九大生一〇名の仲間とソウルで六日間過ごしました。さまざまな活動の中で私が一番印象的だったのは、延世大学生との交流です。午前中に、事前に班で準備していた英語でのプレゼンテーションをし、そして、それに関して延世大学の生徒一〇人とディスカッションを行いました。目的は、日本の地域活性化への取り組みを延世大学の学生に伝え、自国の取り組みを伺って、関心を高めてもらうことでした。

私たちがプレゼンテーションの中で強調したことは三つです。①外部とのつながりを生かした対策をすること。たとえば、対馬の観光産業や、釜山と福岡の自動車産業などです。②その土地オリジナルの特徴、長所を生かすこと。福岡と韓国は距離が近いことや対馬と韓国の歴史的な良きつながりなどです。③人を招くために「おもてなし」の精神を持って対策を行うこと。地域活性化に向けた日本の取り組みについて、延世大学の学生たちがどう反応してくれるかが、楽しみでした。私たちの発表を聞いた延世大学の学生たちは、韓国は地域活性化の取り組みが活発でないため、日本の事例に驚き、いくつか質問をしてくれて、とても議論が盛り上がりました。共通の課題をお互いに抱えているため、学び合うことが多くあるということに気づきました。

また、私はこのプレゼンテーションの中で、「おもてなし」という言葉を紹介するために、二〇二〇年東京オリンピック開催を決めたときの滝川クリステルさんのスピーチのまねをフランス語でしました。延世大学の学生の中には、振り付けも含めて「おもてなし」という言葉の意味を覚えてくれた人もいました。

このようなプレゼンテーションから始まり、たった一日の交流でしたが、私は延世大学の一人の女の子と、特に親しくなることができました。スミンという名前のその子と私は、慰安婦問題について議論を交わしました。突然ハングルで文字を見せられ、辞書で引き、「慰安婦」の文字を見てどう思うか聞かれ、非常に緊張したのを覚えています。とにかく思いつくことを英語で必死に話しました。「国同士の関係は難しいけど、私個人としては、歴史を気にしすぎず、偏見を持たず、韓国人と一人の人間同士としてよい関係を築いていきたい」と答えたことには自信を持てました。ちゃんと伝わったのか、今でも不安になることはありますが、「日韓関係がもっと良くなればいいね」とその話題を終え、「ありがとう」と言われたのが印象的でした。

帰国した後も、私はずっと国際交流と国際関係の勉強から得た「現場力」を胸に、大学生活を送ってきました。私には、アナウンサーになりたいという夢があり、どんなアナウンサーになりたいかをずっと考えています。最初は、自分のアナウンスを他の人に聞いてもらうのがただ好きなだけでした。しかし、今は周りの事象を知り、理解し、分かりやすく人に伝えることに魅力を感じています。「夢は実現するべきもの、夢は必ず叶う」と思い

やまやコミュニケーションズでのインターンシップ（下も）

発言する筆者（下の写真の右側も）

教育問題についてのディスカッション

ながら、勉強を続けてきました。

そんな私は九州大学で放送研究会というサークルに所属しています。

## 現場力で挑戦していく——「いとしりニュース」制作

ラジオ番組の制作をメインの活動としているサークルで、今年から私は、あるラジオ番組の企画者を務めることになりました。ラジオ番組の企画名は「いとしりニュース」（伊都知りニュース）です。サークル内で「いとしり隊」というグループを作り、現在は九人で活動しています。簡単に言うとアナウンス×トークの番組です。番組内では、福岡のあらゆる知りたい場所、団体、人を取材し、アナウンス原稿を作り、それをニュース風に最初読みます。そして、それについてDJでトークをします。

そこでは、実際に行って話を聞いた取材先の人々の思い、自分たちが伝えたいこと、聞き手の三つを意識しています。「いとしり」＝伊都で知りたい、の気持ちから始まる番組で、「伊都で知り、伊都から発信！　いとしりニュース」を決まり文句にしています。

この番組が出来上がるまでの流れは、「知りたい」→「話を聞きに行く」→「わかる」→「まとめる」→「考える」→「書く」→「話す」です。ここでも、「現場力」の考え方がマッチします。私は、「現場力」のおかげで、〝放送〟に関するこだわりが生まれ、考え方も深まったように思います。放送の分野の中でも〝アナウンス〟を専門とし、人に話を聞き原稿を書き話すことをずっとしてきました。実際に現場に行って得られるものの大切さ、その上で物事をしっかり理解し話すことのむずかしさを、カレッジプログラムで学びました。だからこそ、この番組では、話を聞きに行き、「わかる」「考える」「話す」ことを丁寧にしていきたいと、現場力の観点から「いとしり」隊のメンバーと話しています。また、「聞き手を意識して話す」ということがアナウンスの分野では大事です。ただ綺麗に読むのがアナウンス、放送のニュースだと考えられがちですが、そうではありません。より多くの人にわかりやすく伝えるためのツールがアナウンスというテクニックです。

番組はインターネット配信をしていて、「いとしりニュース」で検索すると聞くことができます。今年の春が一番最初の収録で、今準備を進めています。現場力を土台に学んでいく姿勢を忘れず、さまざまなことに挑戦しつつ、自分の思いが詰まったラジオ番組制作を精一杯がんばっていこうと思います。

（九州大学教育学部三年）

# 気づきから生まれた一歩

四元みなみ

私が韓国に興味を持った理由は、元々、K-Popが好きだったということもありますが、メディアなどの情報からだけでなく、本当の韓国を肌で感じ、自分なりに韓国について考えてみたかったからです。このプログラムへの参加を通して、マイナスイメージは無くなり、もっと韓国のことが好きになりました。将来韓国と日本をつなぐために自分に何かできないかと考えるようになりました。私は自分と向き合うようになり、多くのことに気づきました。それらは、一歩を踏み出すきっかけを私に与えてくれました。その一つひとつは、これから自分が準備すべきこと、力を入れて取り組むべきことです。

## 自分と向き合うきっかけ

まず、自分の積極性の無さや英語力の低さです。今まで自身の考えを自らみんなの前ではっきり述べたり、英語で普通に会話したりすることはほとんどありませんでした。何かしたいと思っても、いつもあと一歩が踏み出せずにいて、そのような行為が怖くて、避けていたように思います。

プログラムの中では、英語での講義やフィールドワーク、韓国の学生との英語でのプレゼンテーション、インターンシップなどを体験しました。英語での講義は初めてで、英語を聞き取り頭の中で訳すことで精一杯だったのが正直なところです。内容を理解することに時間がかかり、そのことについて考えを深め、自分の意見や考えを持ち表現するところまでまだできませんでした。

そんな私の隣で、韓国の学生は講義の中で重要だと感じた部分を自分なりに英語と韓国語を織り交ぜてノートにまとめ、最後のディスカッションでは活発に講師の方と意見を交わし、終了後も何人もの韓国人学生が講師のもとに行き意見を交わしていました。その様子を見て、彼ら彼女らの積極性と英語力の高さに驚き、生きてきた年数はほぼ同じなのにこんなにも違うのかと自分との差を感じ、とても刺激を受けました。

フィールドワークでは韓国の食文化や歴史を肌で感じることができましたが、その際にも自分の英語力の低さのあまり、洋服やおいしそうな食べ物を見た感想など自分の気持ちをうまく伝えられなかったことがとても悔しかったとともに、相手に申し訳ない思いでいっぱいでした。どうにかして意思疎通をするために、片言の英語や表情、ジェスチャーで思いを伝えました。この経験によって、英語を自らもっと上手く話せるようになりたいと思いました。

また、フィールドワークや文化体験での韓国料理作りなどを通して韓国の文化にとても興味を持ち、もっと韓国について知りたくなりました。具体的には、交通機関の地下鉄やバスがとても発達していること、バスの運転ぶりが日本よりも激しいこと、道にごみが多いこと、韓国の商売人の方は日本語がとても上手だということ、韓国の大学は敷地が広大なため山地に作られることが多いことなど、実際にその土地に行かないと感じられないことが他にもたくさんあり、ほんとうに楽しく貴重な体験ができたことがそのきっかけだと思います。

そして自分自身少し驚いたことがあります。それは、意外にも自分の国である日本のことについてあまり知らないということです。今まで、日本にいるから大体のことは分かっているつもりでしたが、実際に交流の中で、韓国の学生から日本のいろいろなことについて聞かれた時に、答えられないことが多々ありました。その時に、自分がこんなにも自分の国のことを分かっていないということに気づきました。このことから、今は、日本のこと、せめて鹿児島のことは最低限知っているべきだと感じ、そのことについても意識しながら生活しています。こうして私は初めて日本を出たことで、日本を客観的に見ることができ、日本の新たな発見に繋がることを学びました。

## 日韓をつなぐ者として

日韓関係は現在、良好と言える状況ではありません。実際に、私の友達が韓国の学生から「日本は嫌いだ」と言われましたが、その後に「でも、あなたのことは好きだよ」とも言われたと聞きました。また私自身、韓国の学生と友達になることができ、その子たちと別れる時は大号泣でした。本当に別れたくない、これからもずっと仲良くしていきたいと思いました。

韓国に行く前は、韓国のことを知る手段はメディアからの情報が多くを占めていたので、韓国人は日本人のことを嫌いなんじゃないかと思っていました。だから、最初は韓国に行くのが少し怖かったのですが、韓国でのさまざまな経験から、「個人対個人」として関わることで、両国の関係は少しでも良好になるのではないかと考えています。

今までは、漠然と異文化に触れたい、異文化理解を深めたい、国際的なことがしたいと思っていました。しかし、今は、将来韓国と日本を繋ぐお仕事をしたいと思っています。日本（福岡）で参加したインターンシップで私は、住友商事九州で「東アジアを繋ぐビジネスプラン」というテーマで鹿児島大学の学友とともにプレゼンさせていただきました。社長さんや多くの社員の前でのプレゼンは初めてで緊張しましたが、とても貴重な経験となり、他大学のプレゼンや、実際に世界を舞台に働いている企業お方々からのお話を通して、東アジア全体を対象に、日本と韓国を繋ぐビジネスチャンスが多くあることを学びました。そのことから、日本と韓国がビジネスにおいて協力し、互いに支え合いながら発展していけるのではと感じ、自分もその現場で働きたいと強く思うようになりました。

住友商事九州でのインターンシップ

鹿児島フィールドワーク（尚古集成館）

韓国料理づくり（左から２人目が筆者）

**新たな一歩を踏み出すために**

そのために今何をすべきか、ということを考えはじめました。このプログラムに参加して積極的に学ぶ姿勢や自分の考えをしっかり持ち、表現すること、語学の大切さ、国境を越えた友情など多くのことを得ることができました。今後はこの経験を基に、自分の目標を見失わずに、さらにいろいろなことに挑戦していくことで、良い方向に変化しながら成長していきたいと思っています。

そのため、具体的には韓国語はもちろんのこと英語も使えなければなりません。まず、大学にいる韓国人やエジプト人、パキスタン人などいろいろな国の留学生と交流することで、韓国語や英語を少しでも話せるようになったり、異文化について知ることで日本をより客観的に見られるようになればと思っています。

メディアの情報に対する見方も以前より批判的な視点も持つことができるようになりました。また将来の留学も考えて、ハングル能力検定の受験勉強もしています。

外国人との交流においては、相手の言っていることが理解できず、うまくコミュニケーションを取れないことが多くあり、歯がゆい思いをしました。他方で、初めて日本語以外の言語でコミュニケーションできたときの喜びは忘れられません。語学の勉強がきつい時もありますが、韓国での経験を思い出しながら、目標に向かって頑張っています。

最近、帰宅途中の電車の中で韓国人の方と隣り合わせました。韓国の高校で日本語とドイツ語を教えていらっしゃる先生で、日本に観光でいらしたそうです。韓国人の方はとても親切で大好きなこと、韓国での研修での体験やそこから感じたこと、日本と韓国の英語教育の違い、日韓関係についてなど、いろいろな話をしました。するとその方は、「私が今まで出会ってきた日本人は皆とても親切で、私は日本が大好きです。現在、日韓関係はあまり良くないですが、このように心と心を通わせることができるので、将来日本と韓国はもっと心と心が通い合う関係になっていくと思いますよ。この出会いにも感謝しています。またいつかお会いできるといいですね」とおっしゃっていました。私は日本人としてとても嬉しく思い、心と心が通い合う日韓関係になっていくことを願うと同時に、そうなっていくために自分にできることは何かを考えて、身近なところから行動していきたい。

最後に、多くのことに気づかされ、自分が変わるきっかけを作っていただけたことに感謝しています。後輩たちもぜひこのような機会をうまく活用してほしいと思います。

（鹿児島大学人文学科二年）

# 第三部
# 日韓コラボレーションと人材育成

日韓混合グループディスカッション

# 5　日韓学生交流から知る「互いのイイところ」

岩渕秀樹

## 1　日韓学生交流に携わった経験から

筆者は、「アジア太平洋カレッジ」の前身である「日韓海峡圏カレッジ」において日韓学生によるグループ討議「日韓教育比較」を担当したことがある。ここでは、その経験に基づきつつ、日韓の人材育成について論じたい。

日韓海峡圏カレッジに筆者が関わることとなったのは、ソウルの在韓国日本大使館で書記官として勤務した経験のためである。ソウル駐在の中で、韓国から学ぶべきものは多数見出されたが、特に日本が見習う価値が高いと感じたのが、韓国の若者の勤勉さやグローバル指向の強さであった。このことに関しては『韓国のグローバル人材育成力』（岩渕二〇一三a）を著したことがあり、本論はその内容をも踏まえたものとなっている。

筆者は、デンマークの大学院で修士学位を取得したが、日韓海峡圏カレッジのような日韓学生交流等を考える際には、欧州の事例は参考になろう。よく知られるように、欧州では「エラスムス」など国境を越えた学位相互認定の仕組みが整備されており、北欧の片田舎にある私の留学先の大学にも、欧州各国の学生が一学期間、一年間程度の交換留学で多数集っていた。

デンマークは、EU（欧州連合）加盟国であると同時に、北欧の一角としてのアイデンティティも強く、他の北欧諸国との交流は、地理的、言語的な近接性もあり特に活発だ。デンマークのコペンハーゲン首都圏と、スウェーデン南部のスコーネ地域は、エアスン（Øresund）海峡を挟んで隣接しており、数百年にわたる紛争の歴史もあるが、現在ではメディコンバレーという医療イノベーションクラスターを形成するとともに、エアスン海峡圏の両国大学間の交流を促進するためエアスン大学というコンソーシアムを形成するなど、活発な交流を行っている（岩渕二〇〇五）。

九州大学と釜山大学との共同サマースクールである日韓海峡圏カレッジは、いま紹介したような欧州の取組みと重なる面が大きい。東アジアにおける地域間交流に関する先駆的な事例として注目すべきと考えられる。

## 参加した日韓の学生の声

筆者は、日韓海峡圏カレッジにおいて日韓学生によるグループ討議「日韓教育比較」の時間を担当した。日韓約五名ずつによる混成学生チームを構成、グループ内で討議を行い、討議結果を参加者全体に報告する形だ。日韓両国の教育システムを比較し、共通点や相違点を抽出し、相違点の背景を探ろうという設定である。討議での使用言語は英語。この討議を司会者として眺めていると、討議の過程自体からも日韓の人材の特徴を感じることができた。

討議に参加した学生に感想を事後的に聞くと、日韓双方から異なる声が聞かれた。
まず、日本人学生の声。予想通りというか、英語力に関する感想が多かった。韓国人学生の英語力水準の高さに驚いた、討議では語学力の問題もあり韓国人学生についていくのに苦労した、これを刺激に自分も学生のうちに英語学習を本格的に進めようと思った、などの声が聞かれた。参加した日本人学生は、名門・九州大学の学生であり、しかも夏休みの二週間を費やしてサマースクールに参加した極めて意欲的な学生である。それでも韓国人学生に対してこのような感想を持ったというのは興味深い。

その他、日本人学生から聞かれたのが、韓国人学生は討議慣れ、プレゼンテーション慣れをしているという印象である。この点でも刺激になったというのだ。韓国人学生に話を聞くと、高校時代に討議、プレゼンテーションの授業があり、将来、就職活動の際にこうしたスキルが不可欠なので大切だと思って取り組んできたが、その経験が役立ったとのこと。

では、韓国人学生の声はどうか。これは、日本人学生の感想とは全く異なる意外なものであった。「日本人学生がうらやましい」という声が聞かれたのだ。何がうらやましいのかと言えば、狭い意味での勉学に費やす時間が長い韓国と異なり、日本人学生がより多様な経験をしていること、また多様な経験をすることが社会から歓迎される雰囲気が感じられること、などである。討議時間に日本人学生が高校時代の自身の部活動の話などをすると、釜山の学生からは、アメリカのテレビドラマのようなハイスクールライフがお隣の九州で現実に起こっているなんて、という声も聞かれた（若干の誇張もあるだろうが）。韓国の高校では、自習という名目で学校に午後一〇時頃までこもって勉強する光景がよく見られるが、それとはまるで異なる日本の状況に驚いたというわけだ。

### 日韓学生間の討議を聞きながら

討議を通じて、学生同士も多くの発見をするわけだが、討議の司会者である筆者の立場からも発見は多かった。筆者の印象も記しておきたい。

まず、英語力については、学生自身が感じていた通り、韓国人学生の方がやはり一歩上手かなという印象である。しかし、多くの日本人学生が、その点に明確に問題意識を感じ、今後の大学生活での課題と認識していた点は素晴らしい。欧米の学生より英語力が劣っていてもさほど刺激を受けないだろうが、韓国人学生の英語力からの刺激は大きいはずだ。こうした刺激が日韓学生交流の真骨頂と言えよう。

語学力について補足すると、韓国の高校では第二外国語を履修する関係もあり、韓国人学生の中には日本語を多少話す者もいた。数名の韓国人学生は完全に日本語で討議可能な水準にまで達していた。討議を見ていると、日本語を多少でも理解できる韓国人学生がいる組は、英語での討議が滞った際に日本語を交えることで、円滑に討議を進めることができていた。日本人学生の中にも韓国語を多少話せる者がいれば、さらに意思疎通は向上すると思われた。

語学力以外の面では、韓国人学生の「積極性」が印象に残る。日韓混成で構成する一〇組での討議を行い、その討議結果を全員の前で報告する場面があった。組ごとの報告順はじゃんけんで決めることにし、じゃんけんをするため、各組から代表者一名が前に出るよう促した。すると、驚くことに、一〇組すべてから韓国人学生が代表者として名乗り出たのだ。代表者の役割はじゃんけんだけであり、このことは、語学力の差ではなく、積極性の差を表していると感じられた。

「じゃんけん」の後、各組からの討議結果報告を行った。この報告者も全員韓国人学生になっては良くないと思い、報告者は日韓一名ずつの二名とするよう指示した。すると、日本人学生も健闘し、韓国人学生と肩を並べて、英語で明快な報告に努める姿を見ることができた。語学力、積極性などに多少の差異は確かにあろうが、その差異は決定的ではないのだろう。

「日韓教育比較」に関する討議結果報告では、学生から次のような話を聞けた。韓国との比較で見た日本の教育システムの特徴としては、学生時代は狭い意味での学業に閉ざされない多様な経験が重視され、サークル活動、アルバイトなども推奨される雰囲気であり、就職の際にも学業成績が問われることはほとんどない、したがって学業に取り組む動機が乏しいことなどが挙げられた。逆に、韓国の特徴としては、就職に当たって「スペック」（企業が学生に必ず達成するよう求める技能水準を、機械等の部品性能を示す specification にならって呼び表す韓国の表現）として学業成績（ＧＰＡスコア）、語学力（ＴＯＥＩＣスコア）が求められることから学生を学業に集中させる反面、多様な経験をする余裕を学生に与えていない、といった点が挙げられた。

ここで紹介した学生の感想は、一般化できるものであろうか。次節では統計データに基づき日韓の人材の特徴を分析してみたい。結論を先に述べると、学生の感想は、統計データの語る日韓の人材の特徴と重なる点が多く、核心を突いているように思われる。学生交流から得る経験は大きいと言えよう。

## 2　日韓の人材育成の特徴

### 語学力や留学指向について

日本人の内向き志向についての調査研究は最近多く、例えば太田（二〇一四）は日中韓の語学力比較を含め、日本人の国際指向について詳細な分析を試みている。筆者も、日韓の人材等の比較に関して発表してきたが（岩渕二〇一三a、岩渕二〇一三b、岩渕二〇一五a、岩渕二〇一五b、林・岩渕・岡山二〇一二）、そこで紹介した統計データのうち英語力や留学指向に関するものを幾つか示したい。

まず、日韓学生交流でも日韓間の差異として真っ先に認識された英語力に関するデータを見てみたい（図1）。TOEFLスコアに関する日韓比較によれば、日韓ともに英語力では世界では低い水準にあるが、最近二〇年間で韓国人の英語力は急速に向上してきており、日本人と比べると二割程度高いスコアに達していることが分かる。日韓学生交流の中で学生たちが感じた印象と一致するデータと言える。韓国では一九九七年のIMF経済危機（大幅なマイナス成長となり、大規模なリストラが行われた）以降、韓

図1　日韓を母国とするTOEFL受験者の平均スコア（1994-2013年）

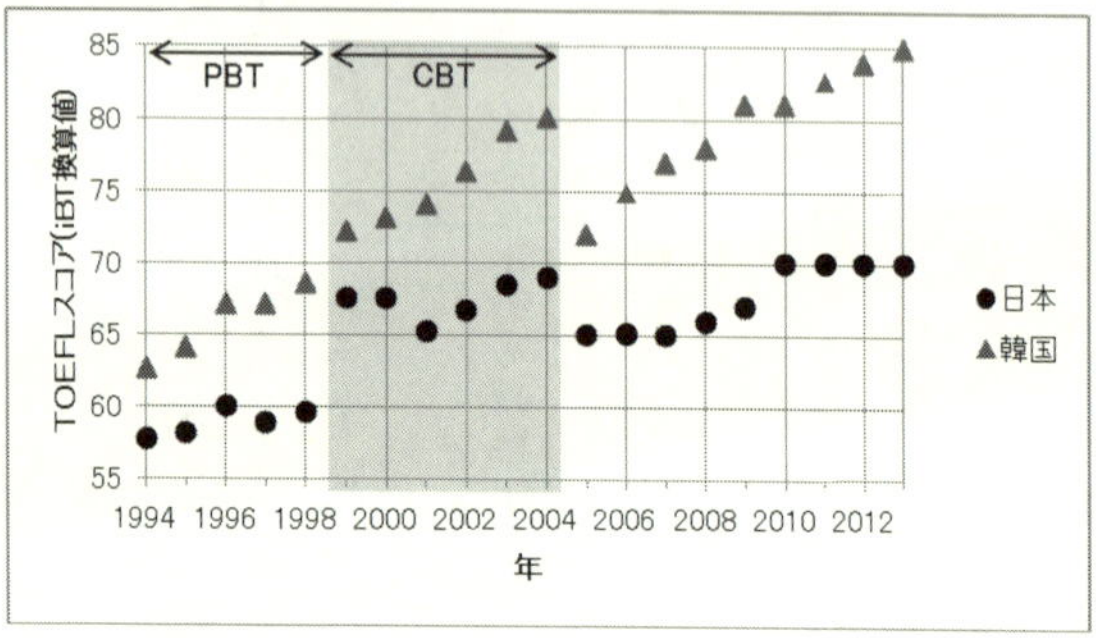


注：1998年以前はPBT、1999－2004年はCBTのスコアをEducational Training Service (2005) に基づきiBTスコアに換算した。
出典：岩渕 (2015b) より再掲。原典はEducational Training Service (each year)

国企業がグローバル化を強め、採用時にも英語力を重視するようになったことが、学生の英語力向上に関わりを持つと考えられる（韓国経営者総協会二〇一三、韓国大学新聞二〇一三）。

次に、米国の大学に所属する日韓の学生の比較である（図２、３）。大学院レベルでは元来韓国人留学生数が日本人留学生数よりも多かったが、学部レベルの留学生では、かつては日本人が韓国人を上回っていた。しかし、今世紀に入り日本人の急減と韓国人の急増により、二〇〇〇年代半ばに日韓の留学生数は逆転、今や韓国人留学生が日本人留学生よりも約四倍多い。このデータは日本人学生の「内向き指向」を示すものとして使われることがある（日本経団連二〇一一）。今世紀に入ってからの韓国人留学生の急増は、一九九七年のＩＭＦ経済危機を契機とした韓国の社会・経済のグローバル化と関わるものであろう。

以上のようなデータから、韓国人、特に若い世代の国際

**図２　米国の大学に在籍する日韓両国の学生数（学部生）**

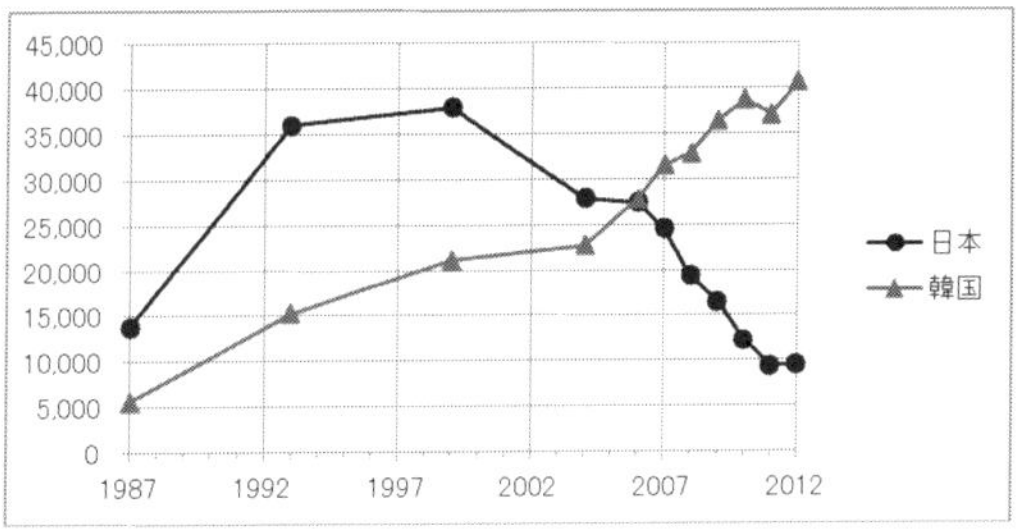


出典：岩渕 (2015b) より再掲。原典は National Science Board (each year)

**図３　米国の大学に在籍する日韓両国の学生数（大学院生）**

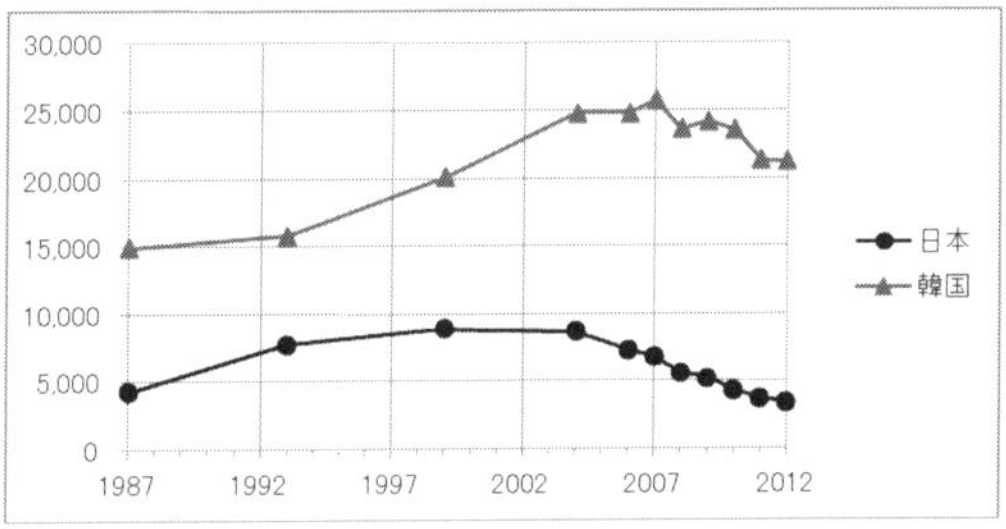


出典：岩渕 (2015b) より再掲。原典は National Science Board (each year)

指向の強さが垣間見えるが、国際指向の強さは若者に限らず韓国社会全体でも観察できる。公開情報（サムスン電子二〇一四）を基に、韓国最大企業サムスン電子の幹部職員のうち韓国人と推定される者約一二〇〇人を調べたところ最終学位を外国で取得した者が二一％もいる。特に、最終学位が修士の場合に限れば三二％が、博士の場合に限れば五一％が、外国の大学で最終学位を取得している。

また、韓国の大学の国際化事情を見てもかなり先進的である（韓国教育開発院二〇一三）。例えば、ソウル大学経済学部の教員で韓国人と推定される者のうち、最終学位を外国の大学で取得した者は九七％を占めており、より国際色の薄い同大学法学部でも六一％に上る（岩渕二〇一五ａ）。国際経験豊富な韓国人教員の多さは、韓国の大学の一つの特徴と言える。このように、韓国社会の中枢部には国際経験の豊富な者が多く、逆に、国際的な経験がないことは韓国社会で成功しようとする際に不利に働くようにも見える。これは韓国の若者に国際指向を持たせる大きな要因の一つであろう。

## 日韓の人材の国際指向：語学力・留学指向を越えて

以上のようなデータで議論していると、英語力がなくても国際的な人材はいる、国内の大学で十分に国際的水準の教育を受けられるのに海外留学をわざわざする必要はないといった原則的批判から、英語力や留学経験のみが国際指向を測る指標ではないという実際的な批判まで、各方面から寄せられる。国際化自体を否定する鎖国主義的見解や、国際化に伴う改革を忌避するための言い訳を別とすれば、傾聴に値する批判である。ただし、英語力や留学経験の他に国際指向を測る適切な指標がないこともまた事実であり、悩ましいところである。以下では、国際指向に関わりそうなデータをいくつか提示しつつ、日韓の人材の国際指向に関する考察をさらに深めたい。

各国の若者の意識を国際比較した調査に、一九七二年以来内閣府（旧総務庁）が継続実施している世界青少年意識調査（現在は「我が国と諸外国の若者の意識に関する調査」）がある。最新の調査結果（内閣府二〇一四）には、「将来、あなたは世界で活躍していると思うか」とする設問があり、これによれば、世界で活躍すると思う若者が、日本（回答者の一四・八％が「思う」と回答）よりも韓国（同三五・九％）で多い。日本の一四・八％という数字は調査対象国で最下位であり、韓国の三五・九％という数字は（米英よりも小さいものの）独仏を上回る水準である（図4）。

また、同調査では、自国民が「国際的な視野」を身に付けているかという設問がある。ここでも、韓国の若者の方が、日本の若者よりも高い比率で「身に付けている」と回答している（日本二四・三％、韓国三四・一％）。

この調査結果も、日韓の若者の国際指向の差異を示すものと言える。

以上は若者を対象とした調査だが、国民全体の価値観を比較した調査としては、世界各国の社会科学者が協力して継続実施している世界価値観調査（World Value Survey）がよく知られる。この中に国際指向の観察に適当な設問は少ないが、移民・外国人労働者、外国語話者に対する寛容さを問う設問がある。これによれば、日本人の方が韓国人よりも寛容な傾向が見られる（図5）。この観点からは日本人の国際性が半歩先を行く。

ところで、一昔前には、むしろ韓国において、国際化のモデルとして日本の事例が報じられていた。例えば、一九七九年一一月八日付けの「京郷新聞」（ソウル）は、主要企業の課長級を対象に実施し

## 図４　世界各国の若者の国際指向

| | 日本 | 韓国 | 米国 | 英国 | ドイツ | フランス | スウェーデン |
|---|---|---|---|---|---|---|---|
| Q８ あなたが 40 歳くらいになったとき，どのようになっていると思いますか。それぞれについて，あてはまるものを１つ選んでください。 | | | | | | | |
| 世界で活躍している | 14.8% | 35.9% | 51.4% | 52.3% | 32.4% | 27.5% | 53.7% |
| Q 32 国際社会の一員としての役割を果たしていくために必要な「国際的な視野」（例えば，自国と他国の文化・歴史・社会を理解し，互いの生活・習慣・価値観などを尊重して，異なる文化の人々とともに生きていくことができる態度や能力）を，自国の国民はどの程度身に付けていると思いますか。 | | | | | | | |
| 身に付けていると思う | 24.3% | 34.1% | 49.3% | 56.5% | 69.6% | 35.9% | 61.0% |

出典：内閣府（2014）

## 図５　移民・外国人労働者、外国語話者に対する寛容さ

| | 日本 | 韓国 | 米国 | ドイツ | スウェーデン |
|---|---|---|---|---|---|
| 次にあげるような人々のうち、あなたが近所に住んでいて欲しくないのはどの人々ですか。 | | | | | |
| 移民や外国人労働者 | 36.3% | 44.2% | 13.6% | 21.4% | 3.5% |
| ふだんから外国語を話す人々 | 19.9% | 33.3% | 12.9% | 13.4% | 3.2% |

出典：The World Values Survey Association (2014)

## 図６　PISA2012 年調査における平均得点の国際比較

| | 数学的リテラシー | | 読解力 | | 科学的リテラシー | |
|---|---|---|---|---|---|---|
| | 国 | 平均点 | 国 | 平均点 | 国 | 平均点 |
| 1 位 | シンガポール | 573 | シンガポール | 542 | シンガポール | 551 |
| 2 位 | 韓国 | 554 | 日本 | 538 | 日本 | 547 |
| 3 位 | 日本 | 536 | 韓国 | 536 | フィンランド | 545 |
| 4 位 | リヒテンシュタイン | 535 | フィンランド | 524 | エストニア | 541 |
| 5 位 | スイス | 531 | アイルランド | 523 | 韓国 | 538 |
| | ドイツ | 514 | ドイツ | 508 | ドイツ | 524 |
| | フランス | 495 | フランス | 505 | 英国 | 514 |
| | 英国 | 494 | 英国 | 499 | フランス | 499 |
| | 米国 | 481 | 米国 | 498 | 米国 | 497 |

注：調査対象には上海、香港などの地域も含まれるため、国連加盟国のみの順位とした。
出典：OECD（2013）

## 図７　日韓の 15 歳生徒の学習実態

| | 日本 | 韓国 |
|---|---|---|
| 週当たり授業時間<数学> | 235 分 | 213 分 |
| 週当たり授業時間<国語> | 205 分 | 204 分 |
| 週当たり授業時間<理科> | 165 分 | 199 分 |
| 授業以外の学習 | | |
| 宿題やその他の課題をする | 95.2% | 90.8% |
| 指導したり手伝ってくれる人と宿題をする | 42.5% | 53.4% |
| 家庭教師がついて勉強をする | 3.5% | 31.0% |
| 塾や予備校などで勉強する | 17.8% | 47.5% |
| 親や家族と勉強する | 16.0% | 17.6% |
| コンピュータを使って復習する | 8.0% | 38.8% |

出典：OECD（2013）

た調査を紹介しており、これによれば、海外勤務・海外出張経験者の比率が、韓国では五三％であるのに対し、日本では七六％に達したという。当時の日本企業は韓国企業よりも国際活動が活発だったわけで、二一世紀の韓国グローバル企業を知るわれわれには隔世の感がある。一方、同調査には、海外駐在員はエリートだと思うかという設問もある。韓国人の三六％がイエスと答えたのに対し、日本では九％のみ。日本人の内向き指向は当時からあまり変わらないのかもしれない。

## 日韓の若者の学習到達度、学習実態

ここからは、国際指向以外の人材の特徴を示す統計データも分析してみる。

世界各国の人材の特徴を比較してまず感じるのは、日韓の間には多少の差異はあるものの、世界の中では似た者同士だということである。例えば、日韓両国の子どもの学習成績はともに世界トップクラスである。一五歳の子どもを対象として継続的に実施されているＯＥＣＤ（経済協力開発機構）による生徒の学習到達度調査（ＰＩＳＡ）の二〇一二年調査によれば、日韓両国が上位を独占している（図６）。

ＰＩＳＡ調査では、テストと同時に、学校内外での学習実態に関する設問調査が行われている。これによれば、日韓間で学校での授業時間数はあまり変わらない。一方、学校外での学習実態には大きな違いがあり、家庭教師がついて勉強をする、塾や予備校などで勉強するという回答率は、韓国で非常に高くなっている（図７）。日韓学生交流の中でも、韓国人学生の勉強熱心さは話題の中心に上っていたが、そのことを裏付けるデータと言えよう。

## 図8　日韓の15歳生徒の学習実態（数学）

| 数学の学習に関する設問調査 | 日本 | 韓国 | 日本－韓国 |
|---|---|---|---|
| 数学の宿題をやるとなると気が重くなる | 55.5% | 31.6% | 23.9% |
| 数学の授業が楽しみである | 33.7% | 21.8% | 11.9% |
| これから数学を学んで仕事に就く時に役立てたい | 53.5% | 50.2% | 3.3% |
| 数学は全く得意ではない | 45.9% | 42.6% | 3.3% |
| 数学では良い成績をとっている | 31.0% | 30.0% | 1.0% |
| 数学を勉強しているのは楽しいからである | 30.8% | 30.7% | 0.1% |
| 将来仕事に役立ちそうだから数学は価値がある | 56.5% | 59.3% | -2.8% |
| 数学の問題をやるとイライラする | 39.5% | 43.5% | -4.0% |
| 数学は得意科目の一つだといつも思う | 29.1% | 33.2% | -4.1% |
| 数学の授業についていけないか心配になる | 70.4% | 76.9% | -6.5% |
| 数学の問題を解くとき手も足も出ない | 34.8% | 42.1% | -7.3% |
| 数学はすぐわかる | 25.9% | 33.8% | -7.9% |
| 数学の授業ではどんな難しい問題でも理解できる | 12.8% | 21.1% | -8.3% |
| 数学で学ぶ内容に興味がある | 37.8% | 47.2% | -9.4% |
| 数学についての本を読むのが好きである | 16.9% | 27.2% | -10.3% |
| 将来の仕事の可能性を広げるから数学は価値あり | 51.6% | 63.1% | -11.5% |
| 自分にとって数学は重要な科目なので | 47.9% | 61.4% | -13.5% |
| 数学でひどい成績をとるのではないか心配になる | 67.0% | 82.1% | -15.1% |

出典：OECD（2013）

また、二〇一二年のPISA調査では、数学に限定して学習実態が詳細に分析されている（図8）。これによれば、学習動機として、「重要な科目なので」「将来の仕事の可能性を広げるから」など、将来の就職・進学を意識した回答が韓国で多く、成績への不安感も日本より韓国が多い。一方、「数学の授業が楽しみである」という回答で日本が韓国をかなり上回っている点も興味深い。

### 「創造性」をめぐって

日韓ともに科学技術力に優れた国であるが、イノベーション創出に人材面がどのように寄与しているのかは興味深い点である。特に、韓国の朴槿恵《パククネ》政権は「創造経済」政策を提唱しており、人材の創造性がその成否を左右するとしている。朴槿恵大統領就任演説（二〇一三年二月二五日）より抜粋する（筆者による仮訳）。

「経済再生のため創造経済と経済民主化を推進しま

す。（中略）創造経済は人間が核心です。今は、一人ひとりの個人が国の価値を高め、経済を生かすという時代です。グローバルに活躍する数多くの韓国の人材が国に貢献できるよう機会を生み出していきます。また、韓国内の人材を創意と熱情にあふれた融合型人材に育成し、未来の韓国の主軸に育てていきます」

人材の創造性を高めることは、韓国に限らず重要な政策的課題である。当然ながら、「創造性」は数値化が難しいわけだが、ＷＩＰＯ（世界知的所有権機関）などの協力でまとめられた"The Global Innovation Index 2014: The Human Factor in Innovation"（Dutta, Lanvin and Wunsch-Vincent, 2014）は、こうした問題意識に応える国際調査である。

総合指標であるGlobal Innovation Indexは、スイスが一位（六四・七八点）、英国が二位（六二・三七点）、スウェーデンが三位（六二・二九点）である。日韓を含む主要国の順位は、米国が六位（六〇・〇九点）、ドイツが一三位（五六・〇二点）、韓国が一六位（五五・二七点）、日本が二一位（五二・四一点）、フランスが二二位（五二・一八点）である。日韓の評価に大差はない。

ところで、この総合指標の算出のため、人材育成の仕組みや、人材をベースとした創造的活動を定量化するためのサブ指標が多数設定されている。このサブ指標を見ると日韓に異なる特徴が見られる（図9）。

日本が韓国よりも相対的に優位な主要指標から浮かび上がる日本の姿は、中等教育段階で政府支出が手厚く、教員当たりの生徒数も少なく維持され、高等教育段階で留学生の流入も多く多様性のあるキャンパスが構築され、エンタメ・メディア・出版等のクリエイティブ産業の経済規模が大きいといったものである。

一方、韓国が日本よりも相対的に優位な主要指標から浮かび上がる韓国の姿は、教育全体への政府支出は大きく、高等教育進学率、理工系比率が高く、クリエイティブサービス（ＩＣＴ関連のサービスなど）が活発で輸出もされている、といったものである。

また、The Economist Intelligence Unit（2014）は、アジア諸国の創造性や生産性を定量化するべくCreative Productivity Indexという指標を設定している。この指標では、日韓両国ともに、アジアの中では創造力のある国と評価されている（日本一位、韓国三位）。この指標において、日韓で相対的な差異はどこにあるだろうか。日本が強いサブ指標としては、企業のダイナミクス（firm dynamics）や金融機関（financial institution）が挙げられている一方、韓国が強いサブ指標としては人材（human capital）が挙げられている。ここで、韓国が強い「人材」と

**図９　Global Innovation Index に見る日韓の人材や創造性の特徴**

| | 日本 | | 韓国 | | 日本÷韓国 |
|---|---|---|---|---|---|
| | 順位 | スコア | 順位 | スコア | スコア比 |
| Global Innovation Index | 21位 | 52.41 | 16位 | 55.27 | 0.95 |
| 日本が優位な指標 | | | | | |
| 生徒一人当たり中等教育政府支出（対一人当たりGDP） | 36位 | 25.3% | 47位 | 23.8% | 1.06 |
| 中等教育における生徒／教員比率 | 37位 | 11.8人 | 66位 | 16.2人 | 0.73 |
| 高等教育段階での留学生（対総学生数） | 42位 | 3.9% | 66位 | 1.8% | 2.17 |
| エンタメ・メディア産業規模（対人口） | 5位 | 2.2% | 20位 | 1.2% | 1.83 |
| 出版産業規模（対GDP） | 29位 | - | 89位 | - | - |
| インターネットドメイン管理数（対人口） | 31位 | 20.3 | 48位 | 10.2 | 1.99 |
| 韓国が優位な指標 | | | | | |
| 政府教育支出（対GDP） | 92位 | 3.8% | 59位 | 5.0% | 0.76 |
| 予想される平均通学年数 | 38位 | 15.3年 | 9位 | 17.0年 | 0.90 |
| 高等教育機関登録学生比率 | 38位 | 59.9% | 1位 | 98.5% | 0.61 |
| 高等教育段階の学生の理工系比率 | 53位 | 20.3% | 11位 | 31.1% | 0.65 |
| 商標国内登録数（対GDP） | 101位 | 5.0 | 23位 | 88.2 | 0.06 |
| ビジネスモデル構築時のICT活用度 | 19位 | 70.7 | 2位 | 78.3 | 0.90 |
| 組織改革時のICT活用度 | 35位 | 61.2 | 14位 | 68.2 | 0.90 |
| 文化・クリエイティブサービスの輸出（対全貿易額） | 87位 | 0.0% | 33位 | 0.3% | - |

出典：Dutta, Lanvin and Wunsch-Vincent（2014）

いうサブ指標は、トップ五〇〇大学の数、平均通学年数、都市人口比率、生産年齢人口、教育の収益率、産学連携、中等教育進学率、高等教育における理工系比率から算出されている。このあたりに韓国の人材の強みがありそうだ。

## 「幸福度」をめぐって

日韓の人材の特徴を調べていると、悲しいことに、日韓ともに、世界的に見て幸福度が高くないというデータが見つかる。

World Happiness Report 2013によれば、幸福度ランキングで日本が世界四三位、韓国が四一位とほぼ同じ。ＯＥＣＤ加盟国の中では低い部類である。韓国保健社会研究院（二〇一三）によれば、韓国の一一―一五歳の「生活の満足度」は調査対象国三〇ヵ国（日本は含まない）の中で最低だという。幸福度算出のために用いられる指標を細かく見ると、日韓間での差異も見られる。日本が相対的に高く評価されているのは、社会的支援（困った時に頼れる人がいるか）、自由度（人生における選択の自由度に満足しているか）、幸せの感情（昨日笑いましたか、などインタビュー前日の感情に関する回答を数値化したもの）などである。一方で、韓国が高く評価されているのは、寄付（過去一か月で寄付したことがあるか）、不正のなさ（世の中で不正が行われていないか）である。

前述の世界価値観調査（ＷＶＳ）にもいくつかのデータがある（図10）。例えば、二〇一四年版ＷＶＳでは、あなたは幸せを感じるかという問いに対して「非常に幸せ」と回答した人の比率は、日本が三二・三％、韓国が一五・二％となっている。このデータでは、日本人の方が幸福度が高いようだ。

同調査では、家庭教育で子どもが学ぶべきことの中で特に大切だと思うものは何かという質問もなされている。日韓間での差異を見ると、例えば、「発想力」「他人に対する寛容さや尊重」などの点が日本で多く回答されている一方、韓国では「勤勉さ」が非常に重視されている。日本人は勤勉という自己イメージがかつてあったが、韓国との関係ではその自己イメージに修正が迫られそうだ。また、勤勉さ以外の要素を教育において重視しているという日本の姿は、日韓学生交流の中で韓国人学生から指摘されていた点と重なる。

## 教育に対する意識とその時間変化

教育に対する意識に関しては、内閣府の「平成二五年度 我が国と諸外国の若者の意識に関する調査」でも日韓比較が可能である（図11）。全般に、韓国の若者は日本の若者と比べると学校に通うことの意義を高く評価している。特に、知識を身に付ける、仕事に必要な技術・能力を身に付ける、学歴・資格を得るといった項目で、韓国の若者は教育の意義を多く認めている。日本の若者が韓国の若者よりも意義を強く見出しているのは、自由な時間を楽しむという点程度である。

同じ調査によれば、韓国の若者の方が自分の将来に明るい希望を持っている一方で、勉強・進学・就職については悩みや心配が多いようだ。

若者の意識を過去の調査結果と比べると、意識の変化を読み取れる（図12）。社会における成功要因に関する意識の変化が韓国で大きい。二〇年前と比べて身分・家柄・親の地位で運命が決まってしまうとの悲観論が韓国の若者に強まっている。教育費の負担が増し、語学学校など私教育依存が強ま

### 図10　幸福度、教育などに関する諸国民の価値観

| | 日本 | 韓国 | 米国 | ドイツ | スウェーデン |
|---|---|---|---|---|---|
| あなたは幸せを感じますか。 | | | | | |
| 非常に幸せ | 32.3% | 15.2% | 36.1% | 23.1% | 40.5% |
| 家庭教育で子どもが学ぶべき点の中で特に大切なものは何ですか。 | | | | | |
| 発想力 | 32.3% | 15.2% | 36.1% | 23.1% | 40.5% |
| 他人に対する寛容さや尊重 | 64.6% | 40.8% | 71.8% | 66.7% | 87.0% |
| 勤勉さ | 35.1% | 64.3% | 66.4% | 17.6% | 13.8% |

出典：The World Values Survey Association（2014）

### 図11　各国の若者の意識（学校に通う意義、将来の希望）

| 単位：% | 日本 | 韓国 | 米国 | 英国 | ドイツ | フランス | スウェーデン |
|---|---|---|---|---|---|---|---|
| 学校に通う意義について | | | | | | | |
| 一般的・基礎的知識を身に付ける | 75.2 | 84.4 | 88.8 | 89.2 | 90.7 | 92.3 | 91.4 |
| 専門的な知識を身に付ける | 64.1 | 74.2 | 85.9 | 85.9 | 90.4 | 90.9 | 82.4 |
| 仕事に必要な技術や能力を身に付ける | 55.5 | 69.8 | 83.5 | 82.8 | 89.7 | 92.5 | 85.9 |
| 学歴や資格を得る | 69.5 | 82.2 | 84.6 | 84.9 | 90.1 | 90.8 | 85.6 |
| 自分の才能を伸ばす | 62.0 | 68.9 | 82.3 | 82.4 | 89.6 | 89.4 | 85.4 |
| 友達との友情をはぐくむ | 75.9 | 74.0 | 74.5 | 78.6 | 81.3 | 83.1 | 75.7 |
| 先生の人柄や生き方から学ぶ | 58.2 | 58.0 | 71.7 | 69.9 | 42.6 | 60.7 | 38.5 |
| 自由な時間を楽しむ | 74.3 | 47.2 | 73.6 | 75.5 | 80.9 | 85.0 | 62.4 |
| 自分の将来について明るい希望を持っているか | | | | | | | |
| 希望がある | 61.6 | 86.4 | 91.1 | 89.8 | 82.4 | 83.3 | 90.8 |
| 次のことに悩みや心配があるか | | | | | | | |
| 勉強のこと | 59.5 | 78.7 | 44.9 | 49.1 | 45.5 | 44.0 | 45.4 |
| 進学のこと | 65.3 | 77.8 | 39.0 | 31.7 | 55.0 | 60.4 | 33.0 |
| 就職のこと | 66.8 | 77.0 | 51.7 | 56.6 | 47.6 | 63.2 | 46.8 |

出典：内閣府（2014）

### 図12　各国の若者の意識の変化（社会での成功要因、学校に通う意義）

| 2013年 | | | | 1995年 | | | |
|---|---|---|---|---|---|---|---|
| 日本 | | 韓国 | | 日本 | | 韓国 | |
| 社会における成功要因 | | | | | | | |
| 努力 | 34.0% | 身分／家柄／親 | 42.6% | 努力 | 74.8% | 才能 | 80.6% |
| 才能 | 25.3% | 努力 | 20.3% | 才能 | 57.4% | 努力 | 68.7% |
| 運 | 17.2% | 才能 | 18.0% | 運 | 38.8% | 身分／家柄／親 | 18.7% |
| 学校に通う意義 | | | | | | | |
| 友情を育む | 75.9% | 一般知識獲得 | 84.4% | 友情を育む | 65.5% | 学歴資格獲得 | 63.9% |
| 一般知識獲得 | 75.2% | 学歴資格獲得 | 82.2% | 専門知識獲得 | 55.6% | 専門知識獲得 | 58.4% |
| 自由な時間 | 74.3% | 専門知識獲得 | 74.2% | 学歴資格獲得 | 51.3% | 才能の伸長 | 51.0% |
| 専門知識獲得 | 64.1% | 友情を育む | 74.0% | 一般知識獲得 | 47.8% | 友情を育む | 42.6% |
| 才能の伸長 | 62.0% | 才能の伸長 | 69.8% | 才能の伸長 | 40.5% | 一般知識獲得 | 40.8% |

出典：内閣府（2014）、総務庁（1995）

ったためなのか、IMF経済危機の結果なのか、気になるところである。

学校に通う意義に関する調査では、日本では「友達との友情を育む」の回答が増えた（二〇年前も高かったが）。また、「自由な時間を楽しむ」の回答も増えた。一方で、韓国では、もともと多かった「知識を身に付ける」、「学歴や資格を得る」といった回答がさらに増えている。二〇年前の日韓の若者の指向の差異がさらに顕著になってきたわけである。

## 3　知ろうよ、互いのイイところ

日本と韓国にはよく似た部分が極めて多い一方で、異なる点も当然存在する。「日韓海峡圏カレッジ」のような日韓学生交流に参加してみて、若者の意識の相違をさまざまに感じることができた。そして、そこで学生たちとともに感じたことは、決してその場限りの印象に止まるものではなかった。前節で示したさまざまな統計データで確認できるような日韓の人材の特徴と、学生たちの印象はかなりの一致を示していた。こうした学生交流が、日韓間の相互理解にとって有効な手法であることを窺わせる結果である。

ところで、日韓間の相互理解ということには、そもそもどのような実利があるのだろうか。日本の立場で述べれば、対韓関係の中で日本を眺め直すことで、欧米との関係で日本を眺めた時には得られない日本が発見できるという点であろう。例えば、欧米との関係で日本を眺めた時に日本人は勤勉であるといったイメージを持つが、韓国との関係で眺めれば、逆に韓国人の姿の中に勤勉さを見出すことができるだろう。新たな「日本の発見」が可能になるわけだ。

浅田真央「キム・ヨナがいたから私は成長することができた。私のモチベーションになっていた」
金《キム》妍児《ヨナ》「ジュニア時代から絶えず比較されてきたし、ライバル意識を持っていた。浅田真央がいなかったら今の私もいなかった」（二〇一三年一二月三日付け『中央日報』日本語版より）

日韓間の相互理解は、日韓間の相互刺激でもある。「日本に追いつけ」という韓国人の想いは、韓国に「漢江《ハンガン》の奇跡」をもたらすうえで大きな役割を果たしただろう。高度成長期の日本の成功モデルを徹底分析するため、一九七〇年代、八〇年代の米国では日本理解のための取り組みが進み、『ジャパン・アズ・ナンバーワン』のような書籍がベストセラーになった。現在の日本の若者は、「失われた二〇年」の中にある日本しか知らない。そうした中、サムスン電子など世界的に躍進する韓国のダイナミズムを感じることは、日本人、特に日本の若者に大いに刺激になるはずだ（岩渕二〇一三b）。

日韓間の相互理解は、日韓外交にも意義があるだろう。国民間の相互理解の増進には、若い世代の交流が有効である。戦後の独仏関係の歴史はそれを物語っている。一九六三年に締結された独仏間のエリゼ条約（Elysée Treaty）では、独仏友好関係の増進のために青少年交流が重視され、国際機関を設けて組織的に交流が促進された（Iwabuchi 2014）。独仏間の大学間交流の促進のためにも、独仏両国政府は Franco-German University（独語略称ＤＦＨ、仏語略称ＵＦＡ）という国際組織を設立し、独仏の大学間をコンソーシアム化し、学生交流を組織的に支援している。こうした成功事例を日韓間でも学ぶ価値は高いだろう。

国際経済学には、交易活動は距離の近い場所同士で起こりやすいという仮説（重力モデル）がある。留学生交流、研究者交流などにもこの仮説はよくあてはまる（岩渕二〇一一）。留学生交流に関する重力モデルは、日韓間、特に距離の近い九州と韓国との間での留学交流の規模には、さらなる拡大の余地があることを示唆している。本論で紹介したカレッジプログラムのような学生交流について、さらなる発展が期待されるところである。サザンオールスターズの歌で締めくくりたい。

「知ろうよ 互いのイイところ‼」（桑田佳祐作詞「ピースとハイライト」より）

（文部科学省基礎研究推進室長）

## 参考文献

岩渕秀樹（二〇〇五）「北欧の科学技術協力」科学技術政策研究所調査資料 No.一一二

——（二〇一一）「重力理論（重力モデル）を用いた日韓研究交流・留学生交流に関する一考察」、『韓国研究センター年報』四三−四八頁、二〇一一

——（二〇一三a）『韓国のグローバル人材育成力——超競争社会の真実』講談社現代新書

——（二〇一三b）「ルック・ウェスト！」現代ビジネス（二〇一三年二月二八日）

――（二〇一五a）「企業の外向き指向を受け自ら変化した韓国の大学」『中央公論』二〇一五年二月号

――（二〇一五b）「グローバル人材に挑む韓国――隣国から教訓を探る」『留学交流』二〇一五年一月号

太田浩（二〇一四）「日本人学生の内向き志向に関する一考察――既存のデータによる国際志向性再考」『留学交流』二〇一四年七月号

総務庁（一九九五）「第六回世界青年意識調査」

内閣府（二〇一四）「平成二五年度 我が国と諸外国の若者の意識に関する調査」

日本経済団体連合会（二〇一一）「グローバル人材の育成に向けた提言」

林幸秀・岩渕秀樹・岡山純子（二〇一二）「グローバル競争を勝ち抜く韓国の科学技術」（独立行政法人科学技術振興機構研究開発戦略センター編）丸善プラネット

삼성전자［サムスン電子］（二〇一四）「제45기 사업보고서［第四五期事業報告書］」

한국경영자총협회［韓国経営者総協会］（二〇一三）「2013년 신입사원 채용실태 조사 결과［二〇一三年新入社員採用実態調査結果］」

한국교육개발원［韓国教育開発院］（二〇一三）「한국 고등교육 국제화 정책 진단 및 개선방안 연구［韓国の高等教育の国際化政策の診断及び改善方策に関する研究］」KEDI 연구보고［研究報告］、RR二〇一三―一二

한국대학신문［韓国大学新聞］（二〇一三）「2013 전국 대학생 의식조사 및 기업이미지 상품선호도 조사［二〇一三年全国大学生意識調査及び企業イメージ・商品選好度調査］」

한국보건사회연구원［韓国保健社会研究院］（二〇一三）「아동종합실태조사［児童総合実態調査］」、정책보고서 二〇一三―九二［政策報告書二〇一三―九二］

Soumitra Dutta, Bruno Lanvin, and Sacha Wunsch-Vincent（Ed.）（2014）, "The Global Innovation Index 2014: The Human

Factor in Innovation"
The Economist Intelligence Unit (2014), "Creative Productivity Index: Analysing creativity and innovation in Asia"
Educational Training Service (each year), "Test and Score Data Summary for TOEFL Tests"
Educational Training Service (2005), "TOEFL iBT Scores: Better information about the ability to communicate in an academic setting"
John Helliwell, Richard Layard and Jeffrey Sachs (Ed.), "World Happiness Report 2013"
Hideki Iwabuchi (2014), "Lessons from the Elysee Treaty can boost Japan-Korea tech ties", NIKKEI Asian Review, page 42, Dec 8-14, 2014
National Science Board (each year), "Science and Engineering Indicators"
OECD (2013), "PISA 2012 Results: What Students Know and Can DO"
The World Values Survey Association (2014), "World Values Survey (2010-2014)"

# グローバル人材としての第一歩——参加学生から（5）

## グローバルな研究者への入り口

上田 英介

私が九州大学一年生の時、日韓海峡圏カレッジが始まりました。カレッジ参加以降、さまざまな国際交流プログラムに参加し、また三年の夏からは一年間スウェーデンに交換留学をさせていただきました。入学当初海外には全く関心のなかった私が、大学生活でこのように国際交流に積極的に参加するようになったきっかけは間違いなくカレッジの影響によるものでした。グローバルな研究者を志すようになった今になって振り返ってみれば、カレッジは夢につながる第一歩であったに違いありません。

**初めての異文化交流**

カレッジに参加して、私は同世代の外国人と初めて交流をしました。また、韓国での生活、母国語ではない言語での会話など、すべてが新鮮でした。私がカレッジプログラムに参加した当時は、韓流ブームの時でした。韓国の歌やドラマについては少し知っていましたが、プログラムでは、実際の韓国の町の雰囲気や、韓国文化などを体験しました。そうしたことによって、最初は日本で知った歌やドラマのイメージが強かったですが、だんだんと韓国の深いところまで理解することができ、より韓国の学生と親密になり、近い関係になれました。

しかし竹島問題などの議論になると韓国の学生は感情的になったのが印象的でした。それに対し日本では当時あまり歴史問題などについてメディアで取り上げられることがなかったので、私たち日本の学生はほとんどそういった知識がありませんでした。このような問題で韓国側の意見を聞くと、韓国での教育の仕方、メディアの報じ方などで日本とは違った主張の仕方になっており、自分たちが真摯に受け止めなければならないことが多くありました。とはいえ、二週間という短い間でとても仲良くなり、そのときのメンバーとは今も連絡を取り合っており、お互いに韓国に行ったり日本に来たりもしています。

**グローバル人材へのステップアップ**

カレッジ後、もっといろいろな国際交流のプログラムに参加したいと思うようになりました。それまで日本人というフィルターを通して見ていた物事が、海外の人と接することによって違う見方で捉えられるようになると感じたからです。また、韓国の学生が竹島問題を自ら能動的に考え、自分の意見を持っていたのに対し、私は能動的に考える姿勢が足りないということを感じました。まずいろいろな観点から物事を公平に見る必要があり、その上で自分の意見を作っていく必要があると思いました。

アメリカへの三週間の語学留学と、シリコンバレーを体験するプログラムにも参加しました。自分に最も欠けているものは語学力だと痛感したからです。私はもともと英語が苦手で、カレッジの間も他の日本のメンバーと比べて韓国メンバーとの意思疎通に少し時間がかかってしまい、自分の伝えたいことがうまく伝わらなかったということがよくありました。そのような経験からまず語学力向上をめざし、もともと興味のあったシリコンバレーの雰囲気も味わってみたいという思いで、このプログラムに参加することにしました。これによって、語学力の向上はもちろん、シリコンバレーというさまざまな人がいる中で、自らをアピールし、結果を出し続けなければ生き残れないところで仕事をしている人たちと交流することができました。世界標準で考えた時の今の自分の立ち位置や、行動力や発信力の甘さのようなところを実感させられました。

その後、韓国の延世大学へ三週間の語学留学をしました。延世大学の短期語学コースは有名で、さまざまな国から社会人や学生が多く参加していました。彼らの多くは三ヵ国語以上喋れたりするので、自分ももっと勉強をしなければならないと考えたり、またさまざまな国の参加者から多くの文化を知ることができて自分の視野がさらに広がりました。

**スウェーデン王立工科大学へ**

自分の中でカレッジでの経験が最も大きく影響して、グローバル人材への一歩を踏み出したのがスウェーデン王立工科大学への一年間の交換留学でした。私がこの大学に交換留学をしようと思った理由は大きく三つあります。

一つ目は、日本とは全く違う環境に自らを置いて生活をしてみたかったからです。当時の私にとって北欧は住むということが想像できない未知の場所でした。そこに行って一年間生活をすることで、新たな価値観に触れることができ、得られるものが多いのではないかと思いました。

二つ目に、スウェーデンは教育や福祉が世界で最も高水準で、これからの日本社会に取り入れるべきものが多くあると聞いていたからです。母国語がスウェーデン語のスウェーデン人のほとんどが英語を話すことができます。留学中に聞いた話だと、考える時や、書くときはスウェーデン語より英語が得意という人も多くいました。また、福祉などはとても充実しており、スウェーデンの国籍を持っている人なら教育費や医療費がタダになります。普段の生活環境でも、お年寄りなどに配慮された建物の構造になっています。このような教育や福祉などの実情は、高齢化社会を迎えている日本にとって非常に重要だと思いました。

留学を決めた三つ目の理由は、私と同じ専攻を持って

九州大学伊都キャンパスで

九州大学地震火山観測センターで

事前学習「少人数英会話クラス」（後列一番左が筆者）

いる優秀な人材が集まる大学であるからです。私は情報科学を専攻としていますが、スウェーデン王立工科大学は、スカイプを作った人や、多くの有名なウェブサービスを作った人を輩出しています。この大学の授業をそういった学生たちと受けることや、交流をすることにより、多くの刺激を受けることができると思い留学を決意したのです。

スウェーデンに一年間の交換留学をして、期待した以上に多くのことが得られました。その中の一つとして最も印象に残っているのは、すべての人に対して、人それぞれの違いを理解した上で公平に接するということでした。このような接し方ができる人こそ、真のグローバル人材であり、私が目指すべき姿です。まず人の話をしっかりと聞くことが重要であると、スウェーデンの人たちと接しながら分かるようになりました。その上で、自分が持っている意見や考え方をぶつけることが大事だと感じました。先入観を持たず人々と接し、いろいろな人がいる中でいかに自分という色を出せるか。それこそがグローバル人材に求められる資質であるということに気づきました。

## 研究者としての道

私は大学卒業後、大学院に進み、将来は研究者になりたいと思っています。大学院では、交換留学をすることで理解を深めたスウェーデンと日本の教育や、福祉の違いについて研究し、自分の専門分野である情報という切り口から、新しいことを発見していきたい。今自分が研究したい分野に進めば、日本にとどまらず、海外の人たちと交流し知識を共有していく機会が多くなってくると思います。その時に、本カレッジプログラムをきっかけに、いろいろなプログラムに参加をしたことや、スウェーデン王立工科大学に交換留学をしたことを通じて学んだ、グローバル人材としての資質を活かしていきたいと思います。また将来、このカレッジのように多くの学生にきっかけを提供できる人間になりたいと思います。

（九州大学物理学科四年）

# 真の日文学徒としての出発

李《イ》頌《ソン》栄《ヨン》

私は日本語を専攻していますが、入学時から、専攻への疑問を持っていました。数学を得意としていた私にとっては学問自体が論理的でない、という本質的な部分だけでなく、先輩から「現実的に就職の道は狭い」と聞いたからです。日本の状況はどうなのか分かりませんが、少なくとも韓国では人文学、中でも言語学を専攻する学生は、それゆえに「複数専攻」や「副専攻」は当たり前というのが実情です。

しかも、言語を学ぶということは思考力を放り捨て、暗記力のみに依存しなければならないという思いも抱きました。特に日本語は、ひらがなとカタカナに加えて漢字まで覚える必要があり、しかも漢字の読み方は幾通りも存在し、それもすべて覚えなければならないということで呆然としました。さらには、それらをすべて一生懸命覚えて試験を受けても、試験が終わった後は、しばらく日本語を使うことがないまま忘れてしまい、次の試験になるとまた全部覚え直すのです。本当に落胆し、無気力にならずにはいられませんでした。大学に入学して新たな学校生活が始まりましたが、上記のような悩みを抱えたまま、じっと一学期を過ごしました。

## 「待つこと」と「耳を傾けること」

二〇一四年夏にたまたま、韓日国際交流プログラムである「アジア太平洋カレッジ」に参加することになりました。このプログラムを通して得た経験は、私にとって一筋の希望の光になりました。文化体験や挑戦的な講義が多く用意されていた点も良かったですが、実際のところ日本人の友人たちと対話し、付き合えたことだけでも、互いの文化を知り、より広い夢を育むのに十分な刺激になったと思います。

最初、行く前は、実際のところ心配もかなりしていました。「韓国の学生と日本の学生は考えていることがお互い違うので、意思疎通がうまくできなかったらどうするのか?」というような心配でした。しかし私が心配していたことは、ほとんど問題になりませんでした。逆に、日本の友人たちは、私たちと非常によく似ていました。二週間という短い時間でしたが、私たちは皆、お互いを友だちと呼ぶようになりました。

プログラムの期間中、昼も夜もずっと一緒に時間を過ごしたので、互いについて知るのに十分な時間があり、しかも両国の政治・経済・文化などマクロなことから細かなことまで、直接知ることができました。時には、お互いに言っていることが理解しにくいこともありましたが、言葉はそれほど問題になりませんでした。むしろそうした部分から、私たちは「待つこと」と「耳を傾けること」を学びました。相手が言わんとすることを理解できるまで、繰り返し聞き、表情や手ぶりにまで注意して読み解こうとしたからです。

プログラムが終わり、一二月初めに再び日本を訪れた時、私が数人の日本の友人に「一緒に食事しよう」と連絡を取ると、一人残らず来てくれたうえ、連絡しなかった別の友人たちも、私が日本に来たことを歓迎してくれました。どれほど嬉しく、ありがたかったか分かりません。今でも互いに連絡をとり、心配事があって尋ねてみると、いつでも心を込めて答えてくれます。

日本は今や、私にとって見知らぬところではありません。私を歓迎してくれる友人たちがいる、期待される場所です。現代を生きる人間には「愛」が足りないと思います。私たちは、わずか二週間というこの短い期間の中で、時には意思疎通がうまくいかないこともありましたが、互いへの愛を育て、多様性を認める「寛容」を知ることができ、ひいては「易地思之」（立場を変えて考えること）を通して、互いの文化における違いに基づいて相手の立場を理解する、ということまで学びました。

## あまりにも似ている両国

私は今回のプログラムを通じ、何よりも、韓日関係に対する認識を再考するようになりました。かなり違うだろうと思っていた日本の友人たちは、むしろ、余りにも私と似ていました。両国のかなりの人は、韓国人と日本人が対面する時、歴史的な摩擦を大いに懸念します。確かに、韓日間の歴史的な部分は、慎重さが要求され注意を払うべき「口の中の熱いジャガイモ」（飲み込むことも吐き出すこともできないもの。転じて、解決困難な問題）でした。実際、私たちがカレッジプログラムを行う時、韓日の歴史問題に関してある参加者が行った荒っぽい発言が、別の学生たちの間で問題になったこともありました。

しかし、こうした雰囲気とはやや対照的に、私は今回のプログラムで親しくなったある日本人の友人と二人でラーメンを食べ、韓日の歴史問題について何の緊張感も持つことなく自然に対話を交わしたことがありました。実際、その部分については「配慮」が要求されますが、私たちは互いに、自分の国が正しいと主張するよりも、こんな過去の歴史に縛られた状態を良い方向に解決していき、今の韓国と日本の関係がより良くなることを望むという、切なる願いを持っていました。私たちは、教科書の意見でもなく、既成の世代が叫んできた内容でもない、各自が自国の歴史について知っていることと、互いに両国の文化について知っていることに基づいて、より中立的・客観的な立場からの個人的な考察を語り合ってみました。

共通課題を語り合う（発言に立つ筆者）

マックロード駐福岡米国領事とのディスカッション（九州大学）

## 韓日関係の認識に対する再考

対話の中で、しばしば小さな糸口を発見しました。韓国と日本の間の歴史的問題は、自分たちより上の世代が解決してくれることを待つよりも、今では自分たちの世代が解決していくための準備をすべきだと思いました。それはちょうど、次のようなものです。

第一に、世の中で最も重要な自己、そして自己を含む自分たちを正しく知る方法は、相手を通して、相手との関係から自分を見ることです。相手を通して、自分の短所が何であり、自分の長所が何なのかを調べ、短所は改め、長所は生かしていくことが、すなわち自分を知ることであり、自己の発展を図る道です。国同士でも同じことで、日本を通して韓国を見なければならず、日本もまた韓国を通して自らを見てこそ、自国の真の姿が見え、この先どうすべきかという使命感も出てくるだろうと思いました。

第二に、確かに韓国と日本は近代に至って疎遠になったものの、歴史的に見れば、中国よりずっと長い歳月を協力して生きてきました。今後も、経済的・地理的に相互協力して生きるしかなく、また生きていくべきですが、協力のためにはまず相手を理解しなければなりません。個人同士でもそうであるように、国同士でも、対立はかなりの部分、誤解から生まれ、相手のことをより良く、より正しく理解しないことには協力も実現しません。

そして、理解するためには頻繁に会って相手の感情を探り、対話し、交流しなければなりません。国際関係ではひとまず自国の利益を優先するものなので、時として、利益が対立する際に衝突することもあります。しかし、一般論ではトラとライオンが出会ったら戦わざるを得ない一方、生まれて間もないころから動物園や家庭で一緒に育てれば、成長しても互いにうまく過ごせるというケースがしばしばあることを考えるといいと思います。まさにこの現象を援用する手法の一つが、両国が相互に相手国の若い人材を大勢招き、無料（国費や校費）で勉強させるというものです。この過程で相手国の文化を理解し、相手国に感謝まで覚えた人々が、先々両国の指導者になれば、当然ながらお互い緊密に協力するだろうと思います。

あちこちでますます「グローバル人材」という言葉が台頭し、強調されています。しかしこの言葉は「国家的人材」とは異なり、傑出しているだけでなく、自分とは異なる背景や文化の中で育ってきた多様な人々と向き合い、そうした多様性を「理解」できなければならず、ひいては他国の利益までも考慮する、汎世界的なマインドを持った人物であるべきだと考えます。

### 人文学の再発見

現代社会は、講義室で得られる理論的知識だけでなく、相手の心さえ読み解く体験的知識まですべて備えた人材を必要としているのに、私はこれまで、日語日文学を単に言語の面でしか受け止めておらず、人文学という点を見過ごしていました。しかし今回のプログラムを通して、「日語日文」を学ぶということは、日本語を学び、それを基礎として日本の人や文化を含む全般的な暮らしを理解する、それこそグローバル人材になるための必須科目なのだということを再発見しました。

“Be the Global Leaders!”これは、私が通っていた高校の校訓です。高校時代、私は英語を専攻、日本語を副専攻にしており、現在は大学で日本語を専攻しています。この先、自分の祖国・大韓民国をより良く理解するため、ひいては韓国と日本、両国間のより優れた協力と発展に寄与するために、祖国・韓国もきちんと知り、批判的にアプローチするだけでなく、日本人よりも深く日本のことを理解するグローバル人材になるべく、卒業後は日本で勉強するという夢の実現を指折り数えて待っています。

（釜山大学日語日文学科二年）

# 6　韓国の大学国際化と日本

全《チョン》 洪《ホン》 燦《チャン》

## 1　背景：韓国の大学国際化プロセスとその概念

韓国の大学が国際化に目を向けはじめたのは、一九八〇年代中盤からだと言える。この時期から、西欧および日本など先進諸国の大学と韓国の大学が「交換学生協定」を締結する等、国際交流に必要な「ネットワーキング」を始めた。しかし初期においては、バランスの取れた双方向交流は難しかった。大体において、韓国学生の派遣（outbound）が大多数を占めていた。英語で行う講義の不足、外国人交換学生の受け入れに必要な施設・行政インフラの未整備といった理由から、外国の大学からやって来る招請交換学生の数はさほど多くなかった。

一九九〇年代に入ると、状況は急速に変わりはじめた。グローバル化と市場開放の加速化に伴い、国際競争力の増進が韓国企業の新たな課題として登場した。これに必要な人材を養成・輩出する機能を担当する各大学にとっても、この時期、国際化は重要な課題となった。のみならず大学自身も、研究論文の実績等を基準として外国の大学と比較・評価される状況になりはじめた。そして、大学自体の国際競争力が長期的には国家競争力の重要な要素になる、という認識が韓国社会に根付きつつある。これに伴い、政府機関やメディアが先頭に立って大学を評価しはじめ、国際化指標が重要な評価項目となった。代表的な大学評価とされる中央日報や朝鮮日報の評価にも、外国人教授の比率、学位課程に登録している外国人学生の比率、海外派遣交換学生の比率、韓国を訪れた外国人交換学生の比率、英語で実施する講座の比率、外国人留学生の多様性などといった指標が盛り込まれた。

韓国の大学において、「国際化」は多様な意味を内包している。まず、教科課程や学科の編成など運営体制を先進的・グローバルな基準に合わせていくという、制度改革を意味している。すなわち、教育システムや運営体制の面で進んでいる国の大学システムをベンチマークし、これを自らの教育システムに接ぎ木するというものである。これは、制度面でのグローバル・スタンダードの導入とみることができる（姜ソンジン二〇〇八）。

制度改革に加えて、大学の真の国際化とは、構成員が国際的感覚を備えるという認識面での変化と、国際業務能力の向上を含むという見方もある（朴ジョンスほか二〇〇九：一一三）。これは、人材の国際化につながる。教員は言うまでもなく、行政業務を遂行する各職員が英語や中国語等の外国語で意思疎通できるようになれば、これは外国人学生の韓国留学や国際交流、ひいては大学の国際化全般を促進する重要な条件となる。こうした観点からみれば、国際化プログラムを設計・運営し得る、専門化された行政職員を養成する政策的努力が、大学国際化政策の重要な要素といえる。

大学の国際競争力という観点から国際化を見る視点もある。すなわち、ＷＴＯ（世界貿易機関）体制下で合意された高等教育市場の開放へ能動的に対処するためには、大学の国際競争力強化は欠くべからざる時代的課題、という見方だ。グローバル社会において、大学は単なる教育機関ではなく、一つの「知識産業体」である。こうした観点からする時、大学の国際化は「国際水準の人的資源と知識を生産する教育および研究システムの水準」を意味すると同時に、大学の競争力を測る指標になる、という見方もできる（河ヨンソク二〇〇五：一五）。

まとめると、韓国において大学の「国際化」とは、世界的水準で優れた先進教育システムを導入する制度変化プロセスであり、構成員が国際的感覚を備える認識変化プロセスであり、かつ知識産業体としてグローバルな競争力を備えるためのプロセスだと理解されている、といえる。

## 2　韓国の大学の国際化

### 国際化の必要性をめぐる認識

韓国で大学の国際化が本格的に始まる契機となったのは、一九九五年に発足したＷＴＯと、その後の自由貿易協定（ＦＴＡ）が引き起こしたグローバル化の波であった。貿易自由化の範囲に教育サービスが含まれることに伴い（WTO/FTA/General Agreement on Trade in Services）、優秀な学生・教員を誘致するため、大学が国際的な舞台で競争するようになった。東京大学が北京にオフィスを設置し、イギリスのノッティンガム大学がマレーシアと中国にキャンパスを設置したケースにみられるように、大学が教育サービスを国際的に拡張しはじめた。このように一九九〇年代中盤以降、韓国社会があらゆる面で前例のない規模の国際的接触にさらされ、かつ国際競争体制へ組み込まれていくのに伴い、大学教育もまた国際化の圧力を受けるようになった。こうして、韓国における大学の国際化は、急変する外部環境への受動的対応として始まった。

一方、この時期に登場した情報通信革命が、大学の国際的交流と協力を容易にしたという面もある。これは、韓国の各大学が競って国際化を促進する要素として作用した。すなわち、情報通信の発展で、韓国の大学と外国の大学との格差がよりヴィジュアルに示され、これに刺激を受けた韓国の先駆的な大学が、国際競争力の向上を重要な課題と考えるようになった。これにより韓国の大学は、国際化に対してより能動的かつ積極的な態度をとるようになった。韓国政府もまた、国際化を大学政策上の重要な課題と認識し、国際協力に関する研究課題を支援する等、多様な大学国際化支援政策を整備しはじめた。

韓国の大学の国際化ドライブを促進したもう一つの要素は、学齢人口が減少し続けるという人口変化である。これは長期的にみて、韓国における大学教育の需要減少、そして大学財政の悪化につながる。これを打開するための対策として、韓国の各大学は外国人留学生を誘致する必要性に目を向けた。すでに先進国では、外国人留学生の誘致を新たな財政収入源として重要視している。現在では韓国も、大学財源確保政策の次元で留学生に注目しはじめている。グローバル留学情報機関「IDP Australia」は、二〇二五年には世界の国際教育市場の需要が七〇〇万人に達し、これに伴う経済効果は天文学的な額になると予想した（李ギジョン二〇〇八：一二三）。韓国の各大学も、この国際的需要を、財政危機を打開し得る突破口と認識しつつある。

## 韓国政府の大学国際化政策の方向

韓国政府が高等教育部門の対外開放計画を初めて樹立したのは、一九九〇年代中盤にあたる九六年のことだった。二〇〇四年には「外国人留学生誘致拡大総合案（Study Korea Project）」を立ち上げ、高等教育の国際化政策をより積極的に進めていった。ここで適用された政策の方向は、大体において規制緩和措置であった。規制緩和は、当初は外国人留学生誘致分野に集中した。最近では、規制緩和措置を留学生だけでなく、外国教育機関誘致分野にも拡大している。他方、韓国の学生の海外派遣を奨励・支援する政策も提示されてはいるが、大体においてインバウンド（inbound）支援政策が主たる内容となっている。より具体的に、金泳三《キムヨンサム》大統領の「文民政府」、金大中《キムデジュン》大統領の「国民の政府」、盧《ノ》武《ム》鉉《ヒョン》大統領の「参与政府」、そして李《イ》明《ミョン》博《バク》政府に至る四政権で、それぞれ大学の国際化政策がどのような特徴を持っていたかを振り返ってみたい。

金泳三政権（一九九三〜九七）では、UNESCO（国連教育科学文化機関）・OECD（経済協力開発機構）・APEC（アジア太平洋経済協力）といった国際機関を通して教育分野の国際交流を拡大する、という方向で大学の国際化を推進した。特に、APECを通して各種の文化協定や了解覚書を締結し、アジア太平洋地域各国との教育交流事業を大幅に拡大した。そして米国・日本・豪州・フランス・中国・モンゴル等を対象に始まった教育協力事業を基に政府招請奨学生制度を導入、海外の韓国学研究機関や研究者に対する支援も拡大した。また、大学に国際交流・協力業務担当部門を設立するよう奨励し、国際化を誘導した。

続く金大中政権（一九九八～二〇〇二）では、韓国国内の高等教育市場を大幅に開放し、外国の大学を韓国に誘致する政策をスタートさせた。二〇〇〇年には韓日・韓中教育担当相会談を開催し、ASEM（アジア欧州会合）でも奨学事業を提案、アジア・欧州間の教授および学生交流を拡大する基盤を整備した。これを基に大学の国際化を推進することで、世界的水準の教育力・研究力拡充を図った。その代表的な成果が、外国の大学と韓国の大学が実施し得る共同学位制度（Joint Degree）の導入である。

盧武鉉政権時代（二〇〇三～〇七）に実施された代表的な大学国際化支援政策は「Study Korea Project」である。その背景には、高等教育の国際競争力を高めて、留学生の受け入れ数より派遣数の方が多い出超の状況を改善し、そのために海外の優秀な人材資源を積極的に活用するという目標があった。同プロジェクトのために韓国政府は、大学代表団が外国を訪問して留学生誘致に必要な広報活動を行なえるよう、積極的に支援した。

最後に李明博政権（二〇〇八～一二）では、教育科学技術省が「国際奨学プログラム（MEST Scholarship）」を立ち上げて政府招請外国人奨学生事業をさらに拡大し、在外韓国人の韓国留学支援事業も行った。そして、外国人留学生に対する入国前の事前教育、在学中の支援、帰国後のネットワーク作りの支援など、全期間に及ぶ管理システムを作り上げた。加えて「Global Korea Scholarship（GKS）」事業を開始した。これはStudy Korea Projectをさらに強化したもので、外国の優秀な留学生の誘致に焦点を合わせている。また、中国および日本を対象とする複数学位プロジェクト（「Campus Asia」事業）を、中国政府および日本政府との共同プログラムとして実施した。そして「EU－ICI教育協力事業」にも着手し、これを通じて欧州・アジア間の学生交流を活性化した。

## 韓国の大学における国際化の現況

これまで韓国政府および各大学で、大学の国際化のため相当な努力が払われてきたが、韓国の高等教育の国際化は依然として先進国の水準と大きく隔たっており、韓国の国家競争力の水準と比べてもかなりの格差がある。韓国教育開発院によると、外国人教授や外国語による講座、そして外国人支援の水準を示す幾つかの指標で、韓国の大学にはまだかなりの立ち遅れがあり、国際化の水準やグローバル化対処能力の面で、全般的に不十分と評価されている（李ジョンスほか二〇〇九：五三―五四、金ミランほか二〇一三：五）。韓国の大学について、総合的にみても、国際化を推進するうえでの戦略的目標や、これを推進する実行プロセスに関する体系的な青写真が全般的に不足している点を同院は指摘している。さらに、韓国政府の国際化政策を、各大学が設定している戦略的目標の実現にどのように組み込むかをめぐる議論も不足しているのが実情、と批判している（金ミランほか二〇一三：五）。

全般的にみて、まだ満足できる水準に達してはいないが、個別の指標の面で最も多くの成果を挙げているのは、韓国政府のインバウンド支援政策に後押しされた外国人留学生の増加である。二〇一二年現在、留学生の数は八万六八七八人に達する。これはStudy Korea Project実施初年の二〇〇四年における外国人留学生数一万六八三二人と比べ、約四倍の数字である（韓国教育科学技術省二〇一二）。このうち、中国からの留学生が六三・八％と圧倒的多数を占め、次いで日本からの留学生（四・七％）、さらにモンゴル（四・四％）、米国（三・一％）、ベトナム（二・八％）、台湾（一・七％）の順となっている。これは、韓国政府がGKS等を通して留学生および交換学生に奨学支援を行った成果といえる。[1]二〇一二年に韓国政府はStudy Korea 2020を立ち上げ、二〇年までに外国人留学生を二〇万人誘致することを目標に定めた。[2]

次いで著しい進展を遂げた領域が、国家間協定に伴う大学間国際交流事業である。その代表例が、Campus Asia事業とEU-ICI教育協力事業である。Campus Asia事業は、韓国・日本・中国の政府が合意した教育課程共同運営プログラムである。二〇〇九年一〇月一〇日に北京で開催された韓日中首脳会談で、三ヵ国政府は、単位認定制度および共同学位課程等を通じ、大学の競争力強化および優秀な人材の育成に相互寄与することで合意した。翌二〇一〇年五月二九日に済州島で第三回韓日中首脳会談が開かれ、ここで採択された共同メディア発表分を通じ、同事業の推進が公式に発表された。二〇一一年一〇月末には、三ヵ国が共同で審査・選定した一〇の事業団が複数学位課程等の学生交流に本格的に着手、一二年五月一三日に北京で発足した。このCampus Asiaプログラムを通し、二〇一二年基準で、一〇の事業団において計三〇〇人、各国それぞれ一〇〇人の大学・大学院修士課程または博士課程の学生交流が行われた。韓国からは八大学、[3]日本からは一〇大学、[4]中国からは八大学[5]が参加し、多様な共同/複数学位プログラムを運営している。

EU-ICI教育交流事業（EU-ICI Education Cooperation Program）は、高等教育と職業訓練の質を高め、他国の文化に対する理解度を高めるため、EUが二〇〇二年から豪州・ニュージーランド・日本そして韓国とともに進めている人的交流協力事業である。二〇一二年には、単純人材交流から複数学位制度・専門職業教育等に交流範囲を拡大し、韓国―EU間の大学生交流を活性化した。これには漢陽大学、亜洲大学、建国大学、釜慶大学、釜山大学、蔚山大学、慶北大学、金烏工科大学、ソウル大学、淑明女子大学、全北大学、忠北大学、高麗大学、順天大学、西江大学、韓国外国語大学などが参加し、スウェーデン、フランス、英国、ドイツ、フィンランド、リトアニア、ポーランド、オランダ、イタリア、ベルギー、スペインなど欧州各国と教育・言語・グローバル人材養成のため協力を行った。

海外の大学あるいは教育機関を韓国に誘致する事業もかなりの進展をみせた。これは、中央政府の規制緩和と地方自治体の積極的な努力が結合した成果である。最も成功したケースは、二〇〇九年に設立承認が下り、一一年に釜山に開校したドイツのＦＡＵ（フリードリヒ・アレキサンダー大学エアランゲン＝ニュルンベルク）と、一一年に設立承認が下り、一二年に仁川・松島に開校したニューヨーク州立大学（ＳＵＮＹ）である。[6] このほかにも、大邱・光陽・済州島など六地域が海外の大学と了解覚書を締結し、キャンパス誘致を推進している。

## 3　韓日大学間の国際交流

### 日本の大学の国際化

日本の各大学が認識する国際化の必要性や展開のプロセスも、韓国と大きく異なってはいないとみられる。受験生の減少やグローバル化の拡大は、一九九〇年代後半から日本の大学にも同様の影響を及ぼした。二〇〇〇年代に入ると、危機感はさらに強まった。これに伴い日本の大学も、外国人留学生の誘致、外国の大学との交流拡大を通じ、こうした問題に対応しようとした。

二〇〇四年に始まった国立大学の法人化は大学間の競争をもたらし、競争は国際化分野にも拡大した。国際化が日本の大学の競争力を増進する重要なカギになるという認識が、日本の大学指導者の間で共有された。二〇〇七年、東京大学の小宮山宏総長（〇五〜〇九）は、大学改革の方向を提示した「東京大学アクション・プラン二〇〇七」において国際化を特に強調した。小宮山総長は、日本の大学が世界に開かれた大学へと向かうためには、国際化を急がなければならないと主張した。東京大学の平尾公彦副学長（教育および国際担当）は当時、グローバル時代を迎え、国際化は大学の競争力と直結していると強調した（呉デヨン二〇〇八：一四）。加えて早稲田大学の白井克彦総長（二〇〇二〜〇六）も国際化を第一の目標とするほどで、国際化の重要性に対する日本の大学教育関係者の認識を知ることができる。

二〇〇〇年代に日本の大学で高まった国際化の必要性に対する認識に基づき、全学レベルでの国際化に成功した代表例に挙げられるのが、立命館大学が九州に設置したアジア太平洋大学（ＡＰＵ）である。ＡＰＵは二〇〇〇年の設立段階から、アジアを中心とする外国人学生に定員の半分を割り当てるという目標を立て、〇七年には、学部および大学院の学生五四七五人のうち四三％を計七六ヵ国の外国人が占め、教員約二〇〇人のうち五五％が外国人で、さらに講義の六三％を英語で行うほどになり、すでに高い水準の国際化指標を達成している。

## 韓日大学交流の現在

隣国同士の韓国と日本は、多方面にわたって緊密な相互交流関係を形成している。二〇一三年の時点で、日本は韓国にとって第二位の貿易相手国であり、韓国は日本にとって第三位の貿易相手国である。人的交流の面でも同じことがいえる。韓国を訪れる外国人の中で、日本人は二番目に多い。また、日本を訪れる外国人に占める比率は韓国人がトップである（韓国外務省、二〇一三）。こうした事実をみると、日本は地理的に近い国というだけでなく、現実にも間違いなく重要な交流対象国である。

大学教育においても、両国は物的・人的交流のレベルにふさわしい交流を形成している。二〇一四年基準のＵＩＳ（Unesco Instute for Statics）の統計資料によると、韓国の学生が世界で二番目に多く留学している国が日本である。韓国で学位課程に在籍している日本人学生の数は、中国・モンゴル・ベトナム・米国に続いて五番目に多い（ＵＩＳ二〇一四）。そして、日本に留学している外国人学生の中で、韓国人は中国人に次いで多く、日本人学生が留学先に韓国を選ぶ割合は、米国・英国・豪州・フランス・ドイツ・カナダに続いて七番目に高い。交換学生を基準としてみても、二〇一一年の韓日間交流の総数は四九六三件で、中国・米国に次ぐ規模となっている（李ヒョン二〇一二：一八頁）。

上記の統計資料から分かるように、韓国と日本は大学教育部門において互いに重要な交流対象国といえるが、不均衡の問題が存在していることも事実である。このような不均衡問題は、ＵＩＳの統計資料でも確認できる。二〇一四年五月現在、高等教育において、韓国から日本へ留学する学生の数は二万四一七一人なのに対し、日本から韓国へ留学する学生の数は一一〇七人にすぎない（ＵＩＳ二〇一四）。二〇一一年に行われた第三期日韓文化交流会議のシンポジウムで、立命館大学の川口清史総長（〇七～一五）も「創造的な日韓交流の時代に向けて」という発表を行ない、日韓の留学生不均衡問題を指摘している（川口二〇一一）。

韓日間の大学交流活性化をめざす国家レベルの事業の中で最も代表的といえるのが、Campus Asia と、GKS事業の一部をなす「韓日理工系学部留学生派遣」および「韓日大学生交流」である。Campus Asia 事業とは、すでに述べた通り、韓国・日本・中国の三ヵ国政府が合意した事業である。韓国と日本からはそれぞれ一〇〇名ほどが参加し、両国の大学生交流において、かなりの役割を果たしている。

GKSに含まれている「韓日理工系学部留学生派遣」は、一九九八年一〇月に韓日首脳が合意した「日韓共同宣言　二一世紀に向けた新たな日韓パートナーシップ」に引き続く事業としてスタートした。第一期一〇年を終えた後、二〇〇八年一二月に、両国首脳が一〇年間延長することで再び合意した。この事業では、日本の国立大学の理工系学部課程に毎年約一〇〇人の韓国人学生を派遣し、韓国側および日本側が費用を半分ずつ負担する形で五年間支援する。一方、GKSの「韓日大学生交流」事業は、日本側が毎年学生一〇〇人を選抜して韓国へ派遣し、韓国では学生三〇〇人を選抜して日本へ派遣し、三ヵ月から一二ヵ月にわたり準備金および滞在費の支援を行う。

筆者が在籍している釜山大学は、韓国の大学の中では最も活発に日本との交流を行っている大学の一つである。釜山大学は現在、交流協定を締結している日本の大学六〇校と、交換学生・語学研修・自費留学等の形で活発な交流を実施している。年間平均で、釜山大学から日本の大学三三校へ学生約六〇〇人を派遣し、また日本の大学約二六校から約五〇〇人の学生を受け入れている。

こうした日本の大学の中でも、地理的に隣接している九州大学が、当然ながら最も活発な交流パートナーとなっている。釜山大学と九州大学の交流は、一九八三年の両大学の医学部間交流からスタートした。その後一九八六年に、大学全体に及ぶ協定へと拡大し、今日に至っている。現在、釜山大学から日本へ派遣される全学生中、九州大学への派遣は約四九％に上り、また釜山大学が招請する日本の交流学生のうち、九州大学の学生が占める割合は約三七％でともに最も高い。両大学の間では、Campus Asia 事業、交換学生プログラム、そして二〇〇六年の釜山—福岡フォーラムで九州大学の提案により始まった共同講義、韓日海峡圏カレッジプログラム[7]、ASEP（Asian Student Exchange Program）奨学プログラム等を通じ、多方面にわたって交流が行われている。特に Campus Asia 事業は実を結び、二〇一五年二月の卒業式では、九州大学の学生六人が、釜山大学の工学修士号を複数学位の形で取得した[8]。

## 4　結語

韓国の各大学が国際化政策を本格的に導入・実行しはじめてから約二〇年が経過した。その間、韓国の各大学は、先進国の大学との交流を拡大するプロセスを経つつ教育システムや運営体制の面でグローバルな基準を導入し、大学構成員の間で国際化に対する認識水準も高まった。

にもかかわらず、韓国の大学の国際化水準は、まだ世界の中でも下位レベルと評価されている。例を挙げると、スイスの国際経営開発研究所（ＩＭＤ）が国家競争力を評価する際の項目の中には「競争社会の要求に対する大学教育の適合度」を評価するものがあるが、韓国の大学教育は、二〇〇五年が四七位、〇六年が四一位、そして〇七年は四三位にすぎなかった。この結果は、韓国の経済規模に比べ大学の教育競争力が相対的に劣っている、という事実を端的に示している。

これまで進められてきた韓国の大学国際化にみられる重大な弱点として、国際化の成果がインバウンド（inbound）中心のものに集中しているという不均衡が挙げられる。すなわち、韓国の大学生の海外派遣、海外インターンシップ派遣、韓国の大学の海外分校設立といった、アウトバウンド（outbound）分野における国際化の成果は相対的に不振、ということである。しかしインバウンド分野の成果も、詳細に見てみると、中国のような特定の国にかたよっていることが分かる。中国を除いたほかの国々、とりわけ欧米諸国から韓国へやって来る留学生や交換学生の数は、韓国の大学生が欧米諸国の大学を志向する需要と比べ、際だって少ない。多様な国籍を有する外国人学生の流入を促すため、最も急いで解決すべき問題は、英語で講義する教科を大幅に拡大することである。

結局のところ、これは外国人教員の拡大問題と直結している。大学の教員ポストは限られていることから、外国人教員の比率向上問題は、決して簡単に決められる事項ではない。まさにこの問題が、国際化を志向する大学革新の中心課題にして、最も難しい課題といえる。この問題に対する果敢な決定がなされるためには、大学構成員の間で、国際化に対する十分な合意がなされなければならない。しかし韓国の大学では、大体において、国際化の重要性をめぐる十分な合意を大学内部で作り上げられずにいる。また、国際化に向けたビジョンが脆弱で、そのため国際化に対する十分な予算配分や人材支援もなされない。

その結果、大学が国際化を推進するにあたって、戦略が明確にならない。つまり「国際化をどのような方向で推進すれば各大学の競争力向上に寄与し得るか」に関する明確な目標と、それを実現するための段階的な青写真が存在しない、ということである。大体においては、留学生誘致や交換学生交流に焦点を合わせるのみで、戦略的な目標を提示し、その目標に基づいた実行計画を明確に示すことができずにいる。複数学位（double degree）もしくは共同学位（joint degree）プログラムのようなハイレベルの国際交流プログラムを開発するのが難しい理由も、まさにここにある。

大学がそれぞれ内部で国際化の重要性や必要性、そしてその方向についての合意を形成し、これを基に戦略と実行計画を作り上げることができない中、韓国政府が大学の国際化を促進するための各種政策を提示しはじめたことで、状況は歪んできた。韓国政府の支援政策が、大学の国際化促進に大きく寄与したことは明白な事実である。しかし韓国政府が、幾つかの指標を中心としてすべての大学の国際化を評価したため、各大学は千篇一律にそれらの指標を管理し、量的な条件を充足することに国際化政策の焦点を合わせるようになった。このため、各大学が個別の必要性に基づいて個性ある国際化を推進することは困難になり、すべての大学が事実上同じスタイルの国際化指標の達成に邁進することになったのである。したがって韓国の大学は、過去およそ二〇年にわたり国際化政策を遂行する過程で、量的には相当な成長を遂げたが、今や新たなレベルの革新と質的な成長を図るべき段階に到達した。

日本の大学との交流もまた、質的な跳躍を模索すべき時期に至っていると考えられる。日本は韓国の大学が国際化の過程で最も多くの交流を蓄積してきた国に属するという事実は、客観的に確認できる。しかし、質的にもう一段階跳躍するためには、克服すべき課題が残っている。何よりも韓日両国は、政治的にデリケートな、浮き沈みが激しい特殊性を抱えている。したがって、持続的かつ発展的な大学間の協力関係を定着させるためには、両国間の政治的な気流変化が大学の学術および学生交流に影響を及ぼさないようにすべきである。

このために、大学交流は留学生の誘致や学期単位の学生交換といったレベルにとどまらず、構造的により深められたプログラムを開発し、定着させる必要がある。例を挙げると、共同学位や複数学位といった共同教育プログラムを拡大することが必要である。こうした構造的に深められたプログラムを通して、両国は、学生交流をより安定的に維持することができる。

また、パートナーを組む両国の大学が相互補完的なカリキュラムを共同研究し、両国の学生を共同で教育することによって、教員間の緊密な協力関係を作り上げることができるという利点も期待し得る。こうした観点からみると、共同教育プログラムに優先的に含めるべき分野は、両国の大学生が相手国を理解するうえで必要な人文科学や社会科学分野であるといえる。相手の視点で韓日関係を見る教育経験を持つようになれば、これは韓日関係の発展に寄与し、大学レベルの学術および学生交流においても重要な質的発展の土台となるであろう。

（釜山大学政治外交学科教授、同大学対外交流本部長）

## 注

1　韓国政府は、二〇一二年だけでもGKS事業に五二七億ウォンを投じた。

2　韓国政府は二〇一二年、金滉植《キムファンシク》首相が主宰する「第一二次教育改革協議会」を開き、Study Korea 2020 Project 推進計画を策定した。これは、二〇〇四年から一二年までの Study Korea Project 第一段階に続く、一三年から二〇年までの Study Korea Project 第二段階に当たる。二〇二〇年までに外国人留学生二〇万人を誘致するため、留学生誘致支援の規模拡大、帰国および定着とも連携した全期間にわたる留学支援、留学生支援の組織体系等を政策的に補完している。また細部の段階的目標として、二〇一五年までに一三万人、一八年までに一七万人の外国人留学生誘致達成を目標としている。

3　高麗大学、ソウル大学、成均館大学、韓国科学技術院（KAIST）、浦項工科大学、釜山大学、韓国開発研究院（KDI）、国際政策大学院

4　東京大学、九州大学、岡山大学、名古屋大学、一橋大学、東北大学、東京工業大学、神戸大学、立命館大学、政策研究大学院大学

5　復旦大学、広東外語外貿大学、上海交通大学、中国人民大学、北京大学、清華大学、南京大学、吉林大学

6　このほかにも仁川・松島のグローバル大学キャンパスには、二〇一三年に認可が下り、一四年に開校した韓国ジョージ・メイソン大学、一四年九月にそろって開校したケント大学（ベルギー、一三年一一月に教育部が承認）とユタ大学（米国、一四年二月に教育部が承認）がある。

7　釜山―福岡フォーラムの場合、釜山大学だけでなく、釜山地域の大学一三校と福岡地域の大学一五校が参加し、学術交流を行っている。

8　ＡＳＥＰとは、ソウル大学・釜山大学・香港大学・南京大学・復旦大学・マヒドン大学（タイ）・タマサート大学（同）の計七校から九州大学に来る交換学生を対象に、毎月一〇万円を支給する奨学プログラムである。

# 参考文献

川口清史（二〇一一）「創造的な日韓交流の時代に向けて」第三期日韓文化交流会議シンポジウム、二〇一一年九月二八日

강성진［姜ソンジン］（二〇〇八）「대학의 국제화：글로벌 스탠다드란 무엇인가［大学の国際化：グローバルスタンダードは何か］」『대학교육［大学教育］』二〇〇八年一五三号〈http://magazine.kcue.or.kr/pdf/153.pdf〉

김미란、홍영란、김은영、이병식［金ミラン、洪ヨンラン、金ウンヨン、李ビョンシク］（二〇一三）『한국 고등교육 국제화 정책 진단 및 개선방안 연구［韓国における高等教育国際化政策の診断および改善方案の研究］』한국교육개발원 연구보고［韓国教育開発院研究報告］RR二〇一三-一二

박정수、천세영、류지성、김진영、양정호、한유경、김승보［朴ジョンス、千セヨン、柳ジソン、金ジンヨン、梁ジョンホ、韓ユギョン、金スンボ］（二〇〇九）「글로벌 경쟁력 강화를 위한 고등교육의 질 제고［グローバル競争力強化のための高等教育の質向上］」한국교육개발원 연구보고［韓国教育開発院研究報告］RR二〇〇九-三八

오대영［呉デヨン］（二〇〇八）「일본 대학의 국제화［日本の大学の国際化］」『대학교육［大学教育］』、二〇〇八年一五三号〈http://magazine.kcue.or.kr/pdf/153.pdf〉

이기정［李ギジョン］（二〇〇八）「한국 고등교육의 국제화 현황［韓国高等教育の国際化現状］」『대학교육［大学教育］』、二〇〇八年一五三号〈http://magazine.kcue.or.kr/pdf/153.pdf〉

이희영［李ヒヨン］（二〇一二）「교환학생 프로그램 참여 대학생들의 교류 경험에 대한 질적 연구 - 중국 및 일본 대학과의 프로그램을 중심으로［交換学生プログラム参加大学生の交流経験に関する質的研究——中国および日本大学とのプログラムを中心に］」高麗大学修士学位論文

하영석［河ヨンソク］（二〇〇五）「국제화 측면에서 본 한국 대학의 국제경쟁력［国際化の側面にみた韓国の大学の

国際競争力〕」『대학교육』〔大学教育〕第一三六号
교육과학기술부〔韓国教育科学技術省〕（二〇一二）「고등교육 국제화 추진전략 관련 자료〔高等教育国際化推進戦略関連資料〕」

〈https://www.google.fr/url?sa=t&rct=j&q=&esrc=s&source=web&cd=1&ved=0CCUQFjAA&url=http%3A%2F%2Fmoe.go.kr%2Fweb%2F100023%2Fko%2Fboard%2Fdownload.do%3FboardSeq%3D104767&ei=OC7qVIPoNMHaaJCugagC&usg=AFQjCNEIVveq1m9XuJknFV-U7GjJQgYMA&bvm=bv.86475890,d.d2s&cad=rja〉

외무부〔韓国外務省〕（二〇一三）、「국가 및 지역 정보：일본국〔国家および地域情報・日本国〕」

〈http://www.mofa.go.kr/countries/asiapacific/countries/20110804/1_22621.jsp?menu=m_40_10_20〉


（翻訳：川口大輔）

# 友だちを通して相手国を眺める──参加学生から（6）

## 今こそ日韓交流を──それが将来につながる

規工川はるな

「この時期に韓国人と交流なんてできるの？」

ある友人からの言葉でした。確かに「日本と韓国は仲が悪い」「日本と韓国は永遠に分かり合えない」「慰安婦問題、竹島問題、植民地支配の過去」このような言葉をニュースや本で目にします。世間でそういわれている中、私は二〇一四年夏、九州大学が主催するアジア太平洋カレッジを通じて、初めて韓国に足を踏み入れました。

日本で耳にするのは「負」の韓国。つまり「近い国だが遠い国」というように、韓国人は皆が日本人を嫌っているという見解です。このようなイメージを持っていたので、全く不安を感じず韓国に行ったと言うと嘘になります。一方で、韓流ドラマやK-Popが好きな友達も周囲に多くいたので、本当に韓国と日本は仲が悪いのかと疑問に思うこともありました。

私自身、大学に入学して以来「日本から見た海外、海外から見た日本」に興味があり、自分の足で現地におもむき、自分の目で現地を見て異国の方と交流したいという思いが強かったので、このプログラムへの参加に迷いはありませんでした。両親も韓国に行くことを一切否定せず、快く認めてくれました。

**本気でぶつかり合えるディスカッションの楽しさ**

プログラム中、釜山大学で行われた講義や福岡でのインターンシップで、プレゼンテーションをする機会をいただきました。私のグループは五人で「日本と韓国の食文化の違い」についてディスカッションをしながら、プレゼン資料を仕上げました。毎日韓国人と食事をしていると、当然食べる作法・文化の違いに気づきます。私も韓国人と食事をしているときに、いくつか気になる点を心の中で思っていたのと同時に、韓国人自身も日本人の食文化との違いを感じていたと聞いたときは驚き、また興味を持ちました。

　まず、韓国人三人対日本人二人でお互いの食文化の違いについて討論しました。この時すでに私たち五人は大変仲を深めていたので楽しく意見をぶつけ合うことができました。ただ、その時に一つだけ問題が生じたのです。それは日本人と韓国人の英語力の差。グループの韓国人三人は流暢に日本語が話せるわけでもなく、日本人二人も韓国語が話せなかったので、世界共通語の英語で討論を進めました。グループの韓国人の英語力は素晴らしいものでした。それだけでなく、韓国人の発言力、プレゼン資料の作成過程の効率性にも圧倒されると同時に、良き刺激を受けました。

　ディスカッションは予想外に盛り上がり、日本と韓国の食べ物の味の違いはもちろん、そのほかにも箸の材質の違い、お椀を持つか持たないか、箸の置く場所、韓国人はスプーンを多用途に使う、日本は小鉢が多い、日本・韓国それぞれの食のおもてなし、などたくさんの文化の違いを見つけ、さらにどうして違いが生まれたのかなどを共に考えました。

　中でも最も面白い結果にたどりついたのが、日本と韓

高麗大学で（左から４人目が筆者）

ソウルフィールドワーク

韓国料理づくり（左から２人目が筆者）

国の箸の材質の違いです。ある友達が「韓国はキムチなど香辛料を使用した料理が多いよね。もし韓国のステンレス製の箸ではなくて日本で多く使われる木材の箸でそのような食材を食べると、匂いや色が染みついてしまうのでは」と言って、グループ皆が「おー‼」と口を揃えたときは本当に議論の楽しさを感じました。

このような結論を導きだせたのは、教室で一緒に勉強するだけではなく、同じ寮に泊まり、食事を共にしながら、互いの異文化に自ら触れることができたからです。異国の友達とこうしてディスカッションするのは、今、そして将来に生かせる貴重な機会でした。日本は「本音と建前の社会」です。この社会で生きる私たち日本人にとって、本気でぶつかり合える異国の方とのディスカッションは、良い練習になりました。

**友達を通して相手国を眺める**

韓国を初めて訪問した私は、韓国人が日本に対して何を思っているのかについて興味を持っていました。このプログラム中に道端で、同じグループの韓国人と日韓関係について話す機会がありました。その日はまさに日本にとっては終戦記念日、韓国にとっては日本の敗戦によって植民地支配から解放された光復記念日である八月一五日でした。友達は次のような言葉を私に言いました。

「日韓関係についてどう思っている？　実際、僕たちは日韓関係の歴史についての知識は不足しているよね。でも、僕は日本が大好き。今回、日本人と交流できることを楽しみにしていた。将来、日韓関係は改善しているよね」

韓国人からこのような言葉を聞けて心から嬉しく思いました。自身にとって「人」とのコミュニケーションを通じて韓国人のイメージが変わるきっかけになったからです。私が交流したのは韓国に生活する、ほんの一部の人です。韓国人の皆が同じような気持ちではないでしょう。しかしほんの一部の韓国人の中にも日本に興味を持ち、和解を願おうとする人に出会えたことが私にとって大きな喜びだったのです。

それと同時に、日韓の歴史問題に対する自分の考えを言えなかったことに恥ずかしさを覚えました。もっと自分が日韓の歴史について詳しければ、互いの国の過去・文化について理解を深めることができただろう、と後悔したのです。これからの社会を担う私たち若者こそが今後の日韓関係について議論していくべきではないか、そう思いました。

プログラムに参加した一四〇名皆が、かけがえのない一生の友達を作ることができた喜びは大きなものです。将来、良き仲間であり続け、またもしかすると良きライバルになるかもしれません。今回、仲を深めた友達と将来、同じ職場で働いていることもあり得ます。そう考えると私たちの将来が楽しみにもなってきます。よき将来を迎えるためにも、もう一度日韓関係がどうあるべきか考える必要があります。その鍵を握っているのは私たち若者の世代ではないでしょうか。

「この時期に韓国人と交流なんてできるの？」

この時期だからこそ交流する意味があるのです。そしてこれからもっと交流する機会を増やして、もっともっと日韓間で笑顔を増やしていきたい。プログラムを終えた今、これが私の答えです。

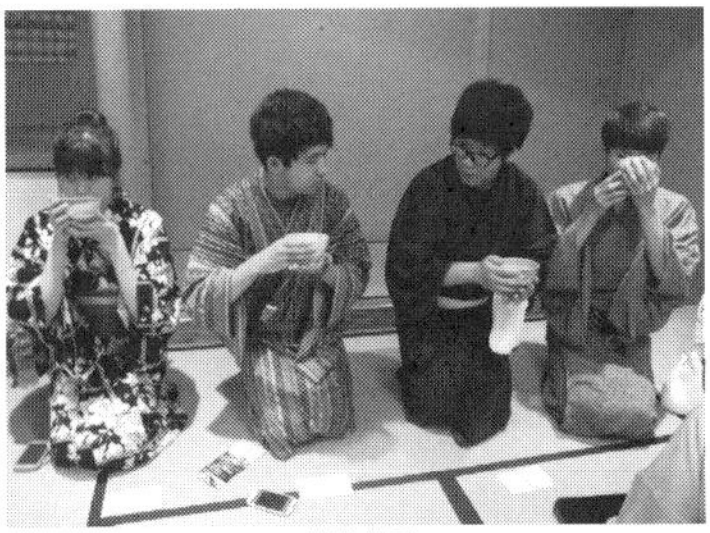
茶道体験

博多人形の絵付けを体験

## 交換留学生寮のアドバイザーとして

今年度からは同世代の外国人とのコミュニケーションをとる機会を増やそうと思いはじめました。昨年度の夏、韓国人と交流しながら、国や言語は違っても、コミュニケーションを通じて、自然に皆の笑顔が増えていく楽しさを心から感じたからです。その交流の中で、人々の考えや文化を自分の目で確かめることもできました。

それで、今年度から交換留学生の寮に日本人アドバイザーとして生活することを希望しました。その寮では一五ヵ国もの外国人と生活を共にしています。日本に勉強にきた留学生に、日本を楽しんでもらえるよう計画を立てたり、サポートをしています。自身、将来の可能性を広げるために、学生生活の間に実際にコミュニケーションをとることで国の文化や特徴を十分に理解したい。さまざまな国の人と今しかできない交流体験を積み重ねながら、将来グローバル社会の一員として必要な準備をしていきたいと思います。

（西南学院大学経済学科三年）

# 韓日葛藤に対する観点の変化

朴《パク》主《チュ》栄《ヨン》

本プログラムに参加し、日本の友人たちとの対話を通して、韓日間の認識の違いや互いに対する誤解について知ることができたのは、貴重な経験でした。互いの認識の違いをどう考えるか、そして今後、韓日両国の関係改善のため、どのような視点を持つべきかについて考えてみました。

## 歴史認識の違い

韓国での最終日に、釜山大学で全グループが発表を行う時間が設けられていました。自由論題ということで、私たちのグループは何について発表すればよいか悩みましたが、発表者にも聴衆にも「不都合な」内容であるとしても、積極的にコミュニケーションを図ることに決めました。韓国で進められた各プログラムに参加する中で感じた点を、韓国人の見方と日本人の見方に分類・整理することにしました。すると、韓国で共に時間を過ごす間に交わした、幾つかの「不都合な」対話が思い浮かびました。

最初に思い浮かんだのは「歴史認識の違い」に関するものでした。二つの例を挙げようと思います。第一の例は、歴史の講義スタイルの違いです。

韓国では、植民地時代について学ぶ際、具体的な事例や内容を直接取り上げます。明成皇后《ミョンソン》（閔妃《ミン》）殺害事件、慰安婦問題、大日本帝国のために朝鮮人を徴用したことなど、さまざまな事件の話や背景などを学びます。しかし日本の友人たちの話を聞いてみると、韓国について触れる歴史講義では「fact」だけを学ぶということでした。何を「fact」というのか尋ねると、「一九一〇年に日韓併合、四五年には独立」としか学ばないということでした。すなわち、何らかの「客観的な事実としての」事件について、それが起こった年や事件の名前くらいを学ぶだけ、ということだったのです。そのほかの、エピソードのようなものに相当する明成皇后殺害事件、慰安婦問題、徴用などに関する内容は全く学ばないということでした。

韓国人たちからそうした話を聞いた友人は驚いて「申し訳ない、かわりに謝る」と言ってくれました。このプログラムに参加する前も「日本政府が賢明ではない行動をしているのであって、日本国民は悪くない」と思っていましたが、こうした言葉を実際に聞いて、日本に対して抱いていた否定的な感情がかなり和らぎ、韓日間の対立は構造的（systematic）な問題だという思いを抱きました。

第二の例は、独島《ドクト》に関する立場です。韓国人は、独島は当然、韓国の島だと思っており、これに関する歴史的根拠も学びます。ところが驚いたことに、日本人もまた竹島と呼んで当然、日本の島だと考えてきましたが、これに関する歴史的根拠は学んでいないようでした。一方が、あるものについて当然自分のものと考えているのと同じく、他方も、それは当然自分のものと考えている格好でした。韓国人が日本を「泥棒」と思っているのと同じく、日本人が韓国を「泥棒」と思っているというのは、私の立場からすると奇妙に思え、これもまた思ったより解決が容易でない問題だと考えました。

結局のところ、韓国と日本では歴史教育のやり方や内容が根本的に大きく異なるのだと感じました。

**互いについての二つの誤解**

お互いについての誤解も、思っていたより深いことを

福岡フィールドワーク（一番手前が筆者）

送別会

見送り

知りました。講義時間中、互いに質問する機会があり、靖国神社参拝について討議しました。ある日本の学生が、このように質問してきたことを覚えています。「日本人が祖先を敬ってはいけないというのですか？　祖先をたたえるのは私たちの文化の一部なのに、これについてどう考えているのか気になります」。韓国人が靖国神社参拝にどういう理由で反対しているのかについて、全く知らないようでした。これについて私は、次のように発表しました。

「韓国人が靖国神社参拝に反対するのには、大別して二つの要因があります。第一は、靖国神社には日帝（大日本帝国）時代の戦争犯罪者の位牌《いはい》（ママ）があるからです。そして第二の理由は、靖国神社参拝に、日本の高官が加わっていることです。これが問題になるのは、国家の代表たる首相をはじめ多くの高官が、戦犯の位牌を祀っている場所に公式参拝するからです。このような行動には、『われわれ（の国）は、かつての日帝時代の戦争犯罪者を誇りに思っています』という意味だと解釈される余地がかなりあります。一般国民が個人的に、自分の祖先が祀られた神社に行って参拝することには、何らの不満も不快感もありません。むしろ、韓国にも『祭祀』という文化があるので、かなり理解でき、そうした文化を共有していると見ることもできます。整理すると、韓国人が靖国神社参拝に敏感な反応を示す理由は、『高官』が主体となって『戦犯』を公式参拝するからです」

この討議が行われる前、ＫＴＸ内で同じ組になった日本の友人が同じ質問をしたこともあり、靖国神社参拝をめぐる韓国人の立場について、日本人が誤解していることもあり得る、という思いを抱きました。

もう一つ、驚いたことがあります。私と同じグループになった日本の友人が「今回の韓国旅行が初の海外旅行」と言うので、私は「出発前は相当わくわくしたでしょう！」と言いました。するとその友人は、このように答えました。「実際は、出国前まで、韓国に行くのが怖かった。韓国では反日デモが全国的にかなり頻繁に起こると聞いていて、危険な場所だと思っていたから」。この話は、私にとって衝撃的でした。韓国人は、日本を良い国だと思っていたり、親しみを感じていたりはしないものの、だからといって「反日デモを全国的に頻繁に起こす」というのはかなり飛躍があるのではないか、という思いを抱きました。

日本の人々は韓国が嫌いなのか、と尋ねてみました。するとその友人は「韓国の人々が『特に理由もなく』日本を嫌うので、日本人も全く同じように韓国を嫌っているようだ」と答えました。考えてみれば、日本人の立場からすると、そのように誤解するだけのことはありそうでした。日本人の目には、歴史問題において日本に誤りはなく、慰安婦や徴用についてはそもそも知らず、独島／竹島紛争もまた議論の余地がない事案であって、靖国神社参拝に関しては韓国人が日本の文化を理解していないせいと映るはずだからです。逆に、韓国人の感ずるところは、歴史的事実は明らかなのに、日本人はそれから目を背けて葬ろうとしているように見え、わけもなく独島／竹島紛争を起こして韓国の領土を奪おうとしているように思え、日本の高官の靖国神社参拝もまたとうてい理解できないことだからです。

### 和解のための提案

（1）「賢明な」方法を選択しよう——Win-Win 戦略、固定観念打破、政治的宣伝の止揚

まず、最も重要なのは、両国がWin-Win 戦略を追求すべきだということです。自国の役に立つ方向とは何なのかを考慮すべきです。韓国は、日本との対立が続くことで韓国が甘受している不利益について、もっと冷静か

講義でのディスカッション

グループディスカッション

七尾製菓でのインターンシップ

つ理性的に判断しなければなりません。過去や歴史に関する事案のため強硬な対応をすることが日本との外交関係全般に及ぼしている影響を考え、もう少し賢く反応すべきです。日本も同様です。過去にひたすら蓋をして隠しても、過去のことは決してなかったことにはなりません。過去の誤りを認めて自ら振り返る時間を持てば、むしろ、もう一歩発展し得る機会になるのではないでしょうか。

日本は韓国の三大貿易パートナーで、韓国もまた、日本の三大貿易パートナーです。韓国と日本は、地理的にも近く、安全保障においても密接な関係が避けられません。文化面でも、似ている部分が多い方に属します。離れられない関係ならば、発展的な方向に進み、利を取るのが賢い選択ではないかと考えます。

次に、世代間で固定観念を受け継がないことが重要です。特に韓国では、反日感情が代々続いていることに警戒すべきです。歴史を忘れてしまおう、あるいは教えないようにしようということではありません。歴史は歪曲なく、あるがまま教え、感情をできる限り排除すべきです。「日本の人は悪い」あるいは「韓国は日本に敵対的であるべき」などの固定観念は、韓日対立を解決していくうえで大きな障害になります。私が見たところ、反日感情のせいで、歴史問題の解決は逆に一層困難になっています。「反日」というバイアスのせいです。結局、韓国人が日本人の心に訴え、日本人が韓国人の「恨《ハン》」を理解してこそ、日本政府の態度も変わるはずなのに、反日感情をあおるのは、逆に日本人の心を閉ざしてしまうと考えます。

最後に、相手に対する反感を政治的宣伝として利用してはなりません。韓国でもみられますが、特に日本の場合、一部の政治家やメディアは、隣国に対する反感を政治的な手段と考えているようです。韓国に対する反感で国民を扇動し、ちょうどそのとき目の前にある政治的利益を手にするよりも、真に国のことを考え、未来を眺望すべきです。韓国に対する誤解や反感に基づいて国民の理性を鈍らせるのは、思っているよりはるかに長期的な影響を及ぼしかねず、真に国のことを思う道ではないと考えます。

（2）コミュニケーションの機会を増やそう——交流プログラムの増進、文化交流の奨励

お互いにもっと理解し合うため、より多くの実質的努力も必要です。まず両国国民が、互いにもう少しコミュニケーションできる機会が必要です。私が参加した、こ

うした韓米日国際共同教育プログラムが良い例だと思います。このプログラムに参加していなかったら、私は日本に対する固定観念や誤解を持ったまま生き続けたことでしょう。同じ年ごろの日本の友人たちがどういう考えを持ち、韓日対立や紛争について日本人がどう考えているかを知るすべがなく、一度も日本人を理解できなかったかもしれません。これまでずっとそうしてきたように「日本人が悪いのではなく、日本政府が愚かなのだ」と一人で繰り返しても、心の片隅には苦い思いが残っていたことでしょう。より多くの人が、このような機会を持つべきだと考えます。コミュニケーションを通じて互いに歩み寄ってこそ、韓日対立の突破口を見つけられるのです。

より広いレベルでいえば、両国の文化交流行事をもっと拡大すべきだと思います。「文化」というものが、両国の対立を解決するうえで、間接的な解決策になり得ると思います。韓流を通して韓国ドラマやＫ―Ｐｏｐが日本に伝わっており、また日本のアニメやマンガも、すでに韓国でかなりの人気を博していることから、両国でさらに積極的に広まる可能性が開けています。この機会を通して、間接的にであれ、文化を通してであれ、互いについてもっと理解し、開かれるようになればいいと思います。

韓日対立において、「過去へ完全にけりをつけること」と「未来のため過去を犠牲にすること」の間で何を選ぶのが韓国人にとって「望ましい」姿勢なのか、まだ分かりません。しかし、はっきりしているのは、互いについての誤解や反感に基づいては、絶対に賢明な決定を下せない、ということです。そのためには、まず、互いについて「正確に知ろう、理解しよう」という努力がもっと必要だと考えます。交流プログラムや文化交流行事をやっていくことで、互いを知ろう、理解しようという気持ちが大きくなり、こうした態度が基本になれば、両国にとってデリケートな問題も解決できる知恵が生まれると考えます。

（延世大学ＵＩＣ経済学科二年）

# 7　日本における韓国語教育

李《イ》蕙《ヘ》丞《スン》

二〇一五年は「日韓国交正常化五〇周年」に当たる意義深い年である。最近の両国の外交状況はあまり明るくないが、政治的対立とは別に、民間部門における経済・文化交流は親密になっている。これは、互いの経済的必要性や文化に対する理解が幅広く深まっていることに起因する。日本の場合、海外留学志向が極めて低い国といわれているが、韓流の拡散、韓国に対するイメージの変化などに伴い、韓国への留学需要は漸増している。

こうした背景から、韓国語（朝鮮語）教育に対する需要も大きく拡大し、日本語圏は世界の韓国語学習者の三〇％から四〇％を占める（野間二〇〇一）。日本における韓国語教育をめぐっては、非正規の韓国語教育と高等学校での韓国語教育の持続的拡大、韓国に対するイメージの変化に伴う韓流ブーム、制度的教育の漸進的拡大および社会教育の急速な拡大などが挙げられる（趙恒録二〇一三）。本論では、日本における韓国語教育の歴史と現況を振り返り、その例として九州大学における正規の韓国語教育と特殊な目的を有した短期韓国語教育を紹介する。

## 1　日本における韓国語教育の歴史

文献に残る最初の韓国語教育は、『続日本紀《しょくにほんぎ》』の新羅語教育である（七六一年）。その後、『日本後記』に「新羅訳語《おさ》（通訳）を設置した」という記録があり、一七二七年には韓語司（朝鮮語稽古所）が設置された。さらに一八七二年には、対馬に日本朝鮮語学習所が設置された（李吉遠二〇一〇）。

近現代の韓国語教育については、第二次世界大戦前と後に分けるのが通例である。一九四五年以前の韓国語教育が、韓国を支配するうえで必要なことを教えるものだったとするなら、四五年以降の教育は、韓国との友好、親善、相互理解のための教育だといえる（植田晃次二〇〇九）。一九四五年以前にも、日本人を対象とする韓国語教育は、多くはないものの実施されていた。その中でも本格的に現代韓国語研究を開始したのが、一九二七年に天理大学に開設された朝鮮語学科だった（権ヒョンジュ二〇〇五）。

二〇世紀末、特に一九七〇年代以降になると、ソウル・オリンピックや韓流ブームを契機として韓国語の学習需要が急増しはじめ、日本の韓国語教育はその規模を拡大した（植田晃次二〇〇九）。一九七三年には高等学校の第二外国語として韓国語が採択され、八四年にはＮＨＫの「アンニョンハシムニカ　ハングル講座」が始まった。一九九二年にはハングル能力検定試験の実施が始まり、二〇〇二年には大学入試センター試験で韓国語の試験が初めて実施された。

以上、日本における韓国語教育史上、重要な出来事を簡単に取り上げてみた。以下では、日本における韓国語教育の現況について、もう少し細かく見てみることとする。

## 2　日本における韓国語教育の現況

韓国語教育の実施については、制度的教育の漸進的拡大と社会教育の急速な拡大がみられる。特に、非正規の韓国語教育と高等学校の韓国語教育が拡大した。本節では、韓国語教育の現況を高等学校と大学に分けて分析し、韓国語教育の需要増加の大きな動機とみられる韓流について見ていきたい。

### 高等学校における韓国語教育の現況

高等学校の第二外国語科目に韓国語が採択されたのは一九七三年のことで、フランス語・ドイツ語の第二外国語採択に二五年も遅れたが、その短期間に、刮目すべき成長を遂げた。表1に見られるように、韓国語教育を実施している高等学校は、一九九九年の時点では計一三一校（高校全体の二・四％に相当）だったが、四年後の二〇〇三年には二一九校（同四・〇三％）と大きく増えた。

また表2に見られるように、高等学校で韓国語を履修する生徒の数も、一九九九年の三九七二人（〇・〇九％）から、二〇〇三年には六四七六人（〇・一七％）まで増加した。

表1　高等学校における韓国語教育の実施状態（1999-2003年度）

（単位：校）

| | 合計 | 私立 | 国公立 |
|---|---|---|---|
| 1999年 | 131（2.40%） | 47（3.57%） | 84（2.03%） |
| 2001年 | 163（2.98%） | 52（3.95%） | 111（2.68%） |
| 2003年 | 219（4.03%） | 60（4.55%） | 159（3.86%） |

出典：財団法人　国際文化フォーラム（2005）

さらに、表3に示した最近の調査結果によると、英語を除く第二外国語科目開設校の中で、韓国語は中国語に続き第二位となっている。二〇〇九年と比較すると、公立校では大きな変化はないが、私立校では三年間で計一二校増えたことが分かる。しかし、韓国語を採択している国立校が一校もないことも判明した。全体的には、一九九九年の開設校一三一校が二〇一一年には三一八校まで増えたというのは、実に著しい成長といえるだろう。

日本の高等学校における韓国語教育の変化の推移を見ると、図1のようになる。ほかの外国語では減少もしくは現状維持となっているのに対し、韓国語だけが増加傾向を示している。

韓国語を採択する学校の増加は、韓国語に対する個人的な需要の増加を反映してもいるが、社会的な戦略の結果と見ることもできる。その一例として文部科学省は、英語一辺倒の外国語教育から脱皮してアジアの隣接諸国の言語教育を奨励する一環として、二〇〇二年に「高等学校における外国語教育の多様化の推進地域事業」政策を発表、韓国語推進地域として大阪府・鹿児島県の二府県を指定し、さらにカリキュラム開発を推進する複数の事業を支援する等の努力を行った。

## 大学における韓国語教育の現況

大学での韓国語教育に関する資料は、最新でも二〇〇三年までであることから、現状を観察するうえで限界があるものの、二〇〇〇年代初めまで大学での韓国語教育が大きく拡大してきた状況は十分に示すことができる。表4に見られるように、韓国語を開設している大学の数は、一九九五年の時点で計一八五校、二〇〇〇年には計三二七校、〇二—〇三年には計四一〇校となっている。すなわち、

## 表２　高等学校における韓国語の履修状況（1999 - 2003 年度）

（単位：人）

| | 合計 | 私立 | 国公立 |
|---|---|---|---|
| 1999 年 | 3,972（0.09%） | 1,611（0.13%） | 2,361（0.08%） |
| 2001 年 | 4,587（0.11%） | 1,536（0.13%） | 3,051（0.11%） |
| 2003 年 | 6,476（0.17%） | 1,949（0.17%） | 4,527（0.17%） |

出典：財団法人　国際文化フォーラム（2005）

## 表３　英語以外の外国語を開設している学校（2012 年５月１日現在）

（単位：校）

| | 1999 年 | 2001 年 | 2003 年 | 2005 年 | 2007 年 | 2009 年 | 2011 年 |
|---|---|---|---|---|---|---|---|
| 中国語 | 372 | 424 | 475 | 549 | 547 | 580 | 542 |
| 韓国語 | 131 | 163 | 219 | 284 | 313 | 306 | 318 |
| フランス語 | 206 | 215 | 235 | 248 | 268 | 246 | 222 |
| ドイツ語 | 109 | 107 | 100 | 103 | 111 | 103 | 106 |
| スペイン語 | 76 | 84 | 101 | 104 | 103 | 107 | 100 |
| その他 | 53 | 53 | 64 | 59 | 74 | 71 | 64 |
| 計 | 947 | 1,046 | 1,194 | 1,347 | 1,443 | 1,413 | 1,352 |

出典：文部科学省初等中等教育局国際教育課（2011）

## 図１　言語別開設校数の推移

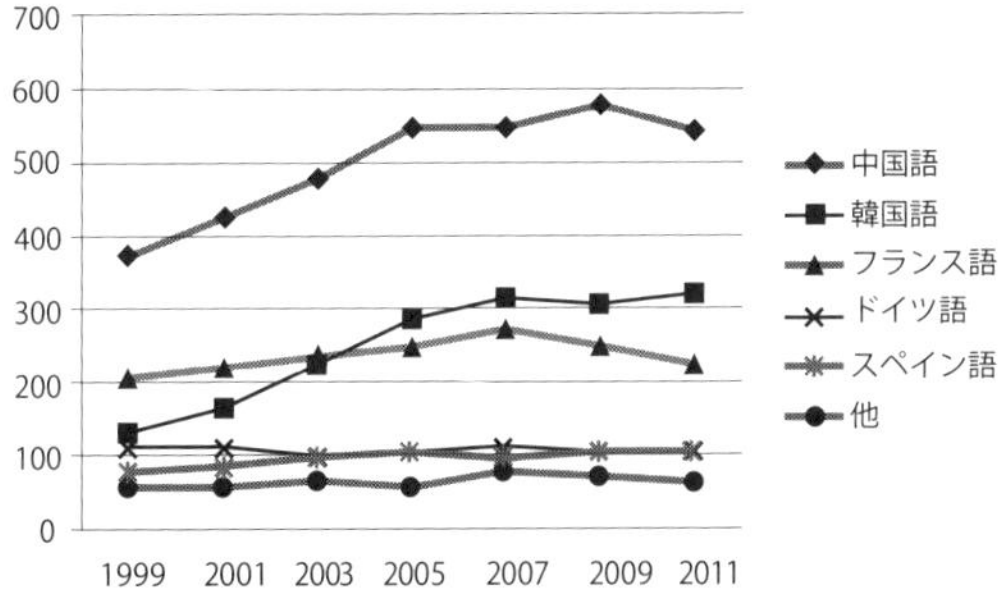


| 順位 | 言語 | 公立 | | 私立 | | 国立 | | 計 | |
|---|---|---|---|---|---|---|---|---|---|
| | | 開設校 | 修了者 | 開設校 | 修了者 | 開設校 | 修了者 | 開設校 | 修了者 |
| 1 | 中国語 | 407（444） | 12,870 | 134（136） | 9,179 | 1（0） | 12 | 542（580） | 22,061 |
| 2 | 韓国語 | 247（245） | 8,585 | 71（61） | 2,856 | 0（0） | 0 | 318（306） | 11,441 |
| 3 | フランス語 | 137（150） | 3,707 | 83（94） | 5,220 | 2（2） | 32 | 222（246） | 8,959 |

注：開設校数欄のカッコ内の数字は 2009 年 6 月 1 日現在の調査結果
出典：趙恒録（2013）

一九九五年から二〇〇三年までの八年間で二・二倍増加した。特に、四年制大学では二校に一校の割合で韓国語が開設されており、韓国語教育の急成長ぶりを示している。

大学での韓国語教育に関する最新の言及は趙恒録（二〇一二）によるもので、二〇一〇年三月現在、日本には六三〇校以上の四年制大学があり、そのうち韓国語教育を開設している大学は四五〇校に達し、二〇〇二年三月末に比べ一・三四倍増加したものと見られる。しかし、韓国語教育の量的な拡大速度に、質的な発展が追いついていないという批判もある。権ヒョンジュ（二〇〇五）は、大学での韓国語教育は文化交流や国際理解よりも実務に偏っている感がある、と主張した。

日本では、韓国語科の設置事由として、韓国語や韓国文学を通して韓国の文化を理解せしめ、優秀な人材を養成するという目標を掲げているが、実質的には、韓国のことを日本人に理解させるという精神が講義内容に反映されていない。これは、韓国語教育を実施する初期の不均衡に起因するものと見られ、韓国語教育を純粋な外国語教育の目的や原理に合わせて改編すべきだという提案がなされたこともある。妥当な

**表 4　大学等における開設状況（1988-2003 年）**

| 年度 | 全体 | 四年制大学 | | | | 短期大学およびその他 | | | |
|---|---|---|---|---|---|---|---|---|---|
| | | 私立 | 国立 | 公立 | 合計 | 私立短大 | 公立短大 | 他 [c] | 合計 |
| 1988 年 | - | 50 | 10 | 8 | 68 | - | - | - | - |
| 1993 年 [a] | - | 67 | (10) | 13 | (90) | - | - | - | - |
| 1995 年 [b] | 185 | 100 | 25 | 18 | 143 | 40 | 2 | - | 42 |
| 1998 年 | - | 154 | 38 | 23 | 215 | - | - | - | - |
| 2000 年 | 327 | 187 | 46 | 30 | 263 | 58 | 6 | - | 64 |
| 2001 年 | - | 204 | 49 | 32 | 285 | - | - | - | - |
| 2002 年 | - | 234 | 58 | 30 | 322 | | | | |
| 2002-03 年 | 410 | 243 | 58 | 34 | 335 | 62 | 7 | 6 | 75 |

注：a. 国立大学のみ確認。1993 年の時点では、国立大学は 4 校しか確認できなかったため、カッコ内には 1988 年の数字を記した。
b. 韓国教育財団の調査資料（日本における韓国語教育実態調査報告 1996）
c. 高等専門学校（2）、放送大学、海上保安大学校、防衛大学校、Temple University Japan を含む。
出典：財団法人　国際文化フォーラム（2005）

省察による提案であり、韓国語教育が進むべき方向だと考えられる。

## 国の認可を受けた語学教育機関における韓国語教育の現況

権ヒョンジュ（二〇〇五）によると、語学部門で国の認可を受けた一九の民間語学教育機関のうち、韓国語を採択している教育機関は一三に上る。これは、英語に次いで高い比重となる。こうした公認の教育機関のほかにも、インターネットを検索すると、数多くの私設塾や、個人教習などを提供する施設等が存在しており、その正確な数は把握できないほどで、雨後の筍のように生まれている。

趙恒録（二〇一三）の調査によると、東京をはじめ首都圏の五ヵ所で韓国語の講習を行っている新大久保語学院の場合、二〇一三年の時点で計一五〇〇人の受講生がおり、五年間で三倍ほど増加した。語学教育機関における韓国語教育の需要急増は、一般的な社会人が実務的な立場から要求している現象とみられる（権ヒョンジュ二〇〇五）。韓国語を、学問的な必要からではなく、趣味もしくは日常会話を学ぶ目的で学習する場合にあっては、こうした教育機関を利用するケースが多いと推測される。

## 韓流の影響

単に日本のみならず多くの国で、韓国語教育の需要増加に韓流が極めて大きく貢献したのは、疑問の余地のない事実である。趙恒録（二〇一三：六）は、韓流を韓国語の国外普及に寄与した要因の一つと見て分析を行い、韓流と韓国語教育との関係を図2のように表した。韓流が韓国語学習者の数を増加させ、これが再び韓流の拡散に寄与し、さらに韓国語学習者を増やすという循環仮説である。

ＫＯＴＲＡ（大韓貿易投資振興公社）が二〇一一年に調査した「グローバル韓流動向および活用戦略」によると、世界九四の地域における韓流の進出段階は五段階に分けることができ、各段階の特徴は表5のとおりとなる。この評点基準に基づいて調査を行った結果は表6の通りで、日本の場合、評点5の成熟段階に該当し、「韓流は一般人に広く人気があり、韓流を利用した商品の販売が円滑な状態」にある。

図3で見られるように、実際、日本では二〇〇三年四月の「冬のソナタ」放映を手始めに第一世代のドラマ韓流が胎動し、韓国ドラマが日本のテレビ放送の主なジャンルとして定着した。現在、ローカル放送局および衛星・ケーブルテレビ放送局のほとんどが、韓国ドラマ専門のチャンネルを持っており、二〇一〇年だけでも一〇一本の韓国ドラマが放送された。K-Ｐｏｐもまた大きな人気を集めており、二〇〇五年以降男性グループが中心になってきた一方、一〇年からは女性グループに人気の中心が移動した。

韓流の恩恵があるかどうかが韓国語学習の動機と熱意に影響を及ぼす、というのは事実であろうが、

図２　韓流と韓国語教育の関係

図３　日本における韓流の現況

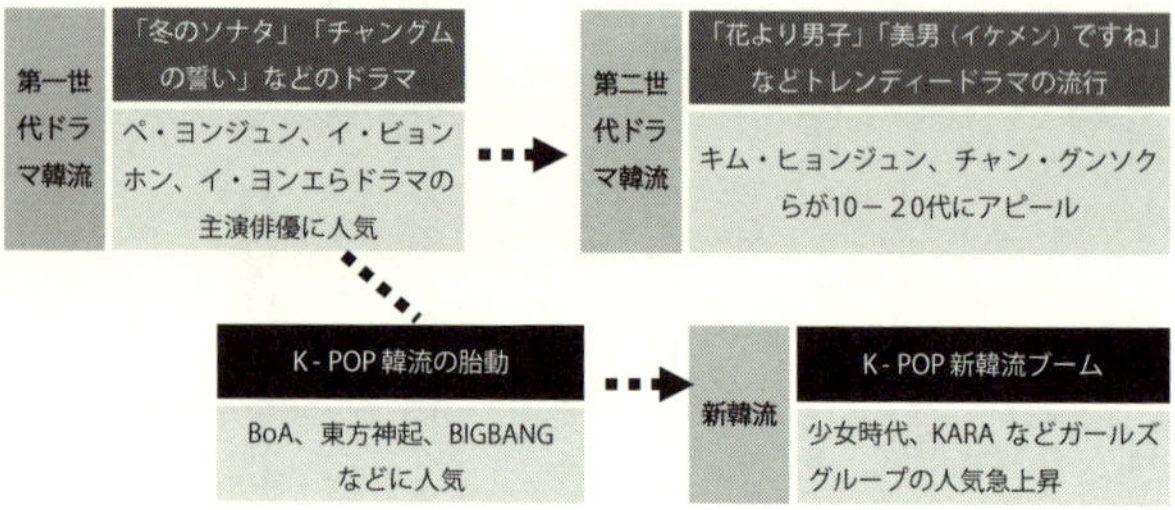

その限界もまた、明らかに存在している。

実際、日本では、韓流の拡散とともにＮＨＫテレビ講座の教材販売部数が大幅に増加したが、大学における受講生の増加は相対的に多くない、という報告があるという。結局のところ、韓流の拡散は、潜在的学習者の大規模な形成という意味を認めることはできるが、こうした層を真の学習者に転換していくことは、これからの課題ということになる。

## 3　九州大学における韓国語課程

### (1)　基幹教育の韓国語課程

九州大学は、教養科目の履修課程で韓国語科目を開設している。一般教養科目の履修を「基幹教育」と称しており、一年生に履修が義務付けられている。まずは、この基幹教育の韓国語課程を見てみよう。

**表 5　世界の韓流進出動向調査評点基準**

| 評点 | 進出段階 | 現象 |
|---|---|---|
| 5 | 成熟段階 | 韓流は一般人に広く人気があり、韓流を利用した商品の販売が円滑な状態 |
| 4 | 成長段階 | 韓流は一般人に広く知られて人気があり、一般人を対象とする韓流関連商品の販売が導入されている状態 |
| 3 | 認知段階 | 韓流が一部マニア層だけでなく一般人にも認知されている状態 |
| 2 | 導入段階 | 韓流が一部マニア層の間で人気がある状態 |
| 1 | 未導入段階 | 韓流が導入されていない状態 |

出典：KOTRA 知識サービス事業チーム（2011）

**表 6　韓流進出段階の調査結果**

| | |
|---|---|
| 成熟段階 | 日本、中国、タイ、香港、ベトナム、シンガポール、台湾、カザフスタン |
| 成長段階 | マレーシア、フィリピン、ミャンマー、カンボジア、ハンガリー、ウズベキスタン |
| 認知段階 | インドネシア、ニュージーランド、米国、カナダ、英国、ベルギー、ドイツ、フランス、スペイン、アルゼンチン、ベネズエラ、ペルー、パナマ、チリ、ブラジル、ウクライナ、ポーランド、ルーマニア、ジンバブエ、スーダン、エジプト、イラク、イスラエル |
| 導入段階 | スリランカ、インド、オランダ、ギリシャ、デンマーク、フィンランド、トルコ、イタリア、チェコ、ロシア、アゼルバイジャン、コロンビア、グアテマラ、メキシコ、ケニア、ボツワナ、ヨルダン、モロッコ、シリア、イラン、UAE（アラブ首長国連邦） |
| 未導入段階 | バングラデシュ、パキスタン、キューバ、スイス、オーストリア、クロアチア、アルジェリア、クウェート、オマーン |

出典：KOTRA 知識サービス事業チーム（2011）

## 沿革および特徴

九州大学では、平成四年（一九九二）に「朝鮮語」の科目をスタートさせ、一二年（二〇〇〇）には「朝鮮半島の言語と文化」（現在は「韓国の言語と文化」）の科目を開設した。平成一三年（二〇〇一）からは、「話す・聞く」能力を集中的に高める「朝鮮語フォーラム」（現在は「韓国語フォーラム」）の科目が始まった。また平成一八年（二〇〇六）からは、「朝鮮語」の科目名を、全学教育の初修外国語科目に当たる「韓国語」に変更した。

九州大学は韓国と地理的に近いことから、韓国語学習の動機は強い方に属し、韓流の影響で受講者がさらに増加する現象がみられる。九州大学の韓国語課程の目標は、韓国語を用いた円滑なコミュニケーションにあり、日本語との比較対照言語学および外国語教育の分野にも関心を抱くよう設計されている。『九州大学百年史』は、韓国語科目の特徴について以下のように記している。

「近年の日韓交流の活発化や二〇〇〇年度以降に韓国政府主導で行われている大衆文化コンテンツの拡大政策により、受講者は年々増加している。九州大学は韓国と地理的にも比較的近いためか、学習後すぐに使ってみたいという期待感を持っている学生が多く、言語知識のみならず文化や社会についての関心が高いことが一つの特色である。

現在の九州大学の韓国語の授業では、徹底した入門期の教育（文字と発音）と、基礎文法・基礎語彙を使って円滑にコミュニケーションができるようになることを目標に掲げた教育を行っている。また単に韓国語の知識だけでなく、それを応用して日本語との比較・対照言語学や外国語教育分野にまで関心を持っていけるよう努めている」（『九州大学百年史』第四巻第八編第二章第一節（六）「韓国語教育」）

## 開設されている韓国語科目および受講者数

二〇一五年度の九州大学学部生の場合、一年生は、一般教養科目に相当する「基幹教育科目」（旧全学教育科目）を履修しなければならない。基幹教育科目は表7に示す九部門に分かれており、学生自身の専攻により、該当する科目で該当する単位を取得しなければならない。

韓国語の講義は、言語文化基礎科目で四科目、言語文化自由選択科目で二科目開設されている。言語文化基礎科目で開設されている韓国語科目は「韓国語Ⅰ」「韓国語Ⅱ」「韓国語Ⅲ」「韓国語フォーラム」で、言語文化自由選択科目で開設されている韓国語科目は「入門韓国語」「韓国の言語と文化」である。各科目の内容は、表8に示したとおりである。韓国語課程のカリキュラム計画と教育は、言語文化研究院と比較社会文化研究院の教員が担当している。

韓国語の講義を受講する学生は相当多く、二〇一四年前期における韓国語Ⅰの受講者数は、表9で示すとおり計二八二人に達した。韓国語Ⅲは、通常の場合三コマ開設されて四〇人前後の受講者が集まり、韓国語フォーラムは四〇—五〇人が受講するほどになっている。これはかなり大きな規模といえるが、三年前の時点では韓国語Ⅰの受講者が四五〇人いたことと比べると、その数は大きく減った。これは、韓国と日本の政治的・外交的問題から韓国語ブームにブレーキがかかったためと把握されている。

## 表7　基幹教育の科目分類

| |
|---|
| 基幹教育セミナー |
| 課題協学科目 |
| 文系ディシプリン科目 |
| 理系ディシプリン科目 |
| 健康・スポーツ科目 |
| 総合科目 |
| 言語文化基礎科目（韓国語Ⅰ、韓国語Ⅱ、韓国語Ⅲ、韓国語フォーラム） |
| 言語文化自由選択科目（入門韓国語、韓国の言語と文化） |
| 言語文化古典語科目 |

## 表8　基幹教育における韓国語課程

| 科目名 | | | 回数 | 単位 | 内容 |
|---|---|---|---|---|---|
| 言語文化科目 | 言語文化基礎科目 | 韓国語Ⅰ | 週2 | 2<br>（1時間<br>1単位） | 韓国語は日本語とよく似ています。特に文法構造が酷似しています。日本人が韓国語を学ぶとき，他の外国語と違って，全く「語順」に苦しむことはありません。ただし文字（ハングル）には初めて接する人も多いことでしょう。したがって，最初で最後の難関は，文字に対する慣れです。これをクリアできれば，この科目を履修するだけで，簡単なあいさつ程度の会話ができます。 |
| | | 韓国語Ⅱ | 週2 | 2<br>（1時間<br>1単位） | この科目では，韓国語Ⅰとの有機的関連性を持たせながら，よりレベルの高い造用能力の獲得をめざします。挨拶語をはじめとして，文型練習や多様な場面の会話文に接することで，徹底的に「話す・聞く」ことに時間を注ぎます。そのためには基礎語彙1000語と主要な「文法的な形」70の習熟が第一目標となります。この科目を履修するだけで，簡単な新聞記事程度は辞典を持って読めるようになるはずです。 |
| | | 韓国語Ⅲ | 週1 | 1 | この科目では，多くの「文法的な型」を用いた文型練習をはじめとする会話・ヒアリング，さらには作文に主眼をおき，「徹底的に」トレーニングを行い，発信型韓国語造用能力の向上をめざします。 |
| | | 韓国語フォーラム | 週1 | 1 | この科目では，韓国の伝統文化をキーワードに，韓国語における特徴的な表現に重点を置き，「話す・聞く」トレーニングを重ね，韓国語によるコミュニケーション能力の向上をめざす。 |
| | 言語文化自由選択科目 | 入門韓国語 | 週1 | 2 | 入門者を対象にして、短期間で韓国語の基礎をマスターすることをめざして開講された科目です。正確な発音と基本的な文法を学びながら、発信型外国語能力の獲得ができるように工夫します。 |
| | | 韓国の言語と文化 | 週1 | 2 | 福岡とは一衣帯水の地にある朝鮮半島に関して、言語の基本から歴史・文化・生活習慣に至るまで平易に解説します。この科目では、韓国語の総合的造用能力の向上をめざす学生諸君の積極的な参加を希望します。 |

## 表9　韓国語Ⅰの受講者数（2014年前期）

| 時間割 | 受講者数 |
|---|---|
| 月2　木2<br>月2　木2 | 36名<br>35名 |
| 月3　木3<br>月3　木3 | 32名<br>31名 |
| 火2　金2<br>火2　金2 | 51名<br>51名 |
| 火3　金3<br>火3　金3 | 23名<br>23名 |
| 合計 | 282名 |

## （2）アジア太平洋カレッジの韓国語会話クラス

九州は韓国との縁が深い地域である。歴史的にも地理的にも韓国と近く、九州大学は一九九九年に、日本で初めて韓国研究センターを設立、韓国の大学との交流を行い、韓国学研究の拠点となった。韓国への関心と並び韓国語に対する学習意欲もまた相当に高い九州大学では、正規教育に属さない、特殊な目的を有する韓国語の授業も活性化している。その一つが、日韓米共同教育プログラム「アジア太平洋カレッジ」の事前学習として行われる「韓国語会話クラス」である。

アジア太平洋カレッジ参加者のみが受講できる特別語学講義で、文化やマナーを交えて、実践的な会話力が習得できるようにするものである。授業は、参加者四〇名を一クラス一〇―一五名に分けて実施する。レベル1とレベル2に分けられ、レベル1は、韓国語に触れたことがない学生を対象とする基礎クラスで、ハングルの字母から学ぶ。レベル2は、九州大学の正規の授業で韓国語を学んでいるか、もしくは外部で学んだことのある学生を対象とする。カリキュラムは、「キャンパス韓国」で使用可能な表現などを中心に、短期間で最も実用的な成果を得られるように組まれている。

韓国語会話クラスの評価は非常に良く、二〇一四年度参加学生へのアンケート調査では、全体的な満足度を尋ねる質問に対し「よかった」という回答が七四％に達した（図4）。学生のコメントに見られるように、実際に韓国へ行った際に韓国語を使えたという点が、学生の満足度を高めているものとみられ、韓国語会話クラスの最大の目標である「実用性」の成果と考えられる。

## 4　結論

一国の言語を、国内または国外で、外国人を対象に教えるということは、単なる言語教育にとどまらず、その国の言語だけでなく文化や多様な情報などを通して、いずれその国との交流のための基盤となる。ゆえに、外国人を対象とする言語教育は、政府レベルの体系的な支援が当然なされるべきである。日本の場合も、日本語の国際化のため、文部科学省を中心に国家レベルで体系的な調査・研究と長期的な事業が行われている。

韓国の場合、外国語としての韓国語教育は文化体育観光部で担当しており、二〇〇七年から一一年にかけて「第一次国語発展基本計画」が実施された後、現在は一二年から一六年までの「第二次基本計画」が実施されている。

図４　韓国語会話クラスに関するアンケート調査への回答

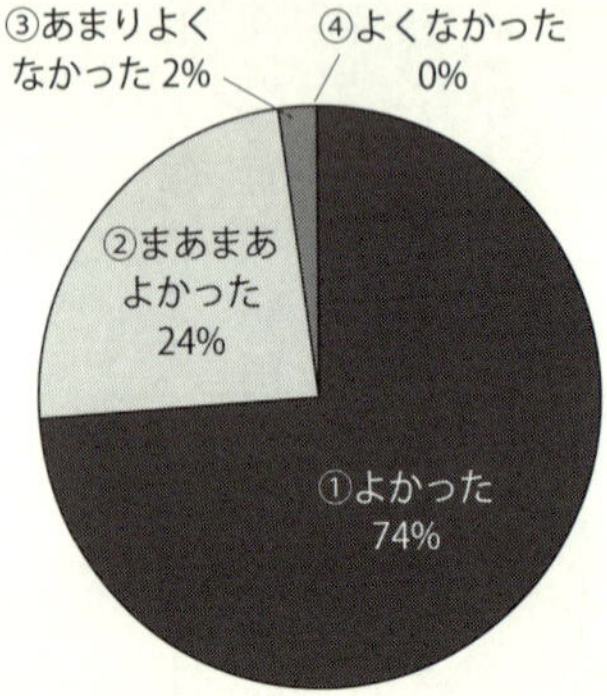


学生の追加コメント：

- 簡単な韓国語で韓国の学生と会話することができ、相手に喜んでもらえたから
- 先生が毎回宿題にする単語リストに載っていた単語を使って文字を読んだり、会話をすることが韓国でできたから。また、通常授業の内容をより深めることができた
- 日常会話で使えるような単語をたくさん教えていただいたので実際韓国の方と話す時に役に立ったから。
- 自己紹介や日本で何がしたいか等は韓国語で聞き、話が通じてよかった
- 韓国の学生が話していることがわかったり、書かれていることがわかったりと授業に参加していなければ体験することのできないことを経験できたから
- 覚えたり、習ったことを韓国人に対して使えてさらに学べたから
- 英語で伝わらない時に韓国語の単語を使うとコミュニケーションを何とかとることが出来たのがよかった。ただ、短期間であったのでただ単語を覚えさせるのではなく日常会話をもっと教えてほしかった
- まず自己紹介を韓国語でできたこともよかった。フレーズが耳に残っていたので韓国の人に再び教えてもらった時にすぐに覚えることができた

第一次基本計画では、「韓国語世界化分野」計画を通して、世界六〇ヵ所で世宗学堂（現地密着型韓国語文化学校）の指定および運営が行われ、日本では二ヵ所が世宗学堂に指定された。第二次基本計画では、より具体的に「北東アジア地域拠点基盤韓国語世界化戦略推進」を目標としている。しかし、日本での韓国語教育に対する具体的な事案は、計画書には見られない。

また図5と図6に見られるように、韓国語普及に関する施設の現況や投資額は、現実的には他国に比べ著しく低いのが実態で、韓国政府が韓国語教育の普及の必要性を痛感し、総合的かつ積極的な支援を行うことが必要である。特に、韓流ブームに伴い韓国語教育の需要が世界で自然と高まった一方、

**図5　自国語普及施設の現況**

（単位：校）

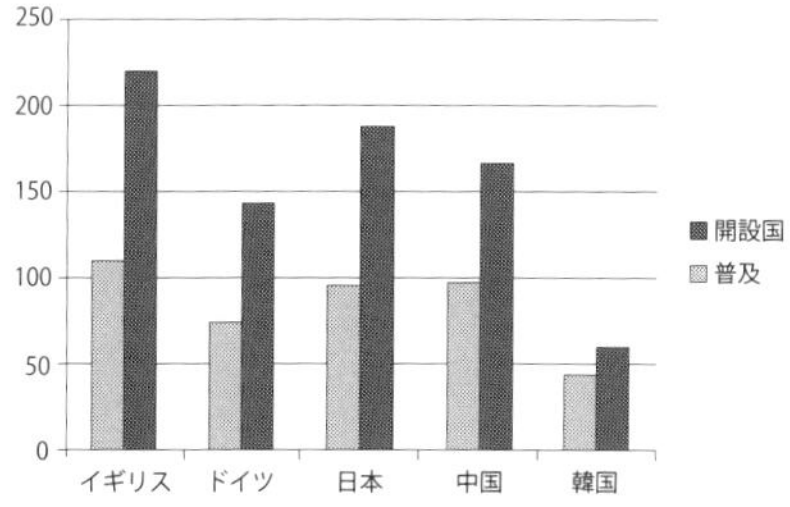


出典：文化体育観光省・関係部処合同（2012）

**図6　自国語普及のための投資額**

（単位：億ウォン）

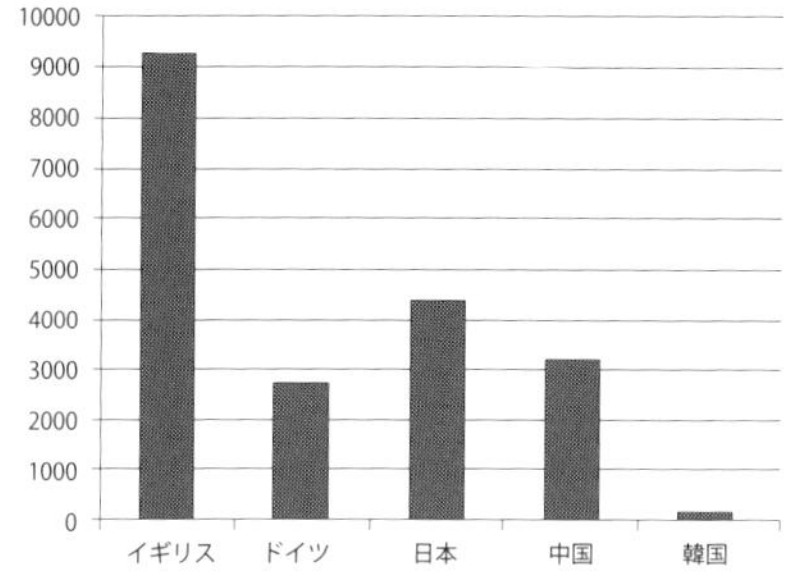


出典：文化体育観光省・関係部処合同（2012）

その限界も露呈しつつある中で、韓流の影響力が停滞した後も韓国語の普及を可能な限り拡大し得る、巨視的で総合的な支援システムが構築されなければならない。

（九州大学アジア太平洋未来研究センター助教）

## 参考文献


植田晃次（二〇〇九）「日本近現代朝鮮語教育史と相場清」『言語文化研究』三五号

野間秀樹（二〇〇一）「일본어권 한국어 교사의 기본 조건［日本語圏韓国語教師の基本条件］」『국어교육연구［国語教育研究］』九号

九州大学百年史編集委員会（二〇一一）『九州大学百年史』

財団法人国際文化フォーラム（二〇〇五）「日本の学校における韓国朝鮮語教育――大学等と高等学校の現状と課題」

文部科学省初等中等教育部国際教育課（二〇一一）「平成二三年度における国際交流等の状況について」

권현주［権ヒョンジュ］（二〇〇五）「일본에서의 한국어 교육 현황 조사 연구［日本における韓国語教育現状調査研究］」

한국일본어문학회［韓国日本語文学会］

이길원［李吉遠］（二〇一〇）「일본의 한국어 교육 현황과 과제［日本の韓国語教育現状と課題］」『나라사랑［ナラサランン］』一一六号

조항록［趙恒録］（二〇一三）「한국어 교육 현황 점검 및 교육 지원 전략 연구［韓国語教育現状および教育支援戦略研究］」문화체육관광부 보고서［文化体育観光部報告書］

국립국어원［国立国語院］（二〇〇七）「문화 창조 역량 강화와 한국어의 세계화를 위한 국어발전 기본 계획［文化創造力量強化と韓国語の世界化のための国語発展基本計画］」

문화체육관광부・관계부처 합동［文化体育観光省・関係部処合同］（二〇一二）「문화 창조와 상생, 한국어의 도약을 위한 제2차 국어 발전 기본 계획［文化創造と相生、韓国語の跳躍に向けた第二次国語発展基本計画］」二〇一二―二〇一六

KOTRA 지식서비스사업팀［知識サービス事業チーム］（二〇一一）「글로벌 한류 동향 및 활용 전략［グローバル韓流動向および活用戦略］」

（翻訳：川口大輔）

# これからの五〇年に向けて――参加学生から（7）

## 「誠心の交わり」を理想として

久和　温実

「朝鮮交接の儀は、第一に人情時勢を知り候事肝要にて候」「誠心と申し候は、実意と申す事にて、互いに欺かず、争わず、真実をもって交わり候を、誠心とは申し候」

これは過去に日朝友好に大きく寄与した雨森芳洲が著書『交隣提醒』の中で残した言葉です。彼は対馬藩に仕え、「誠心の交わり」を実践し、二つの国の橋渡しとしての役割を担いました。雨森芳洲を筆頭に、過去、対馬は日本と朝鮮の関係においてとても重要な役割を果たしてきたのです。

私はその対馬で生まれ育ちました。対馬で生まれ、「誠心の交わり」を理想とする私が、今回アジア太平洋カレッジで何を感じ取ってきたのか、報告したいと思います。

### ことばを通して見えてきたこと

誠心の交わりを実践するために私が重要だと考えていたのは「ことば」です。今回プログラムに参加する上で、韓国語のレベルを少しでも向上させることを意識していました。

ソウルから釜山へ移動したその日、釜山大学での開講式で日本人学生の代表として挨拶させていただく機会がありました。韓国語と英語を交えてほんの短いあいさつをしたのですが、韓国側の学生の、私を見る目が少し変わりました。これまでに韓国を訪れた時の経験や対馬での日韓交流の話など、わずかではありますが韓国の文化や風習、ことばを勉強してきたからこそすぐに打ち解け、誠心の交わりへの一歩を踏み出せたような気がします。

しかし失敗もありました。グループで楽しく食事をしたあと、お店を出る際、店主さんに美味しかったという意味で「マシッソッソ！」と気軽に言ってしまったのです。そのときは気づきませんでしたが、韓国の友人に「マシッソヨ」ときちんと言わなきゃダメだよ、と注意されました。韓国は言わずもしれた儒教の国で、目上の人に対する態度や言葉遣いは大変重要な問題です。彼が教えてくれたおかげで私は失礼な表現をしてしまったことに気づき、反省しました。外国のことばを学ぶというのはやはり難しいと実感した一方で、ことばにはその国の考え方や価値観が隠れているのだなと改めて感じることができた経験でした。

美味しい食べ物や目新しい場所、また日韓の共通点を見つけながら韓国での楽しい時間を仲間たち過ごしました。でもどこかでやはり気になっていたのが、領土問題のことです。これまでの交流ではあまりそういった踏み込んだ問題に触れることはありませんでした。大学生となった今、その問題がそこにある以上、無視してはいけない問題なのかなとも思っています。韓国で移動をしているとき、「ドクトヌンウリタン」（独島《ドクト》は私たちの領土だ）という看板や映像を見かけました。日本だと想像できない光景だと思います。韓国語を学んでいるからこそ、それらの意味が分かってしまい、なんだか悲しいなと感

キャンパス韓国 in 釜山の開講式
（日本人学生を代表して挨拶する筆者）

K-Pop ダンス

事前学習「少人数韓国語会話クラス」

じてしまいました。

領土問題について、少しだけ韓国の参加学生と話してみました。実を言うと、このプログラムに参加する前までは領土問題について考えを聞いてみたいと思っていたものの、いざ話をするとなると質問をすることに抵抗を感じました。なぜかというと、きっと相手が質問の意味を理解したとしても、英語で答えてくれるだろうと思ったからです。ことばの力というものは大きく偉大だということを実感していたので、彼らが母語である韓国語というフィルターを通して考えたことをそれ以外の言語でアウトプットし、それを日本語話者であり英語も韓国語も拙い私がしっかり受け止められるか疑問に感じていたのです。相手が考えたことをその言語を通して知りたい、というのが自分の求めていることだと思ったので、そのときは簡単な質問だけをしました。

しかし少しではあるとしても韓国語を知っているからこそ、訪韓において仲間とコミュニケーションがうまくとれたり、見たくない部分・悲しいと思ってしまうような事実を目にしたりと、韓国という国、そしてそこに住む人々の価値観や考え方に触れることができたのだと思います。今回自分でことばを意識しつつ参加したことによって、とても有意義なものになりました。韓国のことば・価値観・考え方などに直に触れることができたのは、このプログラムに参加したからこその経験だと思っています。

## 対馬出身者として

私の中ではほかの学生とは違う想いがひとつ、夏からずっと心にとどまっています。それは、「対馬出身の人間として、私は何をすべきか」という想いです。ごく最近「対馬返還運動団体が対馬を訪問した」というニュースがありました。私はこの報道を知ったとき、涙が出てきました。何も対馬が侵略されるかもとか、そんなことを考えたわけではありません。怒りが沸いたわけでもありません。ことばに表すのは難しいですが、一番近い表現で表すと「悲しい」のです。実際の歴史事実がどうなのかは正直わからない。でも、自分の出身地、愛する故郷が日韓の摩擦の渦の中にあると思うと悲しいのです。

私は対馬出身者としての誇りがあります。九州大学で二一世紀プログラムの課程を志望したのも対馬への強い想いからです。以前から仏像盗難事件と返還の問題も報道されています。そうした中で世間やネットでは「国交を断絶しろ」とか「対馬は韓国とこれ以上関わるな」とか批判的な意見も多く聞こえます。確かに私だって悲しい。でもそういうことではないと思うのです。正直「対馬に住んでいるわけでもないのに何を勝手な！」と思います。

もちろん対馬島内でもさまざまな意見があります。しかしこれまでの長い歴史の中で朝鮮半島との交流に多く貢献してきた対馬の話をとってみても、今現在多くの韓国人観光客と良い関係を築こうとしている姿にしても、断絶しろとかそういう簡単な話ではないと思うのです。

皆さんは日韓関係についてどうお考えですか。本当はどこかでわかっているはずです。いいも悪いもある。お隣さんと関わっていくうえであたりまえのことだと。私はそう思います。国境離島である対馬にとって日韓の関係は特に重要な問題です。そうした現状の中で今回私がアジア太平洋カレッジに参加できたことは大変有意義であったと、自分自身実感しています。

今後進路を考えていくうえで、韓国で働くというのもいいなと思ったし、そうでなくても一年くらいは韓国に住んで、雨森芳洲が言うように韓国の言葉や文化、慣習を理解したいと感じました。アジア太平洋カレッジでできた韓国の友だちは本当に最高の友人たちばかりです。ともに過ごし議論を交わしたからこそできた絆。その韓国の友人たちと本当の「誠心の交わり」ができるように、まずはことばを知るところからはじめていこうと思います。日本と韓国、そして対馬。それぞれの場所に私の大切な人達がいます。プログラムに参加することで増えた私の大切な人たち。私は新しい一歩を踏み出したのです。

**対馬の地域おこしへの参加**

このプログラムに参加したすぐ後に対馬での地域おこしのプログラムにも参加しました。対馬が抱えた問題を学び、実際にグループワークに取り組むことで島の現状を改めて認識する機会になりました。しかしそのプログラムでは日韓のことについて触れることは特にありませんでした。対馬はさまざまな問題を抱えています。過疎化・大幅な人口減少、担い手の不足、環境問題等々。また韓国人観光客と対馬住民の関係といったある種の摩擦問題も。「国境の島」と言われるだけに、これからの地域おこしにおいて対馬と韓国の関係をどう捉えていくかということも必要なのでは、とあらためて思うようになりました。これからは日韓関係という視点を持ちつつ、対馬での地域おこしに携わっていくつもりです。一生懸命勉強して、自分が「対馬出身者として」何をすべきか考えながらさらに進んで行きたいと思います。

（九州大学二一世紀プログラム二年）

# 真の韓日相互コミュニケーションのチャンス

韓《ハン》 玧《ユン》 宣《ソン》

アジア太平洋カレッジに参加する前、私が日本に対して持っていたイメージは「近くて遠い国」というものでした。韓国と地理的に隣接し、文化的にも類似した生活基盤を共有していますが、日本のことを思い浮かべるたび、漠然とした隔たりを感じていました。ですが、だからといって日本や韓日交流に全く関心がなかったわけではありません。むしろ、高校在学中から地道に日本語を勉強し、日本文化にも自然と関心を抱くようになりました。

にもかかわらず、日本を直接訪問できる機会は容易には得られず、残念な思いを強く抱いていました。そんな折、学科の先生からアジア太平洋カレッジについて案内を受け、ためらうことなく参加を決めました。アジア太平洋カレッジのプログラムを通して、日本文化を深く理解し、経験できるだろうと確信したからです。

単なる観光旅行でも他国の文化を十分に経験できる、と考える人もいます。しかし私は、他文化を十分に理解するためには、まずその国の人と何度も会ってみるべきだと考えました。

## 心を開いて互いに向き合う

日本の友人との交流が、最初から円滑だったわけではありませんでした。最初、グループ分けがあって日本人メンバーと対面しましたが、意思疎通から問題になりました。韓国語でも日本語でもなく、英語を使って意思疎通をするため、もしかしたら不適切な表現で間違いが起こるのでは、という心配から、お互いあまり言葉が出てこないこともありました。最初は、気まずい雰囲気の中、韓国人メンバーと日本人メンバーが別々に集団を作って道を歩くこともあり、皆一緒に講義を聞く時間でも互いに離れて座ることもありました。

変化は、日本人メンバーのためソウルと釜山のフィールドワークを準備していたときに訪れました。私たちは、プログラムが始まる前から、各地域の名所やおいしい店、文化体験イベントなどを細かく調べ、日程を組みました。最初は外国人メンバーの引率を気まずく思っていた韓国人メンバーも、自分の些細な一言や行動で韓国のイメージが変わりかねないと考えて、徐々に積極的にフィールドワークに臨むようになりました。

忙しく、大変な一日でしたが、積極的に対話を試みた末、互いに心を開くようになり、その後はグループの雰囲気が変わったことを感じました。これまで我慢していた心配事について質問し、相手の国で感じたことや感想について、率直な対話を交わしました。特に、韓国と日本のキャンパス文化、教育率など、私たちが大学生になって直面している諸問題と関連付けて互いの文化を比較してみたことが記憶に残っています。

浴衣体験（右側が筆者）

日本に行ってからは、日本人メンバーが、私たちのためにツアーを準備してくれました。プログラムが終わるころには、互いの個人的な話や悩みまで語り合うほど親しくなっていました。プログラムをすべて終えて別れるころには、普段は寡黙で口数少ない友人たちまでもが涙を流して別れを惜しみ、心が締め付けられました。

プログラムが終わる前日、同じグループに属する日本人の友人たちが、韓国人メンバーのために寄せ書きを作ってくれました。心のこもった文章をゆっくり眺めていて、ある日本人の友人が残した一文に強く感動しました。今回のプログラムに参加する前は、韓国や韓国人について良くないイメージがあったけれど、私たちと友人になった後は、そんな考えは消えて嬉しく思う、という内容でした。そして、ふと、こうして互いに心を開いて相手を見ることができれば、真のコミュニケーションを始められるのではないか、という思いを抱きました。

私は、これまで勉強する中、国際的な協力とコミュニケーションの重要性について絶えず耳にしてきて、国際的なコミュニケーションのためには優れた外国語の実力を備えなければならない、と考えてきました。無論、円滑な意思疎通のためには、基本的に言語能力を備えておくべきですが、たとえその国の言語を流暢に操れるとしても、その国の人々の文化や気持ちをあるがまま受け入れる準備ができていなければ、真のコミュニケーションはできないだろう、という思いを抱きました。その国の人々の暮らしをあるがまま見ることができる開かれた心と、その人々の文化に対する深い理解が備わってこそ、互いの心を動かせる、真のコミュニケーションができると考えました。

私は、こうした気づきに基づき、これからは韓国と日本の真のコミュニケーションが実現するよう支援する、コミュニケーター役を果たしたいという夢を持つようになりました。プログラムを終えて韓国に戻ってきてからは、本格的な日本語の勉強を再び始め、日本の大学への留学も考えるようになりました。今回のプログラムを通して、私にとって日本は、もはや「近くて遠い国」ではなく、互いに心を通わせた友人たちが暮らしている「近い隣国」になりました。

**韓日問題解決のための力量を育てる**

私がカレッジプログラムに参加して最もやり甲斐を感じたものの一つが、インターンシップ・プログラムでした。

高麗大学の学友とともに、NTT西日本のインターンシップに参加しました。同社からは事前に「ブロードバンド回線を活用した新たなライフスタイルを提案せよ」というテーマが与えられました。私たちのチームは定期的に集まって、お互いに考えてきた内容を話し合い、関連資料を補充するなど、熱心にプレゼンテーションの準備を行いました。FTTH（光ファイバーによる家庭向けデータ通信サービス）などを活用して両国のメンタルや文化が盛り込まれた文化コンテンツ交流を拡大することで、より未来志向的かつ本質的な文化交流を可能とし、韓日間の友好的な協力関係の形成を支援しようと考えました。私たちは、インターネット双方向テレビ（IPTV）を用いた映像コンテンツ交流、さまざまな大衆音楽コンテンツ・サービス、超高速通信網を活用した通信販売サービス、そして生活情報および旅行サービスという、四種類の事業を提示しました。

まず、両国のIPTV活性化を通した韓日文化交流案について考えてみました。そのため、現時点での韓国と日本におけるIPTVの普及と利用の現況について分析し、日本と韓国の通信会社が提携して両国のドラマ、映画など映像コンテンツを共有する案を提示しました。

次いで、さまざまな音楽コンテンツ・サービスの提供を提案しました。私たちは、音楽コンテンツ交流がアイドル音楽に偏り、一部ジャンル限定の交流になっていることを問題視しました。また、メジャーな音楽もマイナーな音楽もバランスよく交流することを通して、両国のより広範な文化、気持ちの交流を可能にしようと考え、さまざまなジャンルのアーティストによる韓日合同ミュージック・フェスティバルを企画し、マイナーなアーティストやインディーズバンドのプロモーション・サービスを提供する案についても考えてみました。

これだけでなく、超高速通信網を活用して両国のブランドやストアが自由に出店できるマーケットを形成する案や、両国の文化・公演・旅行などさまざまな生活情報を提供するプラットホームの整備案についても考えました。

各チームが準備したプレゼンテーションをすべて終えた後、同社の方からフィードバックがあり、ほかのグループのメンバーと質疑応答／討論を行う時間も与えられました。ＮＴＴ西日本では、私たちのチームのプレゼンテーションに関して、具体的な数値や統計資料を使って説得力を高めたこと、各事業の実行案や予想される効果を細かく整理して提示したことなどを高く評価してくれました。

NTT 西日本でのインターンシップ（下も）

プレゼン中の筆者（左から 3 番目）

釜山港から博多港へ

　しかし、プログラム実現のためには収益性をさらに高められるようにすべきと指摘され、その案についても例を挙げて助言してもらいました。NTTの方々がいずれも学生の発表に集中していたことが印象深く、発表の進め方や態度まで指摘してくださるなど、細かなフィードバックを受けることができて良かったと思います。

　プレゼンテーションを準備する中、これまで韓日問題の解決や交流拡大についてしっかり考えてみたことのなかった自分が、こうした問題に関心を持つようになり、いずれ自分が解決すべき当面の課題であるとの認識を持つようになりました。今後は、韓日問題にもっと現実的な関心を持ち、どうすれば韓国と日本が互いの文化をより豊かに理解し、相互協力を行う関係になれるかについて、平素から考えるようになることでしょう。

## コミュニケーションを通して共に開いていく未来

　アジア太平洋カレッジは、他文化を見るに際しての、より成熟した見方をもたらしてくれたプログラムです。またこの先、韓国と日本の関係を新たに形成していく学生たちに、韓日問題の解決と交流の拡大について前もって真剣に考えるチャンスを与え、こうした問題は他人事ではなく、自分たちが解決すべき当面の課題なのだという意識を持たせてくれました。およそ二週間という短い期間ではありましたが、本当に多くを学ぶことができ、わけても、良い友人たちと出会うことができて非常に幸運でした。今後さらに多くの友人たちが、アジア太平洋カレッジのようなプログラムを通して、多文化を見る幅広い視野と包容力、そして良き人々と知り合えることを望みます。

　アジア太平洋カレッジが志向する価値と同プログラムの趣旨は、韓日関係がこの先五〇年進んでいくべき方向とも合致していると考えます。多様な交流プログラムが、お互いに心の扉を開き、相手の文化を深く理解するスタートラインになり得ます。

　お互いの共通点と違いを正しく認識して真のコミュニケーションが可能になる時、はじめて韓日関係の改善と相互の協力が実現するのです。韓日両国がこうしたコミュニケーションの重要性を認識し、相互交流の機会を拡大しようと努力するなら、韓国と日本が友好的な関係で互いに協力するようになる日は、遠からず訪れると信じています。

（高麗大学国語国文学科二年）

# 8　日韓共同教育プログラムの構築
## ――キャンパス共有による人材づくり

崔《チェ》 慶《ギョン》 原《ウォン》

### 1 共同教育の基盤形成――コラボレーション、キャンパス共有、リーダーシップ

二〇一四年四月、九州大学は国際共同教育プログラム「アジア太平洋カレッジ」（College of Asia Pacific：CAP）を新設した。現地に行かなければ得られない体験をもとに現地を理解し、現地の人々と協力できる人材育成をめざした国際体験型プログラムである。日本からは九州大学以外に、鹿児島大学と西南学院大学が参加。韓国からは、釜山大学、高麗大学、延世大学が参加している。二〇一四年八月にはこれら六大学の学生一四〇名が、日韓のキャンパスを移動しながら、一緒に学び合う時間を持った。

日韓六大学によるコラボレーションの実現は、それ以前の三年間（二〇一一〜一三年度）で実施してきていた「日韓海峡圏カレッジ」（The Strait College Program: Bridging Japan and Korea）の経験とノウハウが土台となっている。同カレッジは、日韓海峡を挟む九州と釜山の代表的な大学である九州大学と釜山大学のコラボレーションによって

推進されてきていた。日中韓政府で、当時構想されていた「Campus Asia」プログラムに先駆けてスタートした、日韓を基軸とした人材育成プログラムである。両校からそれぞれ五〇名ずつ、合計一〇〇名の一年生が、夏休みを利用して釜山と福岡を訪問し、九州大学と釜山大学で一緒に学ぶキャンパス共有を行った。

「アジア太平洋カレッジ」は、この「日韓海峡カレッジ」のプログラムを引きついでいる。大まかなプログラムの流れは、次のとおりである。まず、日本の学生が訪韓し、韓国の学生と交流しながら一週間「キャンパス韓国」で学ぶ。それを終えると、日韓の学生共に海峡を越えて福岡を訪れ、さらに一週間「キャンパス日本」で学ぶ。同じ学生たちが二週間にわたり、韓国と日本を相互訪問しながら、各大学で共通の教育を受ける。そして、大学ドミトリーでの共同生活を通して、生活空間までを共有する。海峡を越えた日韓大学間のネットワークをもとに、一〇〇名という大規模な学生数がキャンパスを共有することは、過去にも例を見ない同プログラムの最大の特徴である。

**図１　共同教育体制の構築**

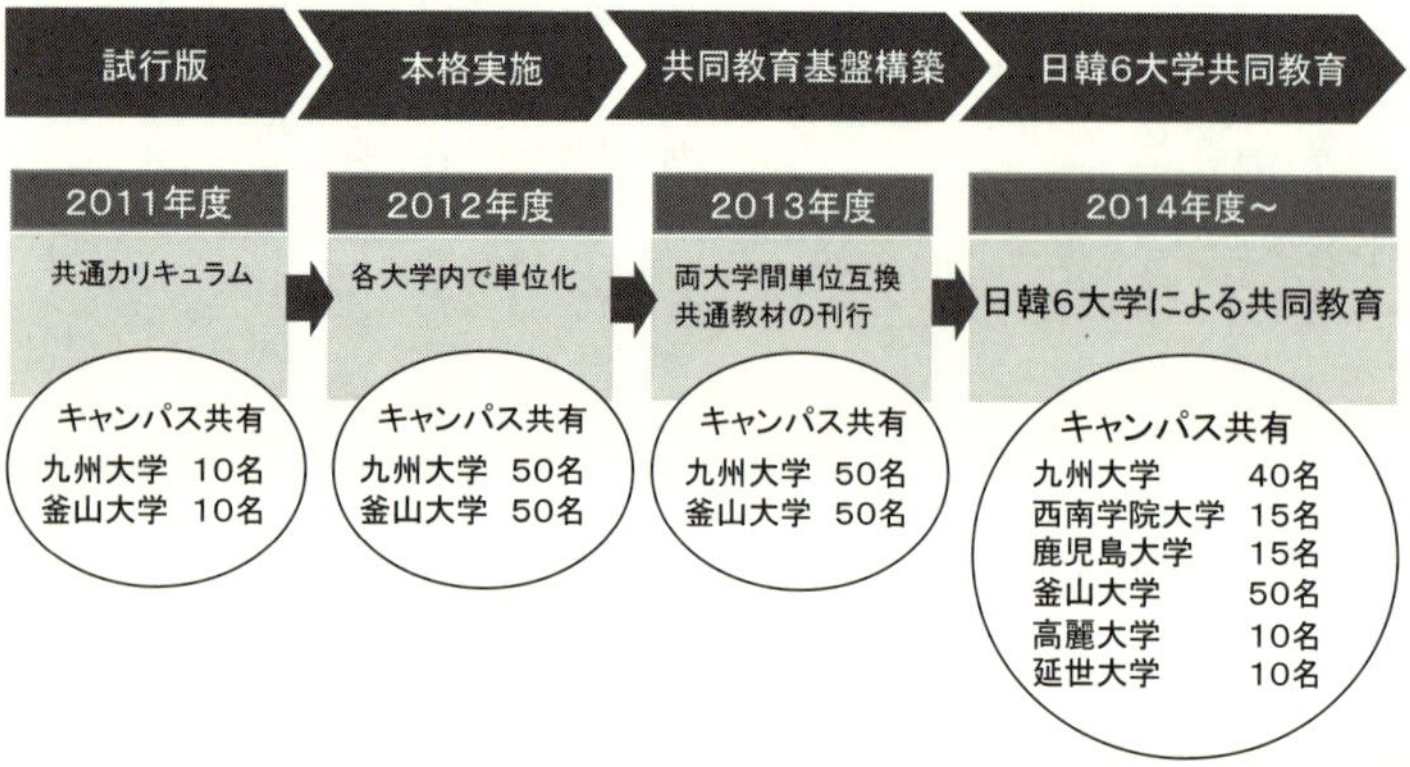

ところで、プログラムで最大の比重を占めているのは、日韓混合グループでの活動である。自国に受け入れる時には、ホスト役の学生たちがリーダーシップを発揮する。普段、座学の授業に受け身で臨んでいた学生たちの姿とは全く異なる面を見せてくれた。互いの文化および生活様式を紹介し合い、フィールドワークでの調査・研究はもちろん、インターンシップのプレゼンテーションでは、グループ構成員と協力し合い、自ら設定した課題を積極的に解決していった。

このキャンパス共有を可能にしたのは、二大学コラボレーションによる共通カリキュラムの策定である。同じテーマを持って講師から学び、それに基づいてディスカッションを行う。学生たちは、一緒に学んで行く中で、それまで自分たちの考えを絶対的なものとみなしていた立場から、一歩引いて自分自身の考えを相対化するようになる。これは相手に対する配慮でもあり、違いを認めたうえで互いに受け入れ、刺激し合う過程を辿っていく。後述するが、このような互いに対する「眺め」に変化が起きていることは特筆に値する。

教材に関しては、共通カリキュラムの策定に関わった両校の教員に協力していただき、*What is the common challenges of the East Asian societies?* と題する英文教材を刊行した。東アジアの経済発展、環境問題、日韓政治経済、紛争解決など、さまざまなテーマを取り上げ、共同学習の教材として活用した。教材の刊行は、共同教育体制の構築における重要な柱となった。何よりも、教員らが両国の学生を対象とした講義や教材の準備を通して、それまでの教え方や研究の仕方を見直すきっかけとなった点も注目すべき変化であろう。

単位互換協定に基づいた成績付与体制の確立にも努めた。九州大学と釜山大学の各大学内でのプログラムの単位化を経て、二〇一三年からは単位互換を実現した。これにより、本プログラムは教育の質の保証を伴った教育プログラムとしての基盤を固めることができたのである。

海峡を越えた大学間のコラボレーションによって、キャンパスを共有して学び合い、学生がリーダーシップを発揮できる場を設けることで、新しい学びのスタイルを見出したと考えている。そしてこのような共同教育基盤をもとに、二〇一四年度には日韓六大学の学生一四〇名が六大学のキャンパスを共有するに至った。

## 2　なぜ、日韓共同教育プログラムなのか

日韓間の共同教育プログラムの構築を手がける理由は何か。第一に、日韓の若者たちが相互理解を深めることのできる交流の場を提供するためである。

両国を訪問する人々は飛躍的に増えているが、それが必ずしも両国への正しい理解につながっているとは言い難い。「集団的記憶」に依存した相手国に対する歪んだイメージが、妨げになっている場合も少なくない。特に、昨今の日韓関係は政治摩擦が続いており、それがメディアで毎日のように報道され、国民感情を刺激している。参加者の中には、「こんな時に韓国の学生と交流して大丈夫なのか」と周りから疑問視されながら参加した学生が少なくない。

しかし、それが杞憂にすぎないと気づくには多くの時間を要しなかった。参加学生の多くは、それまで嫌韓や反日にとらわれ曖昧だった相互の違いや誤解について、議論を交わすことができ、両国間

の問題を明確に認識するようになったという。

相互理解を深めるためには、間接的な情報にとどまらず、顔を合わせて語り合い、言いにくいことでも心を打ち明けて話し合うことをしていかなければならない。相手に対する誤解があったとすれば、それを正し、互いの考えを理解していくプロセスを踏まなければならない。本プログラムに参加した学生たちは、同世代との交流を通してこれらを体験し、同世代の友だちを通して相手国を眺めるようになった。このことは、両国の市民社会が「意識共有」を深めるための最も重要な支えとなるはずである。

第二に、日韓共生の時代を支える人材づくりの側面がある。韓国は、日本と協力しながらアジアを先導できる、東アジア諸国で唯一の国である。世界は東アジアの安定を必要とし、東アジアは日韓の連携を必要としている。本プログラムではまず、日韓関係をグローバルな観点から捉え直す機会を提供している。地域レベルで見た場合には、両国の立場の相違が目につきやすいが、グローバルな文脈では、むしろ類似性が目立つ（田所二〇一二）。特に現在は、歴史認識問題や領土問題に関心が走りやすいので、類似性に対して体系的な関心を持つことは少ない。

しかし、国際社会における日韓両国の立ち位置を理解すればするほど、それぞれの社会が抱える共通課題に目を向ける必要性に気づかされる。外交・安全保障問題をはじめ、少子高齢化問題を含む社会問題など、両国は実に多くの共通課題を抱えている。その中でどのように協力可能な領域を見出していくかが問われている。

どちらの国益や戦略を支えるかではなく、両社会が抱える共通課題に目を向ける人材の育成が必要なのである。「日本人」や「韓国人」というアイデンティティに加え、共生の道を模索していく「海峡人（玄海人）」という新しいアイデンティティが芽生えてくることを大いに期待している。

第三に、いち早くグローバル化を進めてきた韓国の大学とのコラボレーションを通して得られる利点がある。韓国の大学は社会的な要求に応える人材づくりをめざしてきた（岩渕二〇一三）。その影響により、現在の韓国学生はグローバル志向が強い。英語やプレゼンテーション能力において、韓国学生のレベルの高さに刺激を受けたという話を日本の学生からよく聞いたが、もし相手が非アジア圏の人であったなら、それほど彼らは驚かなかったであろう。同じアジア圏のすぐ隣の国の学生が一歩先を走っていると思うと、より強い刺激を受けるわけである。最近日本でも、グローバル人材育成が叫ばれているが、この点において韓国の大学とのコラボレーションは、教育的効果が期待できる。

第四に、日韓関係の重層化を図る側面がある。日韓の「ゲートウェー都市」に位置する九州大学と釜山大学がイニシアチブをとり、持続的に交流を図る意義は大きい。両国首脳の合意によって行われてきた「第二期日韓新時代共同研究プロジェクト」の報告書『新時代の日韓協力――七つの核心的アジェンダ』（外務省二〇一三）では、「東京とソウルを中心とした中央集権的な日韓関係から脱却し、より多様で重層的な形へと交流・ネットワークの変化を追求する必要性」が提言された。そこで注目されたのが、福岡と釜山の地域連携を支えてきた「福岡―釜山フォーラム」であり、九州大学が二〇一一年度から釜山大学と推進してきた学生交流プログラム「日韓海峡圏カレッジ」である。

地方主体の多様で重層的な交流・ネットワークの構築を目的として、九州大学は二〇一四年度から鹿児島大学と西南学院大学、そして釜山大学、高麗大学、延世大学とのコラボレーションによる共同教育プログラム「アジア太平洋カレッジ」を発足させたのである。二大学間の「点」と「点」の連携にとどまらず、六大学間で「面」と「面」の連携を図ることは、従来の東京とソウルを中心とした中央集権的な枠組みから脱却し、福岡と釜山が日韓を結ぶ新たな拠点として機能することを意味する。

この試みが、文部科学省の財政的支援と「福岡―釜山フォーラム」に参加している地元の企業（インターンシップの場を提供していただいている）との連携の中で「持続性」を持つ人材育成プログラムとして進められていることも、本プログラムの特徴である。

## 3　プログラムの構成

### （1）事前学習・事後学習

プログラムは一年間を通じて学生の成長を牽引する構成をとっている。①事前学習、②サマープログラム（キャンパス韓国・キャンパス日本）、③事後学習、の三つに分けられる。まず、事前学習として日本の学生には、前期総合科目「韓国学への招待」の履修を義務づけている（二〇一五年より、少人数セミナー「韓国学との対話」も開講）。韓国渡航前に、韓国社会および日韓関係について基礎的な知識を習得しておくためである。特に、九州大学は日韓を軸に活動している社会人を講師として招き、現場での体験をもとに講演していただいている。日本側の参加大学の西南学院大学でも同様な科目を開講している。そして鹿児島大学では九州大学の科目を遠隔でつなぎ、実施している。

また、選抜された学生を対象に、ネイティブ講師による英語と韓国語の少人数会話クラスを開講している。英語クラスでは、高校までの英語教育で習得してきた語彙や文法を活用して、文章構成能力が向上できるように努める。また、自分の意見をまとめる力、相手の意見を理解する力など、ディスカッションができる語学力も身につける。韓国語クラスは、ほとんどの学生が初めて韓国語に触れるため、基礎をしっかり固めるように努め、韓国を訪問した際、基本的な意思疎通ができるレベルになることをめざしている。

サマープログラムの事後学習では、後期総合科目「東アジアの地域統合論」を実施し、夏の間に習得した知識を活かして、東アジアの地域統合に関する知見を広げるようにしている。さらに、事後学習の一環として、二〇一一年度から一三年度までの三年間は、韓国のソウル、仁川を中心とした一週間のウィンタープログラムも実施した。サマープログラムに参加した学生から、さらに交流を深めたいという学生を少人数選抜し、それまで習得してきた知識をもとに、約二ヵ月間、日韓の共通課題を掘り下げるグループ研究を行ったのである。そして二月には韓国の延世大学生と交流会を持ち、研究内容を英語で発表した。

その中で、あるグループは、"South Korea - Japan cooperation in East Asia" というタイトルで、東アジアのサプライチェーンにおける

**図2　年間スケジュール**

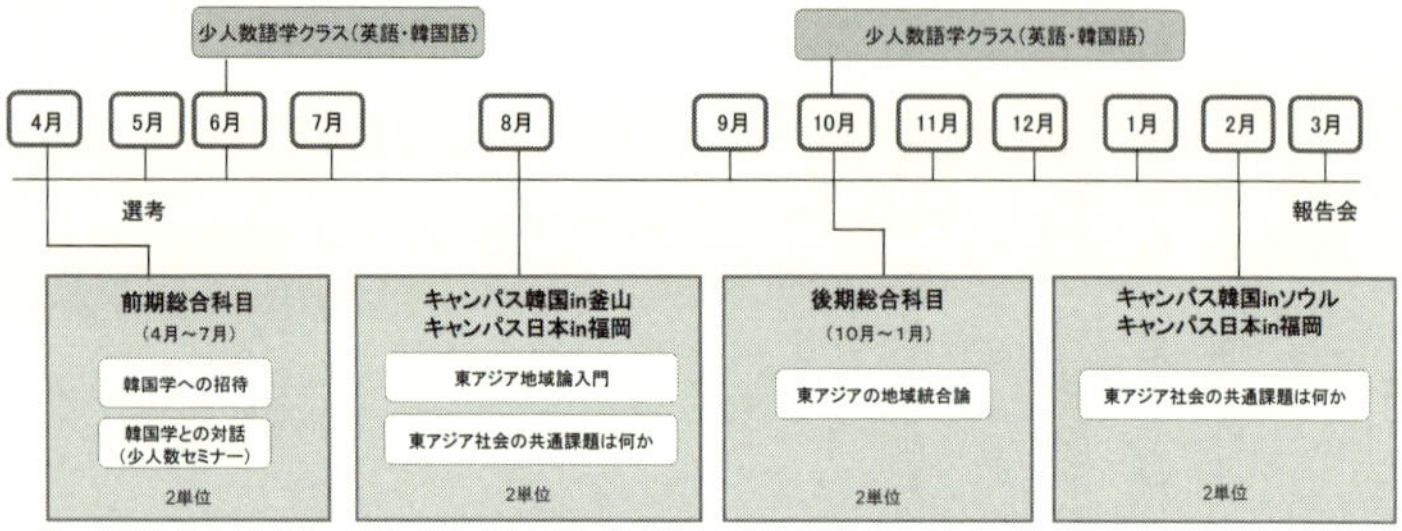


注：2015年度から、冬季プログラムを本格実施

日韓の経済連携についてプレゼンテーションを行った。日韓の経済連携とASEAN（東南アジア諸国連合）域内の経済連携を比較し、ASEANとは異なり水平的な協力関係を構築している日韓の現状を浮かび上がらせた。日韓が協力しながら競争し合うパートナーであり、ライバルであることを示す好発表だった。また、九大生らが積極的に問題を提起し、ディスカッションをすることで、新たな視点を取り入れることもできた。さらに、一緒に学んだ延世大学の学生たちが、普段から授業をすべて英語で受けていたことから、そのような学生たちを前に英語で報告し、ディスカッションまでできたことで、日本側の参加者一人ひとりの自信につながったのである。

## （2）サマープログラム

サマープログラム（キャンパス韓国・キャンパス日本）は、二週間にわたり日韓を行き来しながら実施されるが、特別講義、フィールドワーク、プレゼンテーションの三つのカテゴリーで構成されている。

### 特別講義：日韓共通課題を取り上げる

キャンパス韓国では「東アジア地域論入門」、キャンパス日本では「東アジア社会の共通課題は何か」というタイトルで英語による講義を開講した。これまで行ってきた主な講義は、日韓関係の過去と現状をはじめ、経済、環境、教育など、日韓および東アジア社会が抱える共通課題にフォーカスを当てたものである。表1に、これまで実施してきた主な講義タイトルを抜粋した。両国は共通課題を抱えており、それらの問題解決のために協力しうるパートナーであるという視点を持つことに重点が置かれた。

各講義は六大学の教員がそれぞれの大学キャンパスで担当した。各大学の強みを活かした多様な観点からの問題提起を行うという考えのもとで、各大学で準備した。どれも特殊なテーマであり、普段各大学での講義では接することができない内容になっている。

そして、二〇一四年のプログラムでは、別所浩郎駐韓日本大使とマーガレット・G・マックロード（Margaret MacLeod）駐福岡米国領事の二氏が、外交現場の経験を交えながらそれぞれ東アジアにおける日韓協力関係と日韓米三国の協力関係に関する講義を担当した。日韓の懸案問題に対する解決のみならず、安全保障問題に対する日韓米の動きに至るまで、幅広い分野に対する質疑応答が行われた。

それぞれの講義内容は、その後のディスカッションやプレゼンテーションの時間に、テーマあるいは話し合いの材料として取り入れられた。

## フィールドワーク：学生主導による調査

日本の学生五名、韓国の学生五名という混合グループを作り、参加学生の主導でフィールドワークを行うようにした。キャンパス韓国

**表１　日韓共通課題を扱った主な講義**

| |
|---|
| ・The Past and Present Relationship between Japan and Korea |
| ・Japan-Korea Cooperation. East Asia and beyond |
| ・U.S.-Japan-Korea Trilateral Cooperation |
| ・Structual Agricultural Reforms in Relation to Market Liberalization |
| ・Trans-Boundary Environmental Issues: A Socio-economic Analysis on the Dust and Sandstorm |
| ・Food Security in Korea and Japan: How should We Achieve It? |
| ・Comparison of Education System in Japan and Korea |
| ・Science and Technology in Japan and Korea |
| ・Earthquakes and Volcanic Eruptions |
| ・Display Industry and Future in the Korea and Japan |
| ・Introduce to the Fukuoka-Busan：Supra-Regional Economic & Cultural Zone |

inソウルでは延世大学と高麗大学の学生が、キャンパス韓国in釜山では釜山大学の学生が、それぞれ主導して実施した。同じくキャンパス日本in鹿児島では鹿児島大学の学生が、キャンパス日本in福岡では九州大学と西南学院大学の学生が、それぞれリーダーとなって実施した。

キャンパス日本では、日韓の学生が両国の歴史的関係や福岡・釜山の経済連携などをテーマとした調査を行った。キャンパス韓国では、「日韓がどのように関わってきたのか」というテーマをもとに、日韓交流の歴史を先史時代から現代に至るまで調査し、発表することにした。表2は、フィールドワークで課題として出されたものである。

各グループに与えられた課題以外には、グループごとに計画を立て、それぞれの地元を紹介するようにした。通常の観光では訪れないような場所を案内し、韓国人や日本人の実生活に触れる機会として活用された。

**プレゼンテーション：ディスカッションをもとに**

キャンパス韓国では、韓国におけるフィールドワークを中心にディスカッションし、キャンパス日本ではインターンシップのための準備・発表を行った。キャンパス韓国では、日韓一〇名の混合グループ

**表2　釜山でのフィールドワーク**

| 訪問先 | 調査課題 |
|---|---|
| 東三洞貝塚展示館 | 旧石器・新石器時代の朝鮮半島と日本——遺跡の共通点と相違点 |
| 福泉博物館、福泉古墳群 | 伽耶・新羅時代の朝鮮半島と日本——遺跡の共通点と相違点 |
| 文禄・慶長の役の歴史館、倭城 | 文禄・慶長の役、戦争勃発の歴史的意味とその影響 |
| 朝鮮通信使歴史館 | 朝鮮通信使が朝鮮と日本に与えた影響 |
| 加徳島旧日本軍要塞跡 | 植民地時代が互いの歴史に残したもの |
| 影島大橋、釜山近代歴史館、韓国電力公社中釜山支店 | 植民地時代の建築物の特徴と保存 |
| 臨時首都記念館、峨嵋洞碑石町 | 朝鮮戦争と日本 |
| 東萊温泉足湯、金剛公園 | 韓国人と日本人が考える温泉 |
| 社稷野球場、釜山アジアメインスタジアム | 釜山・福岡人のスポーツに対する関心 |

で調査した内容や講義内容をもとに、ディスカッションし、その内容を英語でまとめてプレゼンテーションした。プレゼンテーション準備は一〇名による活発な議論から始まる。講義を聞いて何を感じたか、フィールドワークではどのようなことに気づいたか、そしてプレゼンテーションでは何を中心に取り上げるか、などと続いた。短時間での英語による準備であったため、あるグループの学生は夜通しの作業となり、未明の四時まで作業した。何よりも、韓国での一週間のプログラムを振り返りながら、自分たちの考えをぶつけ合うことができたという達成感を得る学生が少なくなかった。歴史認識や領土問題など、下手すると関係性を壊してしまうような問題をも提起し合い、その内容をもとにプレゼンテーションを行ったグループもあった。

キャンパス日本でのプレゼンテーションは、福岡にある七社の企業におけるインターンシップの場で実施している。事前に各企業から与えられた研究テーマに基づき、各大学の複数のチームがそれぞれ独自に調査と研究を実施し、学生らしいアイディアを持ち寄ったプレゼンテーションを行ってきた。表3は、インターンシップの場を提供してくださっている企業である。基幹産業や商社、通信、観光、物流、飲食において福岡を代表する企業ばかりであり、参加学生の関心分野や専攻にそって参加企業を選択できる。

このインターンシップは、将来その企業に就職することを目的としたものではない。さまざまな社会問題に対する「問題解決力」を育成することを目的としている。プレゼンテーションは約二ヵ月かけて事前準備する。その間、テーマとして与えられた社会問題の原因と向き合い、課題への関心を深めていく。また、その解決策を模索することで、自分の専門知識をどのように実際の社会に活かせるのか、考えさせる機会にもなっている。学生のプレゼンテーション後には、企業の社員とディスカッションする。社員やCEO（最高経営責任者）と直接意見を交換できることは、日韓双方の大学生にとって得がたい機会である。

ここで二つの例を紹介する。NTT西日本に参加した学生グループは、企業側が提示したテーマ「ブロードバンド回線を活用した新たな生活スタイル・行動スタイルの提案」に対し、教育や医療現場での問題解決に活用できるというプレゼンテーションをした。ブロードバンド回線を活用したディスカッション中心の授業というアイディアや、過疎地域の医療サービスを改善するというアイディアは、学生たちが抱いた社会問題への強い関心から生まれたものである。

九州電力では、「再生可能なエネルギーの普及拡大方案」という課題と向き合った。日韓ともに資源小国であることを考えれば、再生可能なエネルギー源を見出し、それを実用化することは、両国が抱えている共通課題と言える。このような観点でプレゼンテーションに臨み、自分の今後の研究テーマにつなげた学生もいる。インターンシップにおけるプレゼンテーションは、普段の座学と受け身的な学習から抜け出し、能動的な学び方を身につけるプログラムとして機能している。

**表3 インターンシップの受け入れ企業別プレゼンテーションテーマ**

| 受け入れ企業 | プレゼンテーションテーマ |
|---|---|
| （公財）福岡観光コンベンションビューロー | Web サイトと SNS を活用した「福岡」への観光客誘致――アジアからの観光客誘致への必要なアクション |
| 九州電力株式会社 | 再生可能なエネルギーの普及拡大方案 |
| 七尾製菓株式会社 | アジア各国への菓子の嗜好を踏まえた進出戦略 |
| 日本通運株式会社 | グローバル物流を最適化するためのアイテム |
| NTT 西日本株式会社 | ブロードバンド回線（FTTH）を活用した新たな生活スタイル・行動スタイルの提案 |
| 住友商事九州株式会社 | 東アジアをつなぐ新しいビジネスプラン |
| 株式会社やまやコミュニケーションズ | 東アジアの食文化の特徴を分析し、その特徴を生かしたビジネス案 |

本プログラムは、福岡市と釜山市の国際的な地域連携に基づいて実施されてきた。地域社会の協力によってグローバル人材育成がなされるという意味では、これは他に例を見ない意義深い成果である。インターンシップの場を提供してくださった企業の多くは、日韓の地域的な国際連携をめざす「福岡―釜山フォーラム」にも参加している。日韓双方の大学と企業の地域的な国際連携の試みが合体したという点でも、画期的な意味を持つプログラムだと言える。

## 4　学生の意識変化から見えてきたもの

### （1）学び方の再考

日本人学生は、韓国人学生と机を並べて学習したことで、何を得られたのだろうか。何に刺激を受け、そこからどのような次なる方向性を見出したのか。学習成果については、プログラム選好度を中心に紹介していきたい。

キャンパス韓国・キャンパス日本、ともに、フィールドワークに対する満足度が高かった。学生は一〇名ずつの日韓混合グループに分かれ、テーマを持って調査を行った。地元を紹介し合いながら、普段の生活をシェアすることができた点が良かったのであろう。日本の学生の中には、プログラム期間中に同じグループの日韓学生を自宅に招き、家族ぐるみで交わりを持った者もいる。また、地元の料理教室でグルメづくりを一緒に体験した者たちもいた。フィールドワークでは、それぞれの学生が普段訪れるところにグループの仲間を連れて行ったことで、同世代の目線から紹介される日本と韓国にお互い出合えた。ホスト学生が自由に計画を立て、時間の拘束もなく納得の行くまで一緒に見学できたことが非常に良かった、という参加者からの感想が多く見受けられる。

　フィールドワークは、直接町に出て市場や電車などで出会う人々と会話を交わし、現地の雰囲気や実生活を肌で感じる貴重な機会でもある。あるグループは、韓国の電車内で一人の年配の方から声をかけられた。「日本と韓国は互いに理解して手を取り合って協力して行かなければならない」と言われたという。韓国の年配者は日本に対し反感を持っているはずだと思っていた学生は、実は、日本との協力を重視する一般市民もいるということに気づかされたそうである。

**図3　プログラム選好度**

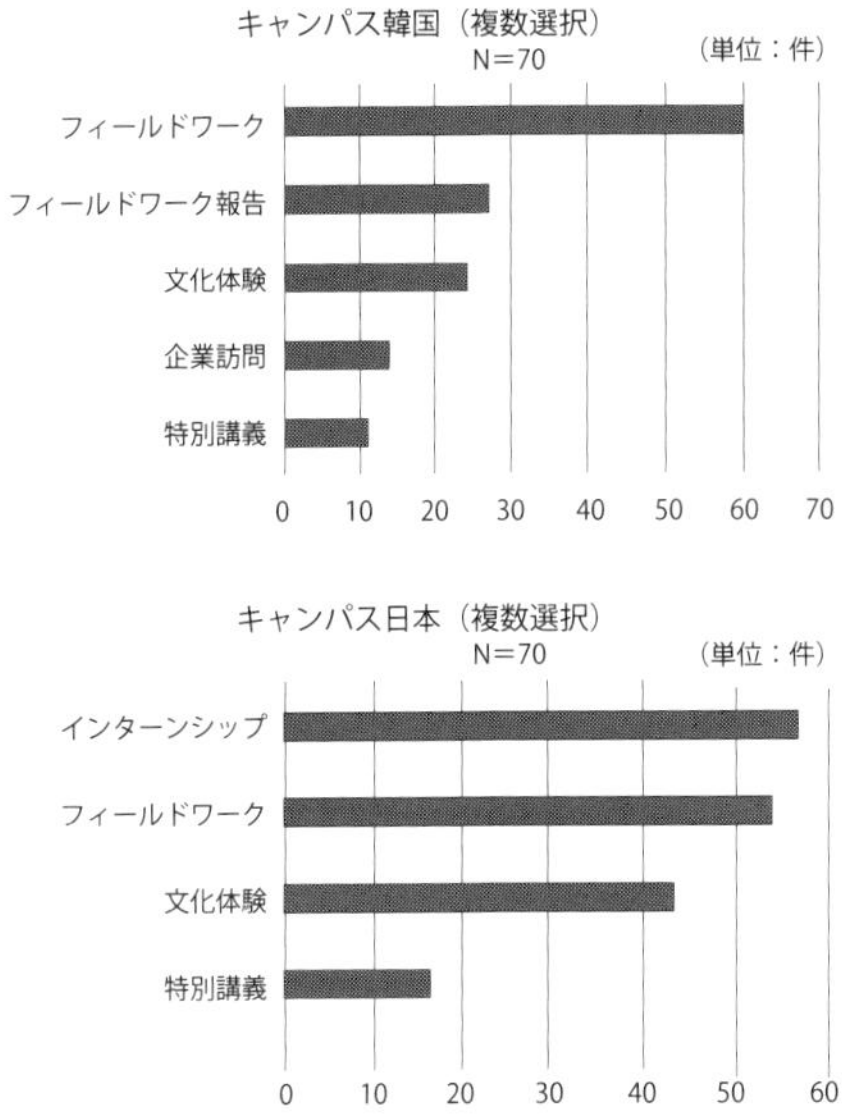


　両国でのフィールドワークの移動時間は、普段疑問に思っていたことを話し合い、互いに理解を深める良い機会になったという声が多かった。グループによっては、受験や大学生活の話だけでなく、日韓間の懸案事項である歴史認識問題や慰安婦問題、領土問題などについても話し合った。それまでは、マスコミを通してのみ接してきていた相手国の情報と、実際のそれぞれの社会

で生活している人々の考えとの間にどのようなギャップがあり、なぜギャップが生じるのか、などを真剣に学んでいた。ある時には、互いの考えが鮮明に異なることを再確認する機会になり、また別の時には、誤解と偏見によって正しい認識ができていなかったことに気づく場面もあった。

主に日本人学生の気づきであるが、韓国の学生との実力の差を感じたという答えが多かった。ここで実力とは、英語力やコニュニケーション力を指す。中でも英語力の高さにショックを受けたという。授業後に流暢な英語で質問し、英語でディスカッションを主導する韓国人学生に対する高い評価である。と同時に、英語力が追いつかずにうまく議論できなかったという悔しさや危機感を表した学生も少なくない。そして、その思いをバネに留学や語学勉強への意欲を表明している。韓国も日本も第一言語が「英語」ではないからこそ英語力の差を感じることができたのである。これは欧米の学生との交流では得られない効果であろう。

キャンパス日本に限って見てみると、企業インターンシップが最も満足度が高かった。約二ヵ月という長い準備期間を経て、その成果を企業人の前でプレゼンテーションし、実際に働いている社員からコメントをもらった。深い達成感と自信、また問題解決への新たな観点を得られたのであろう。不足しているところを発見し、それをどのように補っていけばよいのか、ヒントを得ることができたという感想が多く見られる。

また、韓国学生にとっては、日本企業を体験できる貴重な機会であり、それぞれの企業が取り組んでいる最新のイシューに触れられる。そのイシューが、日韓で共通した問題であるケースが多く、先を行く日本側の取組みに関心を向ける場面が多くあった。

参加学生が、講義や企業訪問のような受け身的なプログラムより、現場体験をもとに視野を広げられるフィールドワークとインターンシップのようなプログラムにより興味を示し、積極的に参加していたことが分かる。講義の時間でももっと学生が互いに意見交換できるよう、担当教員は話題を提供するだけにとどめてほしい、という要望もあった。ディスカッションを通じて積極的に学ぼうとする姿勢がみられる。目先の情報からのみ判断するのではなく、自分の目で見て判断することを怠らない学びにしていきたい、もっと現地に行って直接体験しながら、その場でしか学べないことを吸収していきたい、という感想が多く見受けられた。日頃の学び方を見直すきっかけになっていることを示している。受け身ではなく、自ら体験し考えていくことの重要性に目覚めたように思われる。

## （2）相手に対する「眺め」の変化

参加学生の感想から浮かび上がってきたことは、相手国に対するただの印象論が、具体的なストーリーを持った認識論へと変化したことである。現地での体験や交流を通して知り合った隣国の同世代の目線から、韓国や日本を眺めるようになっている。それまで絶対的であると思っていた自国の習慣や考え方を相対化し、柔軟な態度で相手を受け入れるようになったという感想が多く見受けられた。

二〇一四年学生アンケート調査からも、日韓の学生ともに、互いの国に対する印象が変化している。前述の通り、実際に現地を訪れ、同世代の学生と接しながら「友だち」となり、彼らを通じて相手国を「眺める」ようになったからであろう。それは再訪問の主な理由としても挙げられている。

日本の学生は、マスコミ報道から抱いていた「反日の国」韓国のイメージから、渡航前は戸惑うことも少なくなかった。しかし、韓国社会に実際に触れてみると、そこでの日本の存在の大きさに気づくとともに、韓国人すべてが反日感情を抱いているわけではないことを知るようになったという答えが多かった。むしろ、双方には違いよりも共通点が多く、親しみを感じたという答えさえある。ネットや書籍で嫌韓感情をあおるような動きが日本国内で強まっていることを警戒し、偏った情報をうのみにしないように心がける必要があると強調した回答もある。これからの日韓関係

**図４　相手国への印象の変化と、再訪問したい理由**

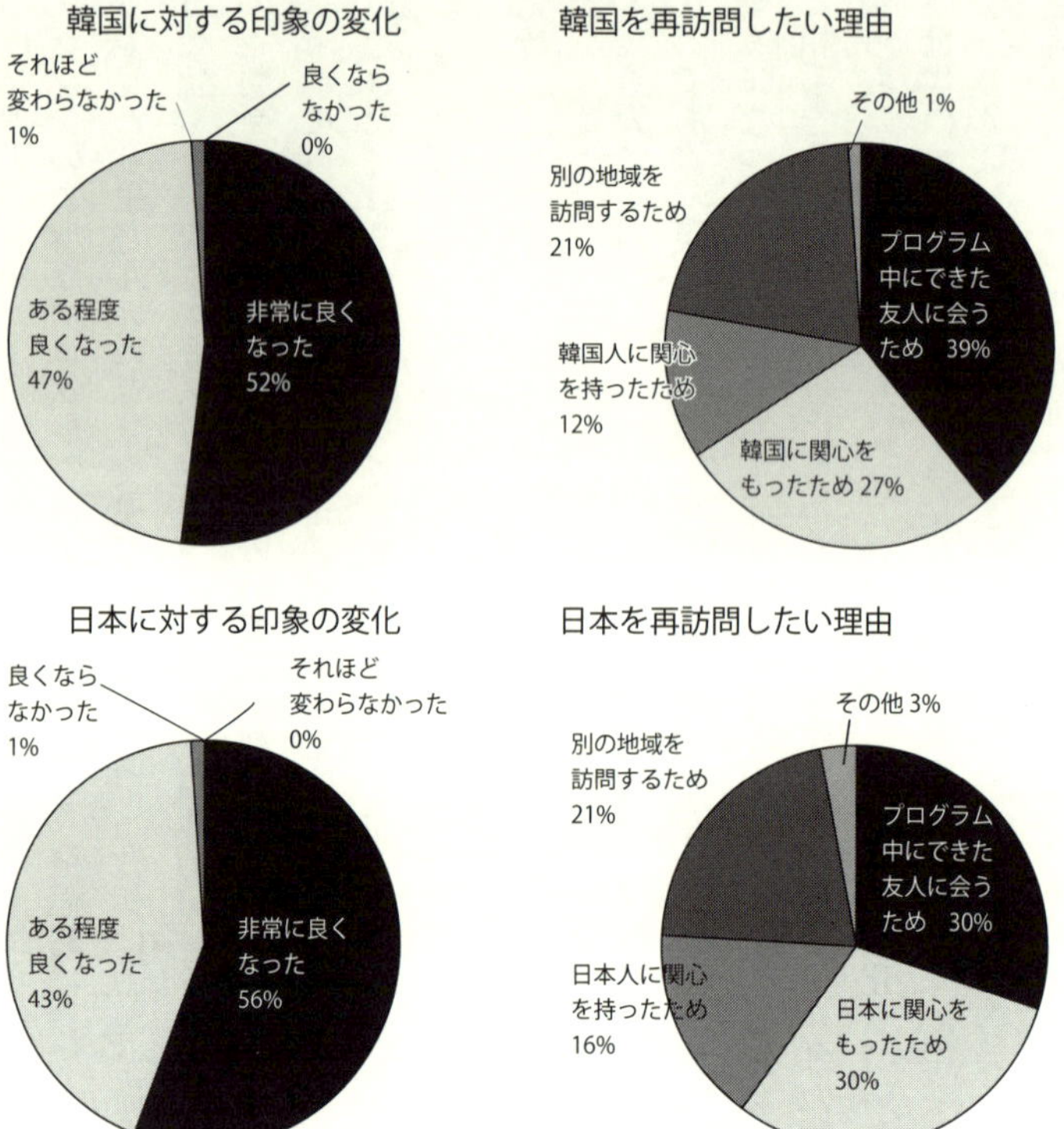

を切り開いていくのは次世代の自分たちであるという認識もにじみ出ていた。

韓国の学生からも、日本に対する「眺め」の変化が見受けられた。自分自身の立場を相対化してみるようになり、双方の違いに理解を示すようになっている。それまでの日本と日本人に対する認識において偏見が多かったのではないか、互いがどれだけ誤解していたのか、日本の素顔に接近しようとする努力を怠っていたのではないか、という気づきの言葉がアンケートには多かった。その中で、第三者の立場で講義をしたアメリカ人教授と在福岡アメリカ領事の講演の影響も取り上げている。

日本と日本人に対するネガティブな印象を持っていた原因を、マスコミと歴史授業とする韓国人学生もいた。日本に対するこれまでの「眺め」が自分自身のグローバルマインドの成長を妨げていた、それがいかに愚かなことであったか、という自己省察的な気づきも見受けられた。

また、日韓の懸案問題に対する互いの認識と考え方の違いを理解するようになった一方で、日韓が互いにどれだけ重要な協力パートナーであるかを学び、両国関係の重要性を見直すようになった、という気づきも多数見られた。

## 5　これからの五〇年を見据えて

### (1)「日韓の大学をネットワーク化する」国際機関の必要性

九州大学と釜山大学の日韓二大学から始まったコラボレーションは、単位互換の実施によって、一、二年生向けの人材育成プログラムとして定着した。この共同教育体制づくりには三年という時間を要した。一〇〇名単位の大学生が交流できる環境を作りつつ教育の質を保つためには、それまでの大学行政のやり方を乗り越える必要があった。両大学間では、単位を付与するための時間数、認定方法などの基準が異なっていたため、調整に時間がかかった。九大内においても本カレッジプログラムのような試みは初めてであったため、学内における合意形成に努める必要があった。

当初は日韓二大学からスタートし、六大学が参加するプログラムにまで発展していく中で、各大学間での合意形成と、安定的な制度を構築することは簡単ではなく、かなりの工夫と時間が必要であった。今後、カレッジプログラムに参加する日韓の大学がさらに増えるとするなら、どうなっていくのだろうか。歓迎すべき話ではあるが、現場の人間にとっては必ずしもそうではない。複数の大学が集まってコンソーシアムを構成したケースはこれまでにも耳にしてきているが、実際には、それほど機能していないのが現状であろう。交流の要諦は「持続性」にあると言われるが、本カレッジプログラムも、このままでは、単発的な動きにとどまってしまう恐れがある。また、教育の質をどのように保証し続けていくのかも問われる。

このような課題を解決するために、日韓大学間のネットワークを支え、交流に必要な制度的基盤の整備を担う国際機関を設立してはどうだろうか。両国政府にイニシアチブを発揮していただき、福岡市、あるいは釜山市のどちらかに共同機関として設立してはいかがだろうか。そして、両国大学間のコラボレーションによるキャンパス共有がより簡単に実現できるよう、単位互換制度をはじめ、ダブルディグリー（double degree）などを統括的に行っていくのである。また、学生の移動に必要な費用の支援業務も行い、両国の大学で推進していく各種プログラムを後押ししてもらいたい。

フランスとドイツの間には、すでにこのような機関が存在している。両国の大学の協力体制を後押しし、学生や教員が移動しやすい環境づくりをしている「仏独大学（Franco-German University）」である。そもそもの始まりは、一九八七年一一月に仏独の外務大臣間で構想が話し合われたことにある。同機関は仏独の大学をネットワーク化する法人である。独自のキャンパスは持っておらず、教員もいないが「大学（University）」であり、同機構の存在は、国境を越えて両国大学の連携を支え、牽引してきた（Annexes Rapport annuel de l' UFA 2012）。

日韓関係は仏独関係に例えられる場合がしばしばある。隣国でありながら、不幸な過去の歴史を共有しているからであろう。今日では、日韓の質的接近によって互いをライバル関係として認識する人も増えてきた。その一方で、さまざまな課題に共同で向き合うべき唯一のパートナーである、という認識もある。協力次第によっては、大きな影響力を発揮できるこの隣国同士が、教育面で連携をとり、これからの日韓関係五〇年を担う大学生に、未来ヴィジョンを共有できる場を提供していくことは、大きな意味があろう。

### （2）第三国における教育拠点の確立——キャンパス・ハワイの実施

九州大学は、日韓を往復するキャンパス韓国・キャンパス日本に加え、「キャンパス・ハワイ」の実施も計画している。二〇一五年夏から、東アジア学に特化しているハワイ大学（University of Hawaii at Manoa）を新たな拠点として加え、日韓の学生が三週間参加する「キャンパス・ハワイ」を実施する。

ハワイ大学を新たな拠点として選んだのは、日韓関係をさらに広範囲なグローバル観点から眺め、両国関係を相対化する機会を与えるためである。これからの日韓両国の協力関係づくりを議論するためには、第三の場所で新しい見方に触れる機会を作る必要があると判断したのである。

日韓両国は、地域レベルでは異なる立場をとっている場合が少なくない。それゆえ、違いが目立つのかもしれない。しかし、世界規模のグローバル社会からみれば、両国ほど類似した国もないであろう。置かれている国際環境、産業構造、国家目標、脆弱性、抱えている政策課題などを考えると、グローバル社会の中で両国を眺め、協力余地を見出すことが可能である。「双子国家論」（小此木二〇一二）や「ミドルパワー連帯論」（添谷二〇一二）など、今日の東アジア論で提起されているものは、グローバル社会における日韓両国の立ち位置に基づいている。

かつ、ハワイは日本人にとっても、韓国人にとっても、さまざまな意味で関わりが深いところである。その歴史的位置から、ディアスポラ（ハワイにおける日韓移民の歴史）や戦争と平和、また和解の観点を育む活動を展開するのにふさわしい場所だと考えている。日韓の学生がハワイ大学の学生も加えてリサーチ・チームを構成し、ディスカッションを重ね、プレゼンテーションを行うというプログラムになっている。

参加学生は、二〇一四年度にキャンパス韓国・キャンパス日本に参加した日韓学生の中から選抜する。日韓を中心としたプログラムに参加し、国境を越えつつ「ローカル視点」を身につけた学生が、翌年のキャンパス・ハワイに参加し「グローバル視点」に触れる。地域への理解とグローバル感覚を併せ持つ人材、すなわち「グローカル視点」を備えた人材として成長するように促す狙いがある。二年を一クールとする新たな試みが始まっている。さらなるプログラムの高度化を図り、学生たちに魅力的で役に立つプログラムを提供していきたい。

（九州大学アジア太平洋未来研究センター准教授）

## 参考文献


岩渕秀樹（二〇一三）『韓国のグローバル人材育成力――超競争社会の真実』講談社現代新書

小此木政夫（二〇一三）「分断国家と脱冷戦外交――対朝鮮半島外交」国分良成編『日本の外交』第4巻『対外政策 地域編』、岩波書店

添谷芳秀（二〇一二）「中国の台頭と日韓協力――認識の束縛を超えて」小此木政夫・河英善編『日韓新時代と共生複合ネットワーク』慶應義塾大学出版会

田所昌幸（二〇一二）「グローバル社会における日本と韓国――二つの非西洋、〝ポストモダン〟国家として」小此木政夫・河英善編『日韓新時代と東アジア国際政治』慶應義塾大学出版会

外務省（二〇一三）第二期日韓新時代共同研究プロジェクト『新時代の日韓協力――七つの核心的アジェンダ』二〇一三年一二月二四日〈http://www.mofa.go.jp/mofaj/press/release/press24_000014.html〉

Annexes Rapport annuel de l'UFA 2012, Université Franco-allemande〈http://www.dfh-ufa.org/?id=1&L=1〉.

Rapport Annuel 2013, Université Franco-allemande〈http://www.dfh-ufa.org/?id=1&L=1〉.

# インターンシップ活動報告——参加学生から（8）

以下は九州大学生の報告（二〇一四年度）から、各インターンシップ先での活動を抜粋したものである。（編者）

**公益財団法人福岡観光コンベンションビューロー**

タブレット端末を利用して再現した福岡城を見学しましたが、福岡県民でも知らないことが多くあり、驚きがいっぱいでした。プレゼンテーションでは観光客増加のためのアクションを提案しました。日韓のそれぞれのグループの発表に感銘を受け、自分の将来について真剣に考えるきっかけともなりました。

**九州電力株式会社**

中央給電指令所を見学した後、太陽光発電に絞って再生可能なエネルギーの普及拡大戦略を提案しました。各大学のグループ発表には、様々な視点があり、互いの発表について白熱した議論を交わしました。エネルギー問題に対する関心が高まりました。

**株式会社七尾製菓**

中国では食の安全性が求められていることと、韓国では健康志向と美容ブームがあることに着目し、七尾が持っている信頼のある品質力と素材を生かし、体に優しい味を作り出している強みを活かす海外進出戦略を提案しました。「味」にこだわり続ける七尾の社員の皆さんの情熱に心を打たれた一日でした。

**日本通運株式会社**

グローバル物流を最適化するアイテムとして、空きコンテナの解消のための折り畳み式コンテナと、搬入時間短縮のためのRORO船の連結というアイテムを提示し、他の会社の方から斬新であるという評価を受けました。他のグループの発表は同じお題でもそれぞれ内容は異なっており、コンテナをテーマにさまざまな意見が飛び交いました。

**NTT西日本株式会社**

ＮＴＴ西日本天神ビルでインターネットデータセンターと地下数十メートルに作られたケーブル配給用のトンネル内を見学しました。プレゼンテーションでは、日中韓の摩擦と不信感を解消するための企画としてブロードバンドで日中韓をつなぐための「バーチャルカレッジ」構想を発表しました。社員の方々のコメントを聞き、大学では接することのできない新しい視点に触れることができました。

**住友商事九州株式会社**

プレゼンテーションテーマは、東アジアにおける新しいビジネスを提案するというもので、とても難しく、当日の朝まで準備をしました。社員の方々の意見の中で印象的だったのは「ビジネスをする上で重要なのは、相手を知ること」というものです。物事を進めるにおいて一番大事に考えるべきことは何かについて深く考えさせられました。

**株式会社やまやコミュニケーションズ**

中国の香りを楽しむ食文化を土台に、香りが特徴的なふりかけを商品として提案しました。会社の方から、着眼点が面白いとお褒めの言葉があった一方、包装の仕方や販売方法などの改善点も指摘していただきました。何か一つのことをみんなで成し遂げる達成感を味わいました。

**【執筆者プロフィール】**（編者を除く）

小此木政夫（おこのぎ・まさお）

九州大学客員教授、慶應義塾大学名誉教授。「日韓新時代共同研究プロジェクト」の日本側座長。「日韓海峡圏カレッジ」（2011～13年度）では特任教授としてプログラムを企画。近著に『転換期の東アジアと北朝鮮問題』慶應義塾大学出版会、2012年（共編）など。

菊池勇次（きくち・ゆうじ）

九州大学韓国研究センター助教。前在韓日本大使館専門調査員。「キャンパス日本」の運営を担当。近著に「歴代韓国国会の日本関連決議の分析」『韓国研究センター年報』第14号、2014年など。

加峯隆義（かぶ・たかよし）

公益財団法人 九州経済調査協会 総務部次長。同調査研究部次長を歴任。「日韓海峡圏カレッジ」では事前学習で講義を担当。近著に「福岡・釜山と英仏ドーバー海峡――海峡を越えた地域間交流」『韓国経済研究』九州大学、2012年など。

幸田明男（こうだ・あきお）

日本通運株式会社 九州営業部（ＧＬ企画）部長。同現地法人中国（上海、広州）駐在員（6年間）。グローバル物流の最適化をテーマに九州大学、長崎県立大学で講演。「キャンパス日本」の企業インターンシップで日韓の学生を受け入れる。

岩渕秀樹（いわぶち・ひでき）

文部科学省基礎研究推進室長、九州大学韓国研究センター学術共同研究員。元在韓国日本大使館一等書記官。「キャンパス日本」のグループディスカッションで「日韓教育比較」の時間を担当。近著に『韓国のグローバル人材育成力』講談社現代新書、2013年など。

全洪燦（チョン・ホンチャン）

釜山大学政治外交学科教授、同大学対外交流本部長。「キャンパス韓国」の企画と運営を総括。近著に「日英同盟と日露戦争：イギリスの日本支援に関する研究」『国際政治研究』（東アジア国際政治学会）第15巻、第2号、2012年【韓国語】など。

李蕙丞（イ・ヘスン）

九州大学アジア太平洋未来研究センター助教（2015年3月まで）。韓国語教育と「キャンパスハワイ」の企画を担当。近著に“Perception and Production of Korean Discourse Marker com by KFL and KHL Students”, *Teaching Korean as a Foreign Language,* vol.38, 2013など。

【編者プロフィール】


松原孝俊（まつばら・たかとし）

1950年、島根県生まれ。九州大学アジア太平洋未来研究センター長、教授。学習院大学人文科学研究科国語国文学博士課程所定単位取得退学。
日韓海峡圏カレッジ／アジア太平洋カレッジの企画・運営を統括
専攻分野：日韓文化交流史、書誌学
主要業績：『九州大学発 韓国学の展望』（編著、花書院、2013年）、「朝鮮を囲む四つのボーダー〔華夷秩序と西洋型国際秩序〕」『日本の「国境問題」：現場から考える』（別冊『環』19、藤原書店、2012年）、『グローバル時代の朝鮮通信使研究——海峡あれど国境なし』（編著、花書院、2010年）

崔慶原（チェ・ギョンウォン）

1974年、韓国京畿道生まれ。九州大学アジア太平洋未来研究センター准教授。慶應義塾大学法学研究科後期博士課程修了、博士（法学）。
日韓海峡圏カレッジ／アジア太平洋カレッジの企画・運営
専攻分野：東アジア国際関係、日韓関係
主要業績：『冷戦期日韓安全保障関係の形成』慶應義塾大学出版会、2014年（日本現代韓国朝鮮学会学会賞）、『九州大学発 韓国学の展望』（共著、花書院、2013年）、「日韓安全保障関係の形成——分断体制下の『安保危機』への対応、1968年」『国際政治』第170号、2012年（日本国際政治学会第6回奨励賞 ）



ゆにっとフォンテ

**日韓が共有する近未来へ**

2015年6月12日　初版第1刷発行

編　者　松原孝俊・崔慶原

発行者　比留川　洋

発行所　本の泉社
〒113-0033　東京都文京区本郷2-25-6
電話 03-5800-8494　FAX 03-5800-5353

企　画　小石川ユニット　　編　集　赤羽　高樹
組　版　デルタネットデザイン　新井　　満
装　丁　飯田佐和子

印　刷　新日本印刷 株式会社

製　本　村上製本所




ISBN978-4-7807-1230-8　C0036